# PHILOSOPHIE DER EINFACHHEIT

# PHILOSOPHIE DER EINFACHHEIT

Jérôme Brillaud

MIDAS

# INHALT

EINFÜHRUNG

# WAS IST EIN EINFACHES LEBEN?

Eine einfache Lebensweise ist jetzt schwer: dazu tut viel mehr Nachdenken und Erfindungsgabe not, als selbst sehr gescheite Leute haben. Der Ehrlichste von ihnen wird vielleicht noch sagen: »Ich habe nicht die Zeit, darüber so lange nachzudenken. Die einfache Lebensweise ist für mich ein zu vornehmes Ziel; ich will warten, bis Weisere, als ich bin, sie gefunden haben.«

Friedrich Nietzsche, *Der Wanderer und sein Schatten*[1]

Bei vielen Menschen wecken Verwirrung und Unsicherheit den Wunsch nach Einfachheit, der zu einem zwecklosen Sehnen führt, zu grundlegenden Werten und Überzeugungen zurückzukehren. In der heutigen Welt jedoch ist Einfachheit zu einem leeren Traum geworden, der sich nicht mehr verwirklichen lässt.

Mark C. Taylor, *The Moment of Complexity*[2]

Dieses Buch wendet sich an alle, die immer noch glauben, dass ein einfaches Leben weder ein erhabenes Ziel für den Weisen noch das hoffnungslose Sehnen von Träumern ist. Dennoch könnte eine gewisse Wahrheit in Nietzsches Worten stecken, allerdings nur, wenn die Ziele des einfachen Lebens so hochgesteckt sind, dass Einfachheit ein Ideal bleiben muss, und nur wenn wir bereit sind, die Aufgabe des Nachdenkens über das einfache Leben denen zu überlassen, die weiser sind, wer immer das sein soll. Doch ist unsere Zeit weder eine Zeit für unerreichbare Ziele noch eine für die passive Aufnahme von Ideen. Blinde Weltfremdheit kann nicht gut enden, aber auch Passivität verheißt nichts Gutes. Unsere Zeit ist eine Zeit des Handelns. Dieses Buch entstand aus der Überzeugung, dass ein einfaches – oder einfacheres – Leben nicht nur möglich, sondern nachgerade wünschenswert ist, unter anderem weil es ein Leben ist, für das man sich bewusst entscheidet.

Noch eine weitere Absicht motivierte die folgenden Seiten. Jahrtausendelang haben Männer und Frauen ihr Leben der Einfachheit gewidmet. Manche von ihnen haben sich von der Welt zurückgezogen, um einfach zu leben; andere erreichten einen Grad an aktiver Einfachheit, der an Märtyrertum grenzte; wieder andere schrieben Bücher oder begründeten Philosophien zur Einfachheit – während die meisten einfache Leben lebten, die nur wenig ausdrückliche Hingabe oder Buchweisheit verlangten. Ihr Leben, ihre Berichte über eine einfache Lebensweise haben diese Seiten inspiriert. Diese Leben, von denen einige wirklich außergewöhnlich waren, zeugen von der großen Vielfalt an Erfahrungen und Ideen, die unter dem Banner des einfachen Lebens versammelt sind. Aus den Theorien und Praktiken der Einfachheit schälen sich gemeinsame Themen heraus; allerdings war es nicht meine Absicht, eine allgemeine Theorie zu entwickeln oder eine großartige Geschichte des einfachen Lebens zu schreiben. Um »das Neutrale« zu studieren, entschied sich Roland Barthes, die Bedeutungen des Begriffs zu koppeln – es zu benennen, statt es zu definieren.[3] Meine Absicht war ähnlich. Eine normative Definition des einfachen Lebens, mit der Regeln aufgestellt werden, die schließlich in einer To-Do-Liste gipfeln, wäre zu wenig. Mein Interesse lag in den verschiedenen Manifestationen des einfachen Lebens in verschiedenen Augenblicken der Geschichte, in unterschiedlichen Arten von gelebten Erfahrungen und in Diskursen, die sich unter dem Namen »einfaches Leben« zusammenfassen lassen. »Mir scheint, man kann sich ihr nur indirekt annähern, durch etwas anderes als sie selbst«, schrieb André Comte-Sponville in *Ermutigung zum unzeitgemäßen Leben – Ein kleines Brevier der Tugenden und Werte.*[4] Mein Buch könnte genau das anbieten – eine indirekte Annäherung an die Einfachheit, wie sie sich in einem einfachen Leben ausdrückt.

Der Begriff »einfaches Leben« lässt uns an Lebensweise, Leben und Einfachheit denken. Zusammengenommen und auf den ersten Blick scheinen sich diese drei Ideen bereitwillig zu überschneiden und eine vernünftige Kausalkette zu bilden: Die einfache Lebensweise führt zum einfachen Leben. Dennoch herrscht zwischen den drei Ideen in dem zusammengesetzten Begriff nicht unbedingt perfekte Harmonie. Um genau zu sein, war das Missverhältnis zwischen Leben und Einfachheit nie deutlicher als heute. Und wie wir wissen, bedeutet »Leben« durchaus mehr als »am Leben sein«. Der Unterschied zwischen »lebendig sein« und »leben« hat eine lange und komplizierte Geschichte. In ihren Untersuchungen zum Wesen des Lebens versuchten die griechischen Philosophen von Thales bis Aristoteles, die allgemeinen Prinzipien zu benennen, die alle Wesen mit Leben erfüllen. Sie kamen zu unterschiedlichen Schlussfolgerungen. Im 6. Jahrhundert v. Chr. stellte Thales zum Beispiel fest, dass Wasser der *archē* oder einzige Ursprung oder das unveränderliche Prinzip aller Dinge sei. Für Anaximenes war es die Luft. Für Descartes im 17. Jahrhundert entsprang das Leben der Interaktion zwischen körperlichen Mechanismen und dem Geist. Frühe moderne Vitalisten argumentierten gegen eine rein mechanistische Sicht auf das Leben, dass das Leben durch ein nicht-körperliches Prinzip getrieben werde. Heute wird das Leben im Allgemeinen als ein komplexes System verstanden, das sich selbst erhält, selbst gestaltet und selbst reproduziert. Lebenssysteme, die der natürlichen Auslese unterworfen sind, reagieren auf die komplexen Umgebungen, aus denen sie hervorgehen. Die Molekularbiologie liefert uns jetzt Antworten, die allem Anschein nach die alte philosophische Frage »was ist Leben« obsolet erscheinen lässt. In der wissenschaftlichen Gemeinschaft dominiert die Idee, dass sich die Komplexität des Lebens nicht auf ein einziges Prinzip reduzieren lässt. Andererseits scheinen viele Laien angesichts dieser Vorstellung gar nicht mehr zu versuchen, es zu verstehen: »Das Leben ist so komplex – überlassen wir es lieber den Wissenschaftlern.« Der wissenschaftliche Konsens, die Kategorisierung und Aneignung von Wissen und die Verdrängung von Fragen in Bezug auf das Leben unterlaufen gefährlich die Ideen, vielleicht sogar die Möglichkeit selbst, eines einfachen Lebens. Kann das Leben auf einfache Weise gelebt werden, wenn es biologisch so komplex ist? Ist ein

**»Leben« bedeutet mehr als »am Leben sein«.**

einfaches Leben Stoff herbeigeträumter Theorien aus der Vergangenheit? Sind Leben und Einfachheit unvereinbar?

Jahrhundertelang haben Naturwissenschaftler darüber diskutiert, ob das Leben von einfachen Regeln bestimmt wird. »Die Geschichte der Wissenschaft ist die der wiederholten Revolutionen in unserer Auffassung vom Einfachen«, schrieben Jack Cohen und Ian Stewart in ihrem Buch *Chaos und Antichaos: Ein Ausblick auf die Wissenschaft des 21. Jahrhunderts.*[5] Bis in die jüngste Zeit war die Einfachheit einer wissenschaftlichen Theorie das Kriterium für ihre Akzeptanz oder Ablehnung. Der Reduktionismus war schon lange ein Streitpunkt für Wissenschaftler und Wissenschaftshistoriker und wird dies auch bleiben. Isaac Newton sagte: »Die Natur ist nämlich einfach und schwelgt nicht in überflüssigen Ursachen der Dinge.«[6] Doch schon im 18. Jahrhundert stellten Wissenschaftler die Stichhaltigkeit der Einfachheit als erkenntnistheoretische Wahrheit in Frage. Georg Christoph Lichtenberg, der Physiker und Aphoristiker, schrieb trotzig: »Die edle Einfalt in den Werken der Natur hat nur gar zu oft ihren Grund in der edeln Kurzsichtigkeit dessen, der sie beobachtet.«[7] Newtons Universum und Descartes' Methode, beide begründet auf dem Prinzip der Einfachheit, wurden von manchen Naturphilosophen des 18. Jahrhunderts als lediglich aus Voreingenommenheit entstanden angesehen.

Einen der faszinierendsten und gründlichsten Angriffe auf die kartesianische Einfachheit verfasste der französische Philosoph Gaston Bachelard Anfang des 20. Jahrhunderts. Für Descartes muss eine Aussage oder ein Phänomen selbsterklärend sein, um einfach zu sein. Bachelard behauptete, dass es keine einfachen Phänomene gebe, sondern dass jedes Phänomen aus einem Geflecht von Beziehungen besteht. Entsprechend gibt es nicht so etwas wie eine einfache Natur oder eine einfache Substanz: Eine Substanz ist vielmehr ein Netzwerk aus Eigenschaften. Er fügt hinzu, dass es keine einfachen Ideen gibt, weil keine Idee verstanden werden kann, solange sie nicht in ein komplexes System aus Gedanken und Erfahrungen integriert ist. Für Bachelard gibt es keine Einfachheit per se; es gibt nur Vereinfachungen. Einfache Ideen können zwar einen gewissen heuristischen oder pädagogischen Wert haben, allerdings können solche Ideen nicht als Grundlage für wissenschaftliche Kenntnisse oder Wahrheiten dienen. Oder wie er es in seinen Worten sagt: »Einfache Ideen sind eigentlich Vereinfachungen komplexerer Wahrheiten.«[8] 1928 behauptete er, dass Einfachheit niemals ein Zustand von Dingen ist, ob natürlichen oder anderen, sondern immer eine Geisteshaltung, womit wieder Georg Christoph Lichtenberg anklingt. Man glaubt nicht, dass etwas einfach sei, weil es einfach ist; es ist einfach, weil man es glaubt.[9] Für Bachelard und viele andere nach ihm ist Einfachheit ein fehlerhaftes Glaubenssystem, das uneingeschränkt von unwissenschaftlichen Geistern gutgeheißen wird. Er hat der Debatte kein Ende bereitet. Lawrence B. Slobodkin, ein Vorreiter der modernen Ökologie, sagte, dass »kein Organismus auf die ganze Komplexität seiner Umgebung reagiert«.[10] Wenn wir zuhören, fühlen und zuschauen, dann vereinfachen wir.[11] Ob es nun ein wesentliches Element des biologischen Lebens oder ein Produkt unserer fruchtbaren Fantasie ist – wissenschaftliche oder auch nicht – Einfachheit beeinflusst uns in einer Art und Weise, die über den Rahmen dieser Studie hinausgeht. Es reicht, an den vorläufigen Schlussfolgerungen innezuhalten, dass das Leben komplex ist und unsere Wahrnehmung davon aus Vereinfachungen daraus resultieren könnte, die jedes ganzheitliche Verständnis des Lebens selbst deutlich beeinträchtigt.

Während die Naturwissenschaften sich mit dem biologischen Leben befassen, hat die Philosophie ihre Aufmerksamkeit traditionell »dem guten Leben« zugewandt. Das gute Leben bildet den *telos* – das Ziel – der Ethik, die das individuelle Verhalten regelt. Es ist außerdem das Ideal, das die Politik angeblich anstrebt. Am Anfang seiner *Politik* betrachtet Aristoteles den Zusammenhang zwischen dem biologischen Leben, beschrieben als »um des Lebens willen«, und dem »vollkommenen Leben«: »Endlich ist die aus mehreren Dorfgemeinden gebildete vollkommene Gesellschaft der Staat, eine Gemeinschaft, die gleichsam das Ziel vollendeter Selbstgenügsamkeit erreicht hat, die um des Lebens willen entstanden ist und um des vollkommenen Lebens willen besteht.«[12] In diesem Beispiel und später in der Politik wird gezeigt, dass sich das gute oder vollkommene Leben (*bios*) aus den »bloßen Bedürfnissen des Lebens« (*zoē*) entwickelt.[13] Obwohl das politische Leben sich aus diesem »bloßen Leben« ableitet, verbannten es die alten Griechen aus der Politik und beschränkten es auf den *oikos*, den Haushalt. Giorgio Agamben sieht in diesem Ausschluss einen der Unterschiede zwischen den antiken und den modernen Vorstellungen von Demokratie:

> Demnach kennzeichnet sich die moderne Demokratie gegenüber der antiken dadurch, dass sie von Anfang an als eine Einforderung und Freisetzung der *zoē* erscheint, dass sie unablässig versucht, das nackte Leben selbst in Lebensform zu verwandeln und sozusagen den *bios* der *zoē* zu finden.[14]

Die Verwandlung des »bloßen Lebens« in eine organisierte Lebensweise sowohl des Individuums als auch der Gemeinschaft ist kein geschmeidiger Prozess der Assimilation mit einem eindeutigen Endergebnis. In manchen Fällen hat sie paradoxerweise zur vollständigen Unterwerfung und Vernichtung des biologischen Lebens um des »besseren Lebens« willen geführt. Ökologische Katastrophen, die aus politischen Entscheidungen erwachsen, stehen beispielhaft für die Zerstörung von menschlichen und nichtmenschlichen Leben. Die DNS-Registrierung von Kindern, deren Verhalten das Potenzial hat, sich zu kriminellen Aktivitäten zu entwickeln, ist ein Beispiel für die Politisierung des biologischen Lebens, die Agamben studierte. In solchen Fällen ist das Leben der Ausübung potenzieller Gewalt durch biopolitische Mächte ausgesetzt.

Die Politik des Lebens – oder »Biopolitik« –, die im Namen des Lebens selbst Leben schafft, reguliert und zerstört, ist für moderne Demokratien ein Widerspruch in sich. Der scheinbare Konflikt zwischen den zwei Aspekten des »Lebens« – Leben als komplexes, sich stetig änderndes System und das gute Leben als komplexes politisches System, das nach Stabilität strebt – wird so schnell nicht verschwinden. In Wirklichkeit haben politische Systeme ihre Existenz und ihre Handlungsweise durch einen Appell an die vorgebliche Natürlichkeit der Bedürfnisse gerechtfertigt, die in Wahrheit von ihnen generiert und gefördert werden. Wenn es in der Natur Privateigentum geben würde, dann wäre der Kapitalismus sicher etwas Natürliches. Die wahre Spannung zwischen einem geschaffenen Ideal, das als notwendig für das Leben der Gemeinschaft dargestellt wird, und einem Leben, das sich der empirischen Beschreibung und wissenschaftlichen Untersuchung widersetzt, bleibt unaufgelöst.

Es gibt eine weitere Trennung zwischen den beiden Auffassungen von Leben, die unsere Diskussion von Einfachheit betrifft. Das metabolische Leben, das durch unsere Adern rinnt, ohne dass wir ihm viel Aufmerksamkeit widmen müssten – außer, wenn es gestört wird oder zu Ende geht –, wird von der Idee des Lebens überstrahlt, das über das Organische hinausgeht und ins große Jenseits reicht. Es trägt unterschiedliche Namen – einer lautet etwa »das Leben der Seele« – und steht für das ewig körperlose Leben, das auf das niedrigere und vergängliche körperliche Leben herabschaut. Diese höhere Form des Lebens, die über das pulsierende Leben hinausgeht, dient schon lange als Leuchtfeuer für all diejenigen, die ungeachtet ihrer religiösen Neigungen ein Leben in Einfachheit suchen. So versuchen zum Beispiel Mönche, mit ihrer Askese das einfache Leben ihres Gottes nachzuahmen. Für sie ist das sterbliche Leben eine vorbereitende spirituelle Übung auf dem Weg zum ewigen Leben.

In seiner *Philosophie des Lebens* unterscheidet François Jullien zwischen Leben, das von außen bestimmt wird, und dem Leben als Existenz. Externe Bestimmungen wie Geburt, Tod, biologisches, ethisches, politisches und ewiges Leben helfen uns, das Leben in Begriffe zu fassen.[15] Das Leben kann in eindeutige Kategorien zerlegt werden, die jeweils ein eigenes Ziel und eigenes Wissen besitzen. Leben entzieht sich laut Jullien der Bestimmung und Kategorisierung:

> Denn *leben* lässt sich nicht in verschiedene Ebenen zerlegen und berechtigt auch zu keinem Außerhalbsein: Wir finden keine Distanz dazu. Sind wir nicht mit diesem »*Leben*« beschäftigt, isoliert und ohne

> Bezugspunkte, seit dem, was für jeden für uns immer die graue Vorzeit ist, und ohne uns auch nur vorstellen zu können, dass es darum jemals anders stehen könnte? Wir stellen uns niemals vor, dass wir nicht leben. Denn »leben« im Infinitiv ist diese anonyme Nenn-Form, die dem Denken auf Anhieb alle Unterstützung entzieht, die in einer Unterscheidung bestehen könnte, sei es im Subjekt oder in der Konjugation, und nichts übrig behält als ihre Tätigkeit – aber eine so ununterbrochene und unauffällige, dass wir sie nicht einmal mehr als Tätigkeit erfahren: *Leben* ist dieses stumme Ewige, in dem alles mitschwingt, was zu uns gehört, ohne dass es selbst je gehört würde.[16]

Das Leben in uns geht still vor sich, so still, dass es leicht ist, es nicht mehr zu hören und es zu beachten. Diejenigen, die sich entschieden haben, einfach zu leben, bleiben auf die stille Aktivität des Lebens eingestellt, die in ihnen und um sie herum passiert. In vielen der hier untersuchten Fälle besteht das einfache Leben darin, den Lärm eines geschäftigen Lebens auszuschalten, um die sanften Töne zu vernehmen, die das Leben ausströmt. Einmal gehört, löscht die stille Aktivität, die alles Leben animiert, alle Unterschiede aus und erzeugt eine Welt, die als *ein-fach* erfahren wird – etymologisch gesehen also als simple Welt. Das Wort »Simplizität« stammt vom lateinischen *simplicitas*, »simpel« von *simplex*. Sein Ursprung liegt im proto-indoeuropäischen *sem* (»eins«) + *plek* (»falten«), also eigentlich: einmal gefaltet, einfach, einfältig.[17] Wenn er zu hören ist, dann vereint der sanfte Klang des Lebens in uns und um uns herum alles, was durch konzeptuelle Kategorien getrennt ist.

»Leben« ist der Name für die stille Energie, die uns belebt und erfahren wird, wenn wir die Einfachheit als Lebensweise praktizieren. All den verschiedenen Formen des Lebens Aufmerksamkeit zu schenken, nicht nur den geheiligten, bildet einen der ersten Schritte hin zu einem einfachen Leben. Wenn wir auf alle Lebensformen achten, dann enthüllt sich uns eine Welt, deren Bewohner nicht nur für die menschlichen Launen und Nutzen auf dieser Erde platziert wurden. Menschen wie der Quäker John Woolman, die dem Leben in seinen kleinsten Ausprägungen Aufmerksamkeit widmen, verstehen, dass Fürsorge bei Gegenseitigkeit und Mutualismus aufblüht. Die Aufmerksamkeit verwandelt sich dann in Sorge um alles, was lebt. Es ist ein therapeutisches Prinzip, dass Einfachheit heilt, indem sie ganz macht, was zerbrochen war – die Wörter »heilen«, d. h. etwas gesund oder ganz machen, und »ganz« weisen eine gemeinsame Etymologie auf. Der englische Begriff »simples«, der heute nur noch selten verwendet wird, erinnert an die heilenden Wirkungen der Einfachheit, der Simplizität. »Simples« bezieht sich auf bestimmte medizinische Kräuter, die seit Urzeiten wegen ihrer heilenden Eigenschaften genutzt wurden: In mittelalterlichen Klostergärten gab es z. B. extra einen Bereich, der für sie reserviert war. »Simples« waren Heilmittel, die aus einer einzigen, unverfälschten, meist pflanzlichen Quelle gewonnen wurden, sie konnten aber auch tierischen oder mineralischen Ursprungs sein (im Deutschen werden solche Pflanzen als »offizinell« bezeichnet, abgeleitet von »Offizin«, einem Ausdruck für den Laborraum bzw. den Verkaufsraum einer Apotheke). Sie unterschieden sich von *composita* oder Latwergen, also

**»Leben« ist die stille Energie, die wir erfahren, wenn wir Einfachheit praktizieren.**

Heilmitteln, in denen eine medizinische Komponente z. B. mit Honig gemischt wird, um sie genießbar zu machen. Simple Heilmittel, die von Kräuterkundlern verschrieben wurden, richteten sich nach dem Prinzip der Ähnlichkeit, *simila similibus curentur,* »Ähnliches möge von Ähnlichem geheilt werden«. Im 16. Jahrhundert entwickelte der Schweizer Alchemist Paracelsus die Lehre der »Signaturen« oder *signa naturae,* die festlegt, dass die physische Erscheinung einer Pflanze oder ihres Habitats ihren medizinischen Wert bestimmt: Die Ähnlichkeit der Form oder Farbe mit den Eigenschaften der zu behandelnden Krankheit oder Wunde bestimmte die Wahl des zu benutzenden Krautes. Im Sinne der heilenden Wechselbeziehung, die von den medizinischen Theorien der Simples vertreten wird, helfen alle lebenden Wesen einander. Leben heilt Leben holistisch. Ganzheit, Ähnlichkeit und Einfachheit sind verwandt, in der Etymologie genauso wie in der Kräuterkunde, mit Gesundheit, Lebenskraft und Lebensenergie – Energie, die durch Simples erneuert und bewahrt wird.[18]

Einfaches Leben wurde auch mit der systematischen Zersetzung der erfahrbaren gesellschaftlichen Einheit und des gesellschaftlichen Fortschritts assoziiert. Gesellschaftliche Konventionen, die die Fundamente des Lebens bilden, aufgefasst als eine Sammlung von Vorschriften und Gewohnheiten, wurden von den Anhängern eines einfachen Lebens tatsächlich auf die Probe gestellt. Die Kyniker des 4. Jahrhunderts v. Chr. liefern uns mit ihrem unermüdlichen Hinterfragen der etablierten Werte und Sitten eines der frühesten und berühmtesten Beispiele für das einfache Leben. Im Laufe der Geschichte wurden Verfechter des einfachen Lebens abwertend mit dem Namen *Diogenes* bezeichnet, um quasi zu betonen, wie schlecht sie an das Leben in der Gesellschaft angepasst seien. Da die sogenannten späteren Kyniker den Konventionen, die von den Massen so bereitwillig angenommen wurden, misstrauisch gegenüberstanden, wurden sie selbst eines antisozialen Verhaltens und der Indoktrination verdächtigt. Oft wurden sie beschuldigt, das Ideal einer Realität vorzuziehen, obwohl sie doch eigentlich hinter der Falschheit der Konventionen die Realität suchten. Weder setzten sie ihr Vertrauen in unerreichbare Ideale noch vertrauten sie der Welt der willkürlichen Konventionen und rasanten Mechanisierung, die das Leben erstickt. Indem sie ein einfaches Leben führten, fanden sie Demut im greifbaren organischen, gesunden Leben.

In den meisten Fällen beginnt ein einfaches Leben mit der Entscheidung, sein Leben umzukrempeln. Manche Menschen lassen sich durch das bereitwillige Annehmen der Unverletzlichkeit des Lebens in allen Wesen und das Hinterfragen der Willkürlichkeit von Konventionen motivieren, den Lauf ihres Lebens zu ändern. Die Reform ihres Lebens führt zu der Schlussfolgerung, dass ein einfaches Leben nicht schlichtweg bedeutet, einfach zu leben. Ein einfaches Leben ergibt sich stattdessen aus der Entscheidung, bewusst zu leben statt passiv. In diesem Sinne bleibt das einfache Leben inhärent politisch. Wenn es sich in jeder Entscheidung ausdrückt, die man trifft, wird die Bewusstheit des Lebens nicht länger durch Geschäftigkeit und Gewohnheiten gedämpft. Als eine aufkeimende Bewegung kann man das einfache Leben als den Willen beschreiben, das Gemurmel des Lebens zu hören, gestützt durch die Bereitschaft zu handeln. Der Grad des Aktivismus derjenigen, die sich für ein einfaches Leben entschieden haben, variiert ganz beträchtlich. Manche haben sich ganz aus der Welt des

Konsumdenkens zurückgezogen, andere unterdrücken einfach nur ihren Kaufimpuls. Das ist ein Anfang. Es könnte allerdings eine gewisse Dringlichkeit geben, die Entscheidung für ein einfaches Leben zu politisieren. Als Bewegung gewinnt die *Freiwillige Einfachheit* (Voluntary Simplicity) an Boden, allerdings wird sie aber auch durch eine Vielzahl von Notlösungen behindert, die sich als einfaches Leben tarnen. Einige falsche Propheten der Einfachheit sind vielleicht sinnbildlich für unsere Zeiten, aber ihre Worte und Aktionen treffen auf den Widerstand einer immer größer werdenden Zahl von hingebungsvollen »Vereinfachern«. Kapitel 5 unterstreicht diesen neuen Trend.

Dieses Buch zeigt einige der vielen Formen von Einfachheit als Lebensweise. Ideen, wie man das einfache Leben organisieren könnte, haben sich manchmal zu Ideologien verdichtet, von denen einige grässliche Auswirkungen hatten und viel Leid verursachten. Die große Mehrheit der Menschen jedoch, die ein einfaches Leben gutheißen, unterstützen auch soziale Gerechtigkeit und die Fürsorgeethik, Selbstfürsorge und Fürsorge für alle lebenden Wesen. Manchmal verwandelt sich ihr Misstrauen gegenüber nichtlebenden Dingen in Angst vor ungeprüften Technologien. Die Zurückhaltung vor Maßlosigkeit in all ihren Ausprägungen ist einer der Grundwerte des einfachen Lebens. Ein anderer Wert ist Einfallsreichtum, also die Fähigkeit, über den ausschließlichen Zweck hinauszusehen, der Objekten üblicherweise zugemessen ist. Seit jeher bedeutet einfaches Leben auch das Umnutzen und Umwidmen von Dingen. Diogenes lebte schließlich in einem *pithos* (Fass). Erfindungsreichtum durchdringt auch das Leben der amerikanischen Shaker. Und auch wir werden in diesem Buch das

Herstellen oder Umnutzen von Dingen zum Vereinfachen des eigenen Lebens beleuchten.

Am 29. März 1827 schrieb Goethe an seinen langjährigen Freund, den Komponisten Carl Friedrich Zelter:

> Ich sagte neulich bey einer Gelegenheit, die ich vielleicht bald näher bezeichne: *il faut croire à la simplicité!* zu Deutsch: man muß an die Einfalt, an das Einfache, an das urständig Productive glauben, wenn man den rechten Weg gewinnen will. Dieses ist aber nicht jedem gegeben; wir werden in einem künstlichen Zustande geboren und es ist durchaus leichter, diesen immer mehr zu bekünsteln als zu dem Einfachen zurückzukehren.[19]

Ästhetische Einfachheit, ob sie nun als originale kreative Energie definiert ist, die nur wenige beehrt, wie in diesem Brief behauptet wird, wird auf diesen Seiten nicht angesprochen. Minimalismus in der Kunst würde weit über den Umfang einer Studie über das einfache Leben hinausgehen. Minimalismus kann zu einem einfachen Leben beitragen und es in einem gewissen Maße unterstützen; er kann sogar einige der Ideen aufgreifen, die hier ausgedrückt werden, aber er trägt nichts direkt zu den dringenderen philosophischen Problemen bei, die dieses Buch gern diskutieren würde.

Eine noch offensichtlichere Auslassung ist die Thematisierung der gelebten Einfachheit in den verschiedenen östlichen philosophischen Traditionen. *Eine Philosophie des einfachen Lebens* konzentriert sich auf Episoden aus der langen Geschichte der Einfachheit als Lebensweise in Europa, Amerika und den von dort aus kolonisierten Teilen der Welt. Manche Leser könnten sich auch fragen, wieso Einfachheit als theoretische Tugend so wenig Aufmerksamkeit erfährt. Der Fokus liegt jedoch auf gelebten Erfahrungen der Einfachheit und einigen der Ideen, die sie stützen, statt auf der Gültigkeit oder Eleganz von Argumenten und Theorien. Genauso habe ich darauf verzichtet, ein moralisches Urteil über die Darstellungen und Theorien des einfachen Lebens zu fällen, um die es auf den folgenden Seiten geht.

Es gibt noch ein paar Dinge, die dieses Buch nicht sein möchte und wird. Es ist kein nostalgisches Schmachten nach lange vergangenen Tagen, in denen die Menschen angeblich ein einfacheres Leben führten. Falls einige der hier vorgestellten Darstellungen des einfachen Lebens Leser dazu anregen, einfacher zu leben, dann ist das umso besser. Es soll aber niemand dazu bekehrt werden. Dieses Buch soll auch kein weiteres Selbsthilfebuch sein, das Ihnen verrät, wie Sie Ihr Leben entrümpeln. Und schließlich ist es kein Buch über die Geschichte des nachhaltigen Lebens. Für einen Großteil der menschlichen Geschichte war das einfache Leben getrennt von der Sorge um die unmittelbare Umgebung, weil die Welt bis zum Ende des 18. Jahrhunderts nicht das Ziel einer solch unstillbaren Gier war wie heute. Der Begriff »einfaches Leben« umfasst unter anderem Ideen von Selbstgenügsamkeit bzw. Autarkie und Autonomie, Bedächtigkeit und Befreiung, geistiger Nähe und Ganzheit, Achtsamkeit und Fürsorge sowie das Benennen von Dingen bei ihrem tatsächlichen Namen. Immer öfter hört man die Parole »Rettet den Planeten« bei denen, die sich um ein einfaches Leben bemühen, und das ist auch gut so. Doch ein Leben, das in Einfachheit geführt wird, schätzt auch Freiheit, Gerechtigkeit, Demut, kritisches Denken und Fürsorge für andere, ob Mensch oder nicht. Einfaches Leben umfasst vieles, weil es ganz unterschiedlich wahrgenommen wird.

Das älteste Orakel in Griechenland machte sich durch das Rascheln der Blätter einer heiligen Eiche verständlich, die Gaia, der Erde, geweiht war. Beginnend mit der antiken Welt bei Dodona, fährt dieses Buch dann mit dem einfachen Leben der frühchristlichen Mönche fort, deren Intentionen sich in den technikfeindlichen christlichen Schriften des letzten Jahrhunderts widerspiegeln. Das dritte Kapitel konzentriert sich auf die gelebte Einfachheit der Shaker und Quäker im 17. und 18. Jahrhundert in England und Amerika und deren Erbe. Zu Beginn der industriellen Revolution kamen Appelle für ein einfacheres Leben von Rousseau und Thoreau; ihre Ideen und Experimente finden sich in Kapitel 4. Das letzte Kapitel stellt dar, welche überaus wichtigen Beiträge die Verfechter der freiwilligen Einfachheit für die Verbesserung der Gesellschaft und die Sicherung der Zukunft unseres Planeten leisten. Heute wird die Einfachheit mehr denn je Kunden schmackhaft gemacht, die sich dringend ein einfacheres Leben wünschen. Für ausreichend Profit ist Einfachheit leicht zu haben.

Als Begriff ist »einfaches Leben« nicht von denselben unerreichbaren und spaltenden Idealen betroffen, die das Substantiv »Leben« in uns wachruft. Es zeigt auch keine Voreingenommenheit gegenüber der unergründlichen biologischen Komplexität des Lebens. Als Idee tut das einfache Leben nicht so, als würde es eine Lösung für die Spannungen zwischen dem biologischen Leben und dem guten Leben parat haben, ob nun politisch, ethisch oder religiös. Es verschwört sich nicht, ein Leben im Namen eines anderen auszulöschen. Einfaches Leben bezieht sich auf Leben, in denen das Biologische das Politische ergänzt, bei dem Leben und »das gute Leben« zusammenarbeiten, um neue Leben zu erschaffen und vorhandene zu schützen und zu bewahren. Als Methode beginnt es damit, auf den sanften Klang des Lebens in allem zu lauschen, das lebt.

## KAPITEL 1

# EINFACHE ANFÄNGE

Es heißt, dass Theuth, der ägyptische Gott der Weisheit, dem König Thamus ein Geschenk brachte. »Diese Kunst«, sagte Theuth, »oh, König, wird die Ägypter weiser machen und gedächtnisreicher, denn als ein Mittel für den Verstand und das Gedächtnis ist sie erfunden.«[1] Dieses Wundermittel ist das geschriebene Wort. Der König jedoch teilte den Enthusiasmus des Gottes nicht. Theuth, der das Elixier gebraut hatte, würde keinen objektiven Blick für seine Erfindung haben, dachte der König, noch konnte er ohne Voreingenommenheit über die Vorzüge der Gabe des Schreibens entscheiden; nur ein »externer Richter« würde das Geschenk abschätzen und seine Eigenschaften und Werte ermessen können. Thamus fürchtete, dass das geschriebene Wort, ganz anders als der Gott es versprochen hatte, die Vergesslichkeit verstärke, statt das Gedächtnis zu verbessern. Leser würden, so glaubte er, sich auf Sätze und Kenntnisse verlassen, die sie nicht selbst erschaffen, sondern nur gelesen hatten. »Von der Weisheit bringst du deinen Lehrlingen nur den Schein bei, nicht die Sache selbst«, wandte Thamus ein. »Denn indem sie nun vieles gehört haben ohne Unterricht, werden sie sich auch vielwissend zu sein dünken, da sie doch unwissend größtenteils sind.«[2] Thamus spricht über den Unterschied zwischen Wissen, das von innen kommt – erinnertes Wissen –, und Wissen, das sich auf äußere Mittel verlässt – abgerufenes Wissen. Wahres Wissen, so schlussfolgert er, wird weder von jemandem vermittelt noch von jemandem erworben, sondern stammt aus uns selbst. Der Dialog zwischen dem Gott und dem König über das Wesen, die Grundlage und die Weitergabe von Wissen begann mit einem Geschenk, das wir heute als gegeben hinnehmen, einem Wundermittel, dem unsere höchsten Werte, wie die Freiheit des gedruckten Wortes, verpflichtet sind. Die Geschichten von Erfindungen wie dem Schreiben, mit ihrem Versprechen von einem besseren Leben, zogen immer den Schleier endloser Komplikationen, der Auslöschung der alten Art und unumkehrbarer Veränderungen der Fähigkeiten, ob körperlich oder geistig, nach sich. Die Geschichte von Theuth und Thamus bildet da keine Ausnahme.

Diese Geschichte von der göttlichen Gabe des Schreibens, erzählt von Sokrates, ist in Platons *Phaidros* zu finden. Bevor Sokrates und sein junger Gesprächspartner Phaidros die Vorzüge und Tücken des Schreibens diskutieren, fragt der Schüler seinen Lehrer, ob die Geschichte von Theuth und Thamus wahr sei oder ob er sie sich nur für seine Beweisführung ausgedacht habe:

> Sollen doch, o Freund, erwidert Sokrates, in des Zeus dodonäischem Tempel einer Eiche Reden die ersten prophetischen gewesen sein. Den damaligen nun, weil sie eben nicht so weise waren als ihr Jüngeren, genügte es in ihrer Einfalt auch der Eiche und dem Stein zuzuhören, wenn sie nur wahr redeten. Dir aber macht es

> vielleicht einen Unterschied, wer der Redende ist und von wannen. Denn nicht darauf allein siehst du, ob sich so oder anders die Sache verhält.[3]

Traditionell waren die Orakel in Dodona einfacher als die in Delphi verkündeten, die sich mit Staatsangelegenheiten befassten. Orakel in Dodona lieferten ein eindeutiges »Ja« oder »Nein«. Sie drehten sich um einfachere Angelegenheiten aus dem häuslichen und privaten Leben. Die Priester der Dione und des Zeus in Dodona schliefen angeblich auf dem Boden. Sie durften sich nicht den Schmutz von den Füßen waschen, sodass sie immer im direkten und permanenten Kontakt mit der Erde blieben.[4] Philostratos der Ältere (3. Jh.) schreibt, dass sie »sohin leben und sich keinen Lebensunterhalt erwerben«, dies erfreue die Gottheiten, unter deren Schutz sie stünden.[5] Die simplen Sitten der Priester bewirkten, dass die esoterischen Botschaften ihrer Götter ohne die Beeinflussung durch materielle Sorgen und geschriebenes Wissen empfangen wurden. Nichts in ihrem einfachen Leben versperrte die Kommunikationswege mit Zeus und der Göttin Dione, deren Worte im Rauschen der Blätter oder in den Windspielen in den Bäumen widerhallen. Für die Priester brachte Leben das Wissen, eine Idee, die uns heute im Allgemeinen fremd erscheint. Für uns ermöglicht Wissen das Leben. Was man weiß, bestimmt, wie man lebt. Für sie wurde es durch ein einfaches Leben möglich, Wissen zu erwerben und Botschaften zu entziffern.

Bäume und Steine enthüllten die Wahrheit denjenigen, die in Einfachheit lebten. Das griechische Wort für Einfachheit in diesem Auszug aus Phaidros ist εὐήθεια, ein mehrdeutiger Begriff, der Ernsthaftigkeit und Arglosigkeit, aber auch

Albernheit bedeutet. Im Kontext von Sokrates' Argument kann das Wort als eine natürliche Neigung zur Arglosigkeit oder Unschuld verstanden werden. Die einfache Person, die sich nicht darum schert, wie Botschaften vermittelt werden oder woher sie kommen, ist besser dazu geeignet, die enthüllte Wahrheit zu sehen, wo immer, wann immer und wie auch immer sie sich offenbart. Menschen, die wie die Priester in Einfachheit leben, akzeptieren die Wahrheit so, wie sie ist, ungeschminkt und simpel in Form und Inhalt. Listige Geister, denen wichtiger ist, wie die Wahrheit erscheint, als was sie bedeutet, sind blind dafür. Das Erreichen eines einfachen Lebens, das unbekümmert darum ist, wer das Orakel ist und wo es seinen Ursprung hat, ist nichts weniger als die Wahrheit selbst.

Die Geschichte von Theuth und Thamus handelt vom Schreiben, dreht sich aber auch um die Einfachheit. Einer der Fehler, den Sokrates im Schreiben sieht, ist dessen feierliche und beständige Stille. Ein geschriebener Text kann nicht für sich selbst sprechen; er streift ewig umher, geht von Hand zu Hand, vom wissenden Leser zum ignoranten, die ihn alle etwas, ja, irgendetwas sagen lassen. Eine Schrift »bedarf immer ihres Vaters Hülfe; denn selbst ist sie weder sich zu schützen noch zu helfen im Stande.«[6] Ein Text, kläglich und co-abhängig, ist letztlich nur eine Ansammlung von Wörtern ohne eigenes Leben, und gilt dennoch als wahres Wissen, kalligrafiert auf einen Papyrus, der mit der Zeit unweigerlich zerfällt. Ein geschriebener Text wird durch seine eigene Materialität gefesselt. Eine gute Rede dagegen, gehalten von einem fähigen Redner, wird in die Seele des Lernenden geschrieben. Sie lebt frei und unauslöschlich weiter.[7] Eine wirksame Rede ist »die lebende und beseelte Rede des wahrhaft Wissenden, von der man die geschriebene mit Recht wie ein Schattenbild ansehen könnte.«[8] Für Sokrates wählt der geübte Redner »eine gehörige Seele«, in die er »mit Einsicht Reden säet und pflanzt, welche sich selbst und dem, der sie gepflanzt, zu helfen im Stande« sind.[9] Er muss die Art von Rede säen, die gedeiht und sich Jahr für Jahr wieder selbst aussät. Er muss klug sein; er muss die Teile seiner Rede definieren und jeden von ihnen bis zum Unteilbaren teilen – mit anderen Worten, bis sie einfach sind. Er muss seine Rede an sein Publikum anpassen und einfachen Seelen eine einfache Rede geben.[10] Dies lässt sich für Sokrates am besten erreichen, wenn sowohl Sprecher als auch Gesprächspartner anwesend sind; es kann aber auch – wenn auch nicht so perfekt – in der Schrift vermittelt werden. Doch selbst wenn die Vereinfachung von Thema und Stil in der Schrift bewirkt werden kann, fehlt in dieser indirekten Beziehung des Schreibenden über das Schriftliche zum Leser immer noch die Unmittelbarkeit und Intimität der direkten Kommunikation. Wahre Einfachheit ist unmittelbar; ihre Belohnung: die wahren Botschaften zu hören, die von den Bäumen, dem Wind und den Menschen tönen. Und dennoch ist es das geschriebene Wort, das weiterhin Früchte tragen wird – manche giftig, manche heilend –, Jahr um Jahr, lange nachdem der Baum zur Erde zurückgekehrt ist und aufgehört hat zu reden. Schreiben ist ein Zaubertrank oder *pharmakon*; es ist ein heilendes Gift oder eine giftige Arznei. Für Jacques Derrida hat das *pharmakon* »nicht die punktuelle Einfachheit einer *coincidentia oppositorum*«; mit anderen Worten, es kann nicht auf eine Menge aus binären Gegensätzen reduziert werden.[11] Das *pharmakon* ist mehrdeutig:

> Die »Essenz« des *pharmakon* liegt in der Art und Weise, in der es, das keine stabile Essenz besitzt, keine »richtigen« Eigenschaften, in keinem Sinne (metaphysisch, physisch, chemisch, alchemistisch) eine *Substanz* ist. Das *pharmakon* hat keine echte Identität; es ist aneidetisch, erstens, weil es nicht monoeidetisch ist (in dem Sinne, in dem das *Phaidon* vom *eidos* als etwas einfachem, nicht zusammengesetztem spricht: *monoeides*). Diese »Medizin« ist keine einfache Sache. Aber es ist auch kein Kompositum, ein vernünftiges oder empirisches *suntheton*, das aus mehreren einfachen Essenzen besteht.[12]

Das *pharmakon* ist nicht einfach, insofern als es nicht auf eine Entität reduzierbar ist, und es ist auch keine Synthese aus mehreren einzigartigen Entitäten. Es ist nicht einfach nur ein Gebräu aus helfenden und giftigen Elementen; es ist, wie Derrida andeutet, »das frühere Medium, in dem die Spezialisierung im Allgemeinen entsteht, gemeinsam mit dem Gegensatz zwischen dem *eidos* und seinem anderen«.[13] Das *pharmakon* ist eine Energie oder ein »Medium«, das *différance* erschafft, bei der Bedeutung immer anders ist und durch Unterschiede oder binäre Gegensätze verstärkt wird. Es ist außerdem eine Ergänzung, die die Integrität einer einfachen Entität stört, selbst wenn es verabreicht wurde, um sie zu heilen; es ist ein Zusatz zu dem, was ganz war, eine Mixtur, die die Veränderung einer Essenz verursacht.[14] *Pharmakon* bezieht sich in Griechisch auch auf eine Färbung, eine Veränderung der natürlichen Farbe. Auf den Schild der Apheleia, der Göttin der Einfachheit, schrieb Ben Jonson »omnis abest fucus«, »alles ist ohne Farbe«, ohne Heuchelei oder Täuschung.[15] Die Göttin lieh ihren Namen einer Art der einfachen Rede, die die wenig raffinierte Spontanität der Sprache nachahmt. Xenophon von Ephesos (2./3. Jahrhundert) ist hierfür ein besonders gutes Beispiel.[16] Einfachheit beschwört achromatische, unmodifizierte und reine Zustände herauf, die auf den ersten Blick im Gegensatz zu der lebhaften Unbestimmtheit des *pharmakon* stehen. Aber Einfachheit und das *pharmakon* können nicht sauber getrennt werden, ohne falsche Doppeldeutigkeiten zu erzeugen, was zu vereinfachten Assoziationen und Bildern führt: *pharmakon* einerseits als generative, widerspenstige und expansive Energie, Einfachheit andererseits als freiwilliger Verzicht auf das Übermaß zugunsten einer passiven, aber unmittelbaren Erlangung von Wissen.

Vorsokratische Philosophen verorteten die Prinzipien aller Dinge in einem oder mehreren fundamentalen Elementen, die nicht von der Erschaffung oder Veränderung von Dingen beeinflusst waren. Für Thales ist Wasser die ursprüngliche und universelle Substanz, aus der alles ersteht und zu der alles zurückkehrt; dieser Urstoff wird niemals zerstört, nur verändert.[17] »Anaximenes und Diogenes sodann«, berichtet Aristoteles, »setzen vor das Wasser und als das eigentliche Prinzip unter den einfachen Körpern die Luft.«[18] Die Einfachheit der Körper, unter denen Luft als der einfachste gilt, bezieht sich auf dessen ewige Erhaltung. Empedokles kennt vier Elemente – Wasser, Feuer, Luft und Erde – als den Ursprung all dessen, das existiert; diese Elemente, sagt Aristoteles, »seien das beständig Bleibende; sie entständen nicht, sondern verbänden sich nur in größerer oder geringerer Masse zur Einheit und lösten sich wieder aus der Einheit.«[19] Einfache Elemente werden

**Für Thales ist Wasser die ursprüngliche und universelle Substanz.**

durch ihre Selbsterhaltung und ihre regenerativen Eigenschaften definiert. Parmenides, der sogenannte »Vater der Metaphysik«, führte die Idee ein, dass es nur eine Sache in der Welt gäbe, das Seiende. Und das Seiende, »weil ungeboren, ist es auch unvergänglich, ganz, eingeboren, unerschütterlich und ohne Ende«.[20] Einfachheit als Bewahrung und die Parmenidische Idee des Eins der Wirklichkeit oder »was ist« durchziehen spätere Philosophien. In Platons *Theaitetos* stellt Sokrates den Parmenides als Philosophen vor, der »behaupte[t], dass Alles Eins ist und selbst in sich besteht, indem es keinen Raum hat, worin es sich bewegen könnte.«[21] Sokrates räumt später in dem Dialog ein, dass Ideen wie die des Parmenides über Einfachheit und das Eins ungemein komplex sind und nicht leichtfertig behandelt werden dürfen.[22]

In *Phaidon* führt Sokrates das Konzept der Ideen bzw. Formen als *monoeides* oder gleichförmig ein. Entsprechend der Ideenlehre sind Ideen (im ursprünglichen Sinne: das Erscheinungsbild von etwas) der Grund, weshalb Dinge das sind, was sie sind. Etwas ist schön, weil es an der Idee der Schönheit teilhat. Es ist so, »dass vermöge des Schönen die schönen Dinge schön werden«, nicht wegen ihrer Farbe oder Form.[23] Platon entwirft hier das, was dann als »Zwei-Welten-Theorie« bekannt wurde. In der Welt der Formen sind die Formen einzeln, unveränderbar, von ihrer Essenz her fassbar, für das Auge unsichtbar, dem Denken aber zugänglich.[24] Im Gegenteil, die Welt der Sachen, die wir bewohnen, ist unfassbar, aber wahrnehmbar: Sie besteht aus zusammengesetzten, vielgestaltigen, sich ändernden und vergehenden Dingen.[25] Obwohl Platon die Ideenlehre in seinem Dialog *Parmenides* wieder aufgriff und in Frage stellte, wird der Gedanke, dass Formen einfach sind und den höchsten Grad des Wohlwollens darstellen, bei Plotin bewahrt, wenn auch verändert.

Im Kern der Philosophie des Neoplatonikers Plotin befindet sich das Eine. Das Eine entzieht sich Versuchen, es durch Vernunft und Sprache zu erfassen, dennoch kann sein *dunamis* oder dynamisches Ausströmen (Emanation) durch innere Einkehr oder Vision erlebt werden: Das Eine ist die Möglichkeit der Existenz. Wenn es sich ausbreitet, generiert das Eine den *Nous* oder Intellekt.

> Nun, weil nichts *in* ihm war, darum ist alles *aus* ihm, und damit es das Seiende sei, eben darum ist es selbst nicht seiend, wohl aber der Erzeuger desselben; und dies ist gleichsam das erste Werden. Denn da es vollkommen ist, weil es nichts sucht noch hat noch bedarf, so floss es gleichsam über und seine Ueberfülle brachte anderes hervor; das Gewordene aber wandte sich hin zu ihm und wurde erfüllt und blickte auf es und wurde so Intellect.[26]

Die Emanation des anderen oder *Nous* ist keine Modifikation des Einen, das unveränderlich und immer für sich selbst da ist. Der *Nous* ist das Eine, das das Selbst in der reinen Energie seiner Emanation sieht. Der *Nous* oder Intellekt besitzt die Fähigkeit, das eine zu sehen, von dem er seine Einheit und die Fähigkeit, seine eigenen Gedanken zu sehen, bezieht. Für den *Nous* sind Denken und Sein dasselbe. Die Gesamtheit der Gedanken wird durch Plotin der Gesamtheit von Platons Ideen angepasst. In der Plotinischen Philosophie ist das erste Prinzip der *Nous*, der sowohl Eins als auch zu Schöpfung und Vervielfältigung in der

Lage ist. Der *Nous* wird auch Gott oder *Theos* genannt. Ein Aspekt von Plotins Philosophie und des Neoplatonismus, der für das Nachdenken über die Einfachheit interessant ist, ist die logische und permanente Beziehung zwischen der ursprünglichen Emanation, aus der der *Nous* hervorgeht, und der Seele, die dem *Nous* entströmt. Im neunten Traktat des zweiten Buches der *Enneaden* postuliert Plotin, dass das Eine, das auch *das Gute* genannt wird, sich als Einfaches und als Erstes erweist, und dass es »etwas Einiges ist«.[27] *Einfach* bedeutet selbstgenügsam (oder nicht von anderen Bestandteilen abhängig), nicht zusammengesetzt, eigenständig und nichts enthaltend. »Wenn es nun weder *von* einem Andern ausgeht noch *in* einem Andern sich befindet noch irgend eine Zusammensetzung ist, so kann nothwendiger Weise nichts über ihm sein.«[28]

Plotin räumt ein, dass es Entitäten gibt, die einfacher sind als andere, aber keine ist einfacher als *das Eine*. Das einfache Eine zeugte Gott (Intellekt oder *Nous*), was bedeutet, dass das Einfache oder Einige Gott vorausgeht.

**Kann man das einfache Eine begreifen?**

Kann man das einfache Eine begreifen? Das Eine kann nicht begriffen werden, denn »Die Seele fühlt aber den Abstand von dem Einssein und ist nicht gänzlich Eins, wenn sie Wissenschaft von etwas gewonnen hat; denn die Wissenschaft ist Begriff, der Begriff aber ist vieles. Sie verfehlt also das Eine, nachdem sie in Zahl und Vielheit gesunken.«[29] Solche Emanationen können im *Henosis* oder Zustand des Einsseins mit dem Einen erfahren werden. *Henosis* ist möglich, wenn wir »von allem Aeussern absehend [uns] zu dem schlechthin Innern wenden«.[30] Am Ende der *Enneaden* erklärt Plotin die Frage: »Da also nicht zwei da waren, sondern der Schauende selbst und das Geschaute eins waren, gleich als wäre es kein Geschautes sondern Geeintes.«[31] Plotin beschreibt die Isolation, den Stillstand und die Ruhe, oder besser gesagt die werdende Isolation, den werdenden Stillstand und die werdende Ruhe. Dies, so fährt Plotin fort, »ist vielleicht nicht eine Schau, sondern eine andere Art des Sehens, eine Ekstase, eine Vereinfachung und Hingabe seiner selbst, ein Streben nach Berührung, eine Ruhe und ein Sinnen auf Vereinigung.«[32]

Die Enneaden schließen mit einer Beschreibung des Aufstiegs der Seele:

> Denn die Natur der Seele wird ja nicht bei dem schlechthin Nichtseienden anlangen, sondern herabsteigend wird sie beim Bösen anlangen und so bei dem Nichtseienden, nicht bei dem schlechthin Nichtseienden; auf dem entgegengesetzten Wege wird sie anlangen nicht bei einem anderen, sondern bei sich selbst, und so ist sie, weil nicht in einem andern, in nichts, sondern in sich selbst; in sich allein sein und nicht in dem Seienden, heisst in jenem sein; denn es wird auch jemand selbst nicht Substanz, sondern er überragt die Substanz insoweit, als er mit Gott in Gemeinschaft steht.[33]

Der Prozess des Vereinfachens (Selbstdistanzierung und sich selbst erfassen) in der *Henosis* gipfelt in der Einheit mit dem einfachen Einen – auch wenn er demjenigen, der ihn erlebt, unerklärlich bleibt, weil er über die Worte und über das Sein hinausgeht.

Plotin wendet sich im zweiten Buch der *Enneaden* direkt an den Leser und versucht, alle Missverständnisse hinsichtlich seiner Absichten auszuräumen: »Das andere aber überlasse ich euch beim Lesen zu prüfen; achtet auch besonders darauf, wie unsere Art zu philosophiren im weitern Verfolg ausser allem andern Guten auch die Einfachheit und Schlichtheit des Charakters verbunden mit einer reinen Gesinnung auszeichnet …«[34] Die *Enneaden* sind, so sieht es zumindest ihr Autor, ein kühner, aber vernünftiger Text, in dem die Ideen sich mit Bedacht und Umsicht entwickeln und von »klarem Bewusstsein«[35] gestützt werden. Methodisches Denken steht im Dienst eines speziellen Ziels: die Einfachheit des Denkens und Handelns zu lehren.

Das Lehren und Unterrichten ist der Kern der antiken Philosophie. Sokrates war der Lehrer von Platon, der wiederum Aristoteles unterrichtete. Ziel des philosophischen Lehrens war nicht der Erwerb abstrakten Wissens. Stattdessen zielte das Lehren auf die Veränderung der Schüler ab, sogar auf deren Verwandlung. Blaise Pascal hielt fest, was so philosophisch an der Philosophie war:

> Man stellt sich Platon und Aristoteles nur in langen Gewändern der Lehrer vor. Sie waren ehrbare Leute und haben wie die anderen im Kreis ihrer Freunde gelacht. Und wenn sie ihr Vergnügen daran fanden, ihre *Gesetze* oder ihre *Politik* zu verfassen, dann taten sie das in heiterem Spiel. Es war der am wenigsten philosophische und am wenigsten ernste Teil ihres Lebens; der philosophischste Teil bestand darin, einfach und ruhig zu leben.[36]

Die Philosophie ist mehr als nur ein Spiel des Intellekts; sie war eine Lebensform, wie uns die Werke von Pierre Hadot und anderen vor ihm gezeigt haben.[37] Pascal tat recht daran, unsere Aufmerksamkeit auf die Philosophie als Lebensform, als eine Möglichkeit zu einem einfacheren Leben zu lenken, obwohl einige Philosophen wie Nietzsche zugeben, dass »die einfache Lebensweise … ein zu vornehmes Ziel [ist]; ich will warten, bis Weisere, als ich bin, sie gefunden haben.«[38] Für Nietzsche war Sokrates der »einfachste« der Philosophen.[39]

Xenophon, ein weniger bekannter Schüler des Sokrates, verteidigte in seinen Schriften seinen Lehrer, dem vorgeworfen worden war, neue Götter in die Stadt gebracht zu haben, die Götter der Staatsreligion abzulehnen und die Jugend zu verderben. Seine Verteidigung des Sokrates findet sich in seinen *Memorabilien*. Darin berichtet Xenophon über eine Reihe von Begegnungen zwischen dem sogenannten Vater der Philosophie und einer Vielzahl von Gesprächspartnern. Eine dieser Begegnungen liest sich folgendermaßen:

> Ich für meine Person, Sokrates, war der Meinung, die Philosophie müsse die Menschen glückseliger machen; du aber scheinst mir von der Philosophie gerade das Gegentheil gewonnen zu haben. Du lebst wenigstens so, wie es kaum ein Sklave unter einem Herren aushalten würde: du ißt die schlechtesten Speisen und trinkst die schlechtesten Getränke; du trägst nicht nur einen schäbigen Mantel, sondern auch denselben im Sommer und im Winter, und immer gehst du ohne Schuhe und Unterkleid. Auch Geld nimmst du nicht an, das doch nicht nur, wenn man es erwirbt, Freude bereitet,

> sondern auch, wenn man es erworben hat, in den Stand setzt, freier und angenehmer zu leben. Wenn nun, wie ja die Lehrer in den übrigen Fächern ihre Schüler zu Nachahmern von sich machen, auch du deine Freunde dazu anhältst, so glaube nur, daß du ein Lehrer eines Jammerlebens bist.[40]

Mit diesen Worten beschreibt Antiphon der Sophist den Sokrates. Das hier gezeichnete Bild ist weit entfernt von den üblichen Darstellungen des ehrwürdigen alten Philosophen, der sein Leben der Wahrheit geopfert hat. Antiphons Absicht in dieser Passage war es, seine Gefährten von Sokrates abzuwenden, indem er ihnen zeigte, dass dessen Art der Philosophie keine Freude bereitet. Sein Argument gegen Sokrates lautete, dass die Philosophie nicht den Mangel, die Entsagung aller Freuden und das Misstrauen in solche grundlegenden Mittel wie das Geld lehren solle. Für den Sophisten wäre das Bekenntnis zu solcher Einfachheit der Mittel, Wünsche und Bedürfnisse dem Bekenntnis zum exakten Gegenteil von Philosophie und Freude gleichgekommen. Xenophon überliefert Sokrates' Antwort folgendermaßen: »Es scheint, Antiphon, du suchst die Glückseligkeit in Ueppigkeit und Wohlleben; ich dagegen glaube, nichts bedürfen sei göttlich, und so wenig als möglich Bedürfnisse zu haben, dem Göttlichsten am nächsten …«[41]

Die Genügsamkeit und Zurückhaltung, zu denen Sokrates sich bekennt, werden mithilfe von Selbstbeherrschung erlangt, wie wir das heute nennen würden, also einer Form der Kontrolle über die Leidenschaften, die direkt mit der Selbsterkenntnis verwandt ist. Handel betreibt Sokrates einzig mit Ideen und Freunden:

> Ich selbst wenigstens habe … Gefallen an rechtschaffenen und edlen Freunden; und wenn ich etwas Gutes weiß, so lehre ich sie es und befreunde sie mit anderen, von denen ich glaube, daß sie von ihnen hinsichtlich der Tugend gewinnen können. Auch die Schätze alter weiser Männer, welche diese in ihren Schriften hinterlassen haben, rolle ich auf und gehe sie gemeinschaftlich mit meinen Freunden durch; und wenn wir etwas Gutes antreffen, so nehmen wir es uns heraus und halten es für einen großen Gewinn, wenn wir einander nützlich werden.[42]

Sokrates' Reichtümer sind seine Freunde, seine Schüler, Menschen, die er nicht für sich selbst beansprucht. Seine Reichtümer sind auch die Schriften anderer, in denen er nach Ideen sucht, die für alle nützlich sein und von allen geteilt werden können. Der intellektuelle Kommunalismus, der hier verfochten wird, steht in krassem Gegensatz zu der sophistischen Vorstellung von Üppigkeit und Wohlleben. Und Xenophon bestätigte, dass Sokrates in der Tat selbst ein glücklicher Mann war, der – wie er selbst sagte – einfach lebte.[43]

Die wichtigsten philosophischen Schulen, die aus dem Sokratismus hervorgingen, setzten alle auf die Einfachheit in der einen oder anderen Form, um Wünsche, Bedürfnisse und Neigungen zu lenken und zu ordnen. Für diejenigen, die materiellen Überfluss und Luxus vorziehen, dient Einfachheit als eine Art moralisches Korsett, das deren bloße Existenz dämpft. Für andere ist Einfachheit eine Voraussetzung für körperliche, geistige und moralische Gesundheit, die schließlich zu gesünderen und gerechteren Gesellschaften führt.

In Buch VI der *Politeia* (Der Staat) zeichnet Platon das Bild eines Philosophenkönigs: »Mäßig ist also ein solcher und keinesweges habsüchtig. Denn weshalb mit solchem Aufwande nach Geld gestrebt wird, danach zu streben ziemt eher jedem andern als ihm.«[44] Der Philosoph ist derjenige, der über die äußere Erscheinung hinaussieht und seine Leidenschaften mithilfe der Vernunft mäßigt. Er ist ein Mann, geeignet zum Herrschen. Die Leben der Wächter – der Stadtoberen und Soldaten – sind gleichermaßen keine Leben voller Luxus und Überfluss, sondern Leben voller Einfachheit:

> Zuerst nämlich, daß keiner irgend eigenes Vermögen besitze, wenn es irgend zu vermeiden ist; ferner daß keiner irgend solche Wohnung oder Vorratskammer habe, wohinein nicht jeder gehen könnte, der nur Lust hat, sie aber das notwendige, dessen bescheidene und tapfere Männer, die im Kriege kämpfen sollen, bedürfen, in bestimmter Ordnung von den andern Bürgern als Lohn für ihren Schutz in solchem Maß empfangen, daß ihnen weder etwas übrig bleibe auf das nächste Jahr, noch sie auch Mangel haben, indem sie nämlich gemeinsame Speisungen besuchend wie im Felde stehende zusammen leben. Gold und Silber aber, muß man ihnen sagen, haben sie von den Göttern göttliches immer in der Seele, und bedürfen gar nicht auch noch des menschlichen.[45]

In der *Politeia* empfiehlt Platon der führenden Klasse, ein Gemeinschaftsleben zu führen, da Eigentum, Reichtum oder Familie die Einheit und Harmonie der Stadt und derjenigen, die sie regieren, gefährdet. Sollten die Hüter der Stadt privates Eigentum oder Besitz an menschlichem Gold oder Geld haben, dann leben sie nur das Leben von Hausbesitzern oder Bauern. Sie werden ihre Energie dafür aufwenden, andere zu hassen, und innere Gegner und Widersacher mehr zu fürchten als äußere Feinde. Dies zerstört schließlich ihr Leben und richtet die Stadt zugrunde. Andere Bewohner der Stadt führen ebenfalls ein einfaches Leben, wie Sokrates sagt:

> Nicht wahr, sie werden Getreide und Wein ziehen, Kleider und Schuhe machen und Häuser bauen, dabei im Sommer zwar oft unbeschuht und ziemlich entblößt arbeiten, im Winter aber hinlänglich bekleidet und beschuht. Und nähren werden sie sich, indem sie aus der Gerste Graupe bereiten und aus dem Weizen Mehl, und dies kneten und backen, und so die schönsten Kuchen und Brote auf Rohr und reinen Baumblättern vorlegen und selbst mit ihren Kindern schmausen, auf Streu von Taxus und Myrten gelagert, des Weines dazu trinkend und bekränzt den Göttern lobsingend, und werden sehr vergnüglich einander beiwohnen, ohne über ihr Vermögen hinaus Kinder zu erzeugen aus Furcht vor Armut oder Krieg …
>
> … Ich vergaß, daß sie auch Zukost haben werden, Salz ja gewiß und Oliven und Käse; und Zwiebeln und Kohl und was vom Felde kann eingekocht werden, werden sie sich einkochen. Auch Nachtisch wollen wir ihnen aufsetzen von Feigen, Erbsen und Bohnen, und Myrtenbeeren und Kastanien werden sie sich in der Asche rösten und

> mäßig dazu trinken. So werden sie ihr Leben friedlich und gesund hinbringen, und aller Wahrscheinlichkeit nach wohlbetagt sterben ihren Nachkommen ein eben solches Leben hinterlassend.[46]

Dies ist die Stadt der Einfachheit, aus der jede Form des Überflusses verbannt ist, wo Frieden, Harmonie und Glück gedeihen, wo die Zukunft so sicher und vorhersehbar ist wie die Gegenwart im Dienst der Gerechtigkeit. Denn diese einfachen Lebensweisen sind untrennbar von ihrem *telos* oder Ziel: Gerechtigkeit.

Glaukon, Sokrates' Gegenüber und Gesprächspartner, zeichnet das Bild des gerechten Mannes, er zeigt »den schlichten und biedern Mann … der nicht gut scheinen will sondern sein«.[47] Damit der gerechte Mann nicht nach der Belohnung strebt, die ihm der Ruf der Gerechtigkeit einbringen könnte, stellt er sich vor, dass er fälschlicherweise der Ungerechtigkeit beschuldigt wird. Als ungerechter Mann betrachtet, erleidet er außerordentliche Bestrafung und sogar Folter. Mit diesem Gedankenexperiment fragt Glaukon Sokrates, ob Gerechtigkeit an sich gut ist oder ob wir uns nur wegen ihrer Belohnungen oder aus Angst vor der Bestrafung zu ihr hingezogen fühlen. Sokrates zeigt uns nun, dass Gerechtigkeit mehr ist als nur Gesetzgebung, Regeln und vorgeschriebene Verhaltensweisen. So kann man Gerechtigkeit in der Tat sowohl im Stadtstaat als auch im Einzelnen beobachten, und beide Arten von Gerechtigkeit, die gesellschaftliche und die persönliche, zeigen ähnliche Strukturen. Bedeutet dies, dass alle Menschen, die in einer gerechten Stadt leben, gerecht sind? Laut Sokrates gibt es keinen kausalen Zusammenhang. Eine gerechte Person muss sich nicht bemüßigt fühlen, alle Gesetze einer gerechten Stadt einzuhalten, und eine gerechte Stadt wird nicht unbedingt nur von gerechten Menschen bewohnt. Nichtsdestotrotz wird die gerechte Stadt in ihrer idealen Form durch vier Wesenszüge charakterisiert, die sich in die vier Kardinaltugenden ihrer Bürger übersetzen lassen. Die Stadt und ihre Bewohner sind »weise und tapfer und besonnen und gerecht«.[48] Weisheit oder intellektuelle Tugend ist die Grundlage der anderen drei. »Einfache und mäßige aber, die von Vernunft und richtiger Vorstellung verständig geleitet werden, wirst du nur bei Wenigen antreffen, und zwar bei den bestgearteten und besterzogenen«, schrieb Platon.[49] Die ideale und gerechte Stadt, die Stadt, in der Mut und Weisheit Verhalten und Entscheidungen bestimmen – diese Stadt wird von einer intellektuellen Aristokratie regiert, die aus Männern besteht, deren natürliche Intelligenz, Ehre und Entschlossenheit durch Bildung und Erziehung perfektioniert werden. Der Unterschied zwischen Weisheit, Mut und Mäßigung besteht darin, dass letztere über den Kreis der regierenden Klasse hinausgeht. Die Tugend der Mäßigung vereint alle Bürger ungeachtet ihrer Mittel und Lage. Und mit Mäßigung kommen sie gemeinsam zu einer Übereinkunft unter sich selbst und als Gruppe, wer regieren sollte. Mäßigung ist sowohl ein gesellschaftlicher als auch ein moralischer Gleichmacher sowie ein einfacher, aufrichtiger, natürlicher Auswahlprozess in der Politik. Während Gerechtigkeit der *telos* des städtischen Lebens ist, dienen Einfachheit und Mäßigung als verbindende Elemente zwischen allen Bürgern. Die gerechte Stadt ist eine, in der einfache, gemäßigte Regenten über einfache, gemäßigte Bürger regieren.

Platons Schüler Aristoteles hat eine andere Sicht auf Genügsamkeit und Einfachheit. Er definiert den glücklichen

Mann als einen, der ein Leben in Übereinstimmung mit vollendeter Tugend lebt und der »dabei mit den äußeren Gütern wohl ausgestattet ist, und das nicht bloß eine kurze Zeit, sondern ein ganzes, volles Leben lang«.[50] Glück, das höchste Gut der Seele, gewinnt man aus einer tugendhaften Tätigkeit. Andere Güter, wie Gesundheit, Wohlstand und Macht, sind nicht entscheidend für das höchste Gut, können aber zu ihm beitragen, wenn sie gemäßigt und angemessen eingesetzt werden. Ein gewisses Maß an äußeren Gütern (zum Beispiel Wohlstand, Freunde und Macht) ist für die rechtschaffensten Akte notwendig. Außerdem können solche Güter unser Leben »glückselig« machen und ihm auch noch Schönheit bescheren.[51] Zu viele oder zu wenige äußere Güter, vor allem Wohlstand, beeinflussen das Glück eines Menschen negativ. Aristoteles zeigt vier Wege auf, um externe Güter oder Wohlstand zu erwerben: erstens direkt aus der Natur, zweitens Tauschhandel, drittens geldlicher Austausch, und viertens Handel, Geldverleih oder Lohnarbeit. Eine Art des Erwerbs ist gut, wenn sie zu tugendhaften Handlungen für den Haushalt, den Staat oder idealerweise beiden beiträgt. Der *telos* dieser Art von natürlicher Erwerbstätigkeit ist die Tugend. Unnatürlicher Erwerb von Reichtum hat kein anderes Ziel als den Durst nach mehr, der endlos ist. Wohlstand, der direkt von der Natur gegeben wird und dessen Aufgabe es ist, menschliche Bedürfnisse zu befriedigen, ist natürlich und gut. Im Gegensatz dazu dient der Handel mit natürlichen Ressourcen ausschließlich dazu, den Reichtum des Händlers zu vermehren, unnatürlich. Wenn man handelt, um sein Kapital zu erhöhen, tauscht man seine persönliche Trefflichkeit oder Tugend – die Voraussetzung für ein gutes Leben – gegen ein Leben in Unterwürfigkeit und schlechter Gesundheit. Die schlimmste Art des Erwerbs von Reichtum ist Wucherei, »weil er von dem Geld selbst den Gewinn bezieht und nicht aus den Geschäften, wozu das Geld bestimmt ist«.[52]

Aristoteles' Meinung zu privaten Besitztümern unterscheidet sich in verschiedenen Aspekten von Platons Kommunismus, vor allem hinsichtlich der Frage der Fürsorge und Pflege. »Denn für das, was Vielen gehört, wird am wenigsten gesorgt«, schreibt Aristoteles in der *Politik*.[53] Wenn Gesetze die Bürger tugendhaft machen können, dann begünstigen Tugenden wie die Großzügigkeit das Teilen und die gemeinsame Nutzung privater Besitztümer. Wenn es Gemeinschaftseigentum gibt, wie Platon es befürwortet, kommt es nicht automatisch zu mehr Großzügigkeit. Warum sollte ich etwas mit jemandem teilen, wenn alles der Gemeinschaft gehört? In einer solchen Situation kann ich nicht einmal die Freude an der Großzügigkeit erleben. Die gemeinsame Nutzung von Objekten in Privatbesitz hängt von der Großzügigkeit des Eigentümers ab; sie ist kein Recht, das sich auf alle Mitglieder der Gemeinschaft erstreckt. Stattdessen ist sie ein Akt der Tugend, der die gemeinsame Nutzung erlaubt. Die Nutzung des eigenen Eigentums zu gewähren, ist ein tugendhafter Ausdruck des individuellen Wissens.[54] Bewusste Großzügigkeit kann, glaubt Aristoteles, durch Erziehung gefördert und antrainiert werden, wenn diese unter die Ägide der Gesetzgeber gestellt wird. Natürlich verlangt man dann eine Menge von der Erziehung, dem Gesetz und der Gewöhnung, aber für Aristoteles war ein einfaches Leben eine Realität für Personen und Familien, die dies wünschten, und für ihn selbst stellte ein einfaches Leben einen Weg zu Trefflichkeit und Selbstentfaltung dar. Solch ein Leben gibt einem die Möglichkeit, Gutes zu tun und gut zu sein und schließlich sein höchstes Potenzial zu erfüllen.

Einfachheit, Genügsamkeit und Mäßigung finden sich in den philosophischen Dialogen und Lehren der antiken griechischen Philosophen. Wie sich in diesen Beispielen von Platon und Aristoteles zeigt, ist Einfachheit auch eine Frage des Staates und der Politik. Obwohl man die Kunde von der Einfachheit auch heute noch in der politischen Arena hören kann, wie wir später sehen werden, ist es kaum vorstellbar, dass unsere Hüter, wenn man sie so nennen möchte, dem privaten Eigentum und dem Ruhm abschwören, um ein einfacheres Leben zu propagieren. Privatbesitz wird selten als Gelegenheit gesehen zu teilen und die Freuden der Großzügigkeit zu erfahren. Kommunalismus ist auf entsprechende Gemeinschaften oder die Vergangenheit beschränkt und wird schnell mit fehlgeschlagenen historischen Versuchen mit Kommunismus aller Couleur in einen Topf geworfen. Vor allem aber scheint Einfachheit im politischen Diskurs zu fehlen. Wenn sie überhaupt auftaucht, dann in einer gefährlichen Form, die als Simplismus bezeichnet wird. Aktuelle gewählte und wählende Mitglieder unserer Gesellschaft liefern uns jeden Tag Beispiele für Simplismus. Das war aber nicht immer so. Ein Philosoph und römischer Kaiser wählte die Einfachheit als Lebensform und Regierungsmethode. Sein Name war Mark Aurel, ein Stoiker im Herzen, im Geiste und in den öffentlichen Angelegenheiten.

**Einfachheit, Genügsamkeit und Mäßigung**

Einfachheit war für die stoischen Philosophen kein Ziel an sich, sondern ein Mittel zu mehr Selbsterkenntnis und Glück, die sie als das gute Leben oder *eudaimonia* verstanden. Das gute Leben ist kein flüchtiger Augenblick der Freude, sondern eine langfristige Erfüllung, die sich ergibt, wenn man Mäßigung und Tugend übt. Der Stoizismus teilt einige Merkmale mit dem

Epikureismus. Diese philosophischen Schulen definieren zwar unterschiedlich, was das gute Leben und dessen Ausübung ausmacht, lehren aber beide die Beobachtung von Leidenschaften, Wünschen, ob natürlich, unnatürlich oder leer, um einmal eine epikureische Klassifikation zu benutzen, damit unvorbereitete, unwissende Seelen nicht überraschend von den Leidenschaften überwältigt werden. Während die Übungen, die von diesen Schulen verordnet werden, auf Mäßigung in allen Belangen abzielen, sehen sie die Einfachheit nicht als Kerntugend, sondern als regulatorisches Mittel – vielleicht mit Ausnahme des Mark Aurel. Seine *Selbstbetrachtungen* sind heute das vermutlich beliebteste Werk der griechisch-römischen Philosophie. Als Stoiker trat Mark Aurel für Selbstdisziplin und die Kontrolle der Leidenschaften oder *pathê* ein, die einen kontrollieren, wenn man sich nicht um sie kümmert. Selbstdisziplin bezieht sich nicht auf eine Reihe einschränkender Prinzipien, sondern auf emanzipatorische Übungen, die uns von der Herrschaft der Leidenschaften befreien. Gepaart wird die Selbstdisziplin mit sorgfältiger und permanenter Aufmerksamkeit für die Stichhaltigkeit unseres Urteilsvermögens, das sich nach der Vernunft richten sollte, ein universelles Prinzip, das den Göttern und den Menschen eigen ist. Stoiker setzten sich nicht für die völlige Entsagung von allen materiellen Gütern ein, befürworteten aber deren vernünftigen und mäßigen Einsatz, damit diese keine Kontrolle über die Person erlangten. Möglicherweise mehr als bei jeder anderen philosophischen Schule der antiken Welt ist Freiheit der Antrieb des Stoizismus.

Mark Aurels *Selbstbetrachtungen* sind keine stoische Abhandlung, sondern eine Sammlung von Notizen an sich selbst, wie man ein gutes Leben führen könne. Die fragmentarischen

Gedanken des Kaisers sollten weniger dogmatisch als vielmehr analytisch und selbstreflektierend sein. Sich selbst zu erkennen, beginnt damit, seine Herkunft zu kennen. Er erinnert sich daran, die Integrität und Stärke seines Charakters von seinem Vater und Großvater geerbt zu haben. Er bewunderte seine Mutter, weil sie einfach und mäßig lebte, »weit entfernt von dem gewöhnlichen Luxus der Großen«.[55] In der lapidaren Darstellung seiner Mutter benutzt Mark Aurel das Wort *λιτὸν*, das Gregory Hays mit »simple« übersetzte. Eine Übersetzung wird nicht nur in Bezug auf ihre Genauigkeit, sondern auch durch den historischen und kulturellen Kontext bestimmt. So wird bei Hays das griechische ἁπλῶς (*haplôs*) zu »straightforward« (einfach, aufrichtig, direkt), während Francis Hutcheson und James Moor, die die *Selbstbetrachtungen* im 18. Jahrhundert übersetzt haben, das Adjektiv »simple« bevorzugten. *Haplôs* umfasst einen ganzen Bereich benachbarter Bedeutungen, die mit der Vorstellung von der Einmaligkeit des Geistes, Rechtschaffenheit und Eindeutigkeit zu tun haben. In Kapitel 15 von Buch XI der *Selbstbetrachtungen* sinniert Mark Aurel über ἁπλότης oder *haplotês*. Hays übersetzt das folgendermaßen:

> The despicable phoniness of people who say, ‚Listen, I'm going to level with you here.' What does that mean? It shouldn't even need to be said. It should be obvious – written in block letters on your forehead. It should be audible in your voice, visible in your eyes, like a lover who looks into your face and takes in the whole story at a glance. A straightforward, honest person should be like someone who stinks: when you're in the same room

with him, you know it. But false straightforwardness is like a knife in the back.
False friendship is the worst. Avoid it at all costs. If you're honest and straightforward and mean well, it should show in your eyes. It should be unmistakable.[56]

[Die jämmerliche Falschheit der Menschen, die sagen: »Ich will ehrlich mit dir sein.« Was heißt das überhaupt? Es sollte nicht nötig sein, das zu sagen, sondern sollte offensichtlich sein – fett auf die Stirn geschrieben. Man sollte es in deiner Stimme hören, in deinen Augen lesen, wie ein Liebhaber, der dir ins Gesicht schaut und auf einen Blick die ganze Geschichte kennt. Eine aufrichtige, ehrliche Person sollte wie jemand sein, der stinkt: Du weißt, wenn du im selben Raum bist wie er. Doch falsche Aufrichtigkeit ist wie ein Messer im Rücken.
Falsche Freundschaft ist am schlimmsten. Vermeide sie um jeden Preis. Wenn du ehrlich und aufrichtig bist und es gut meinst, sollte es sich in deinen Augen zeigen. Es sollte unmissverständlich sein.]

Für Mark Aurel muss Einfachheit oder Aufrichtigkeit offen sichtbar sein – das heißt, durch den Körper ausgedrückt werden, hier durch die Augen. Einfachheit oder Aufrichtigkeit ist mehr als eine Charaktereigenschaft; es ist die Fähigkeit, Tugend eindeutig und unmissverständlich mitzuteilen und dadurch tugendhaft zu handeln. Dies ist besonders interessant für die Stoiker, da die Wahrnehmung ein zentrales Element ihrer Philosophie und Lebensform ist. Nicht die Sache, die man wahrnimmt, führt auf Abwege, sondern die Sache selbst kann durch die Wahrnehmung, die man hat, verzerrt werden. Eine ungenaue Wahrnehmung kann sich durch eine fehlerhafte Interpretation der Sache oder des Ereignisses doppelt schlimm auswirken. In den meisten Fällen ist die Interpretation des Geschehnisses, die immer ergänzend zum Ereignis selbst wirkt, unnötig und potenziell eine Hürde für den Frieden und die Güte des Lebens. Der Stoizismus lehrt einen, wie man einfach wahrnimmt, sodass man in der Lage ist, zwischen dem, was ist, und dem was interpretiert wird, zu unterscheiden. Die gezeigte Passage aus den *Selbstbetrachtungen* zeigt uns außerdem, wie wichtig die Ökonomie des Ausdrucks ist. Ein Ausdruck sollte nicht mehrdeutig sein, sondern offensichtlich, damit die »ganze Geschichte« auf einmal oder »auf einen Blick« aufgenommen werden kann. Je einfacher die Botschaft ist, umso weniger Interpretation und umso weniger Chancen für Fehler gibt es. Freundschaft ist ein typisches Beispiel. Die Kommunikation mit einem anderen Menschen und vor allem einem Freund – ob durch Worte, den Geruch oder das Auge, um bei den Beispielen aus der zitierten Selbstbetrachtung zu bleiben – sollte keinen Raum für Fehler lassen oder die Beziehung leidet unter Verwerfungen und Spannungen. Einfachheit ist eine kommunikative und zwischenmenschliche Notwendigkeit. Falsche Einfachheit ist ein tödliches Laster, ein »Messer im Rücken«. Falsche Einfachheit ist in der stoischen Ethik auch eine Absicht oder Handlung, die dem schadet, der sie begeht. Wahre Einfachheit oder Aufrichtigkeit ist eine Tugend, die zum guten Leben des aufrichtigen, einfachen Philosophen-Kaisers beiträgt.

Mark Aurel wird schon lange mit Stoizismus gleichgesetzt, und das aus gutem Grund. Seine Erziehung brachte ihn jedoch mit vielen Philosophien und Philosophen in Kontakt, darunter einer bestimmten Gruppe unabhängiger Denker und Freigeister, die er in einer seiner Selbstbetrachtungen erwähnt:

> Gleichwie man bei Fleischgerichten und anderen Eßwaren der Art denken soll: das ist also der Leichnam eines Fisches, das der Leichnam eines Vogels oder eines Schweines und hinwiederum beim Falernerwein: er ist nichts als der ausgedrückte Saft einer Traube; oder beim Purpur: er ist nur Schafswolle, in das Blut einer Schnecke getaucht; und beim geschlechtlichen Umgang: er ist die Reibung eines Eingeweides und Ausscheidung von Schleim mit Zuckungen verbunden; solche Vorstellungen sind nämlich den Gegenständen wirklich ganz entsprechend und durchdringen ihr Wesen, so daß man sieht, was eigentlich an ihnen sei: ebenso nun muß man's im ganzen Leben machen, und wo einem Dinge in noch so beifallswürdiger Gestalt vorgespiegelt werden, sie entlarven, ihren Unwert sich anschaulich machen und ihnen die schimmernde Einkleidung, womit sie sich brüsten, nehmen. Denn der Schein ist ein furchtbarer Betrüger, und gerade wenn man glaubt, sich mit den allerbedeutendsten Dingen zu beschäftigen, bezaubert er am meisten. Denke daran, was Krates selbst von einem Xenokrates sagte.[57]

Der erwähnte Krates war ein bekannter kynischer Philosoph und der Lehrer des Zenon von Kition, des Begründers der Stoa, also des Stoizismus. Diese Selbstbetrachtung handelt von der Wahrnehmung. Genau wie in der vorherigen zitierten

Selbstbetrachtung geht es darum, Dinge einfach beim Namen zu nennen. Ein Schwein ist ein Schwein, auch nachdem es geschlachtet und zubereitet wurde, erinnert uns Mark Aurel. Ohne Gärung ist Wein einfach nur Traubensaft. Purpur, die Farbe, die Richtern, Konsuln und dem Kaiser vorbehalten ist, wird aus dem Schleim einer im Meer lebenden Schnecke gewonnen. Das Liebesspiel ist lediglich Reibung, die den Austritt körperlicher Flüssigkeiten bewirkt. Mark Aurel nennt nicht einfach nur die Dinge beim Namen; er entkleidet die Wörter ihrer ergänzenden symbolischen und herkömmlichen Werte, die eine Distanz zwischen der Sache und dem Wort erzeugen. Unnötiger Symbolismus, Euphemismen und auch denaturierende Prozesse, wie Rousseau später sagen wird, wie die Gärung oder das Färben, werden bloßgestellt und aus dem Wortschatz entfernt. Aufrichtigkeit und Einfachheit ziehen einen kurzen Strich zwischen einem Wort und dem, was es repräsentiert. Prozesse, die den Rohstoff ändern, und Symbole, die ein Wort verkleiden, laden zu Interpretationen und Fehlern ein. Den Stoikern und Kynikern gemeinsam ist die Ansicht, dass einfacher besser ist, wenn es um die Sprache geht. In vielen anderen Bereichen sind sie sich weniger einig.

Ziel des Stoizismus ist es, entsprechend der Natur zu leben. Diese Vorstellung hat viele unterschiedliche Interpretationen und Unstimmigkeiten befeuert. Es genügt wohl zu sagen, dass für die Stoiker alle Ereignisse, Prozesse, Veränderungen und Systeme, aus denen das Universum und die natürliche Welt bestehen, Teil eines organisierten Schemas namens *Logos* ist. Entsprechend der Natur zu leben, bedeutet in diesem Fall, in Übereinstimmung mit der Abfolge der Ereignisse zu leben, die die Welt zu dem machen, was sie ist. Entsprechend der Natur zu leben, kann aber auch bedeuten, entsprechend seiner eigenen Natur zu leben: in Ihrem und meinem Fall also entsprechend unserer menschlichen Natur. Was die menschliche Natur für die Stoiker definiert, ist die Vernunft. Entsprechend der Vernunft zu leben, ist, entsprechend der menschlichen Natur zu leben. Wir wollen nicht so tun, als würden wir in dieser schwierigen Frage hier irgendwelche Schlussfolgerungen ziehen. Seien Sie sich jedoch gewiss, dass es eine Überinterpretation wäre, würden wir glauben, die Stoiker seien die Wegbereiter irgendeines Zurück-zur-Natur-Impulses oder einer vergleichbaren Philosophie. Das gilt übrigens auch für die Kyniker.

**Ziel des Stoizismus ist es, entsprechend der Natur zu leben.**

Die Kyniker, darunter der in Mark Aurels *Selbstbetrachtungen* erwähnte Krates, vertraten ein ähnliches Credo. Zentraler Punkt ihrer Philosophie war das Leben entsprechend der Natur. Doch für sie bedeutete es, eine Lebensform zu übernehmen, die viele Stoiker missbilligt hätten. Anders als die stoischen Philosophen entwarfen die Kyniker keine Philosophie der Natur, die auf der Beobachtung des Kosmos, der Erde und ihrer nichtmenschlichen Bewohner beruhte. Stattdessen sahen sie die Natur als das, was einfach da ist. Dion Chrysostomos verwendete in seiner Rede mit dem Titel »Diogenes oder über die Tyrannei« ein kynisches Argument, um zu demonstrieren, dass der Mensch keinen Bedarf an Luxusgütern wie verschwenderischer Kleidung oder extravaganten Speisen hat. Als Diogenes draußen in der Kälte zitterte, stärkte er eigentlich seinen Körper gegen die Übel, die jene nicht befallen, die nicht nach draußen treten, wenn der Winter naht. Diogenes benötigte nur ein Kleidungsstück; er trug keine Schuhe. Wie die Tiere trank er aus einem Bach und dies auch nur, wenn er durstig war – anders als jene, die teure Weine auch dann tranken, wenn sie es nicht brauchten. Ein nomadisches Leben löste jahreszeitliche Probleme, wie Zugvögel und andere wandernde Tiere instinktiv wissen. Die Natur wird zu einer Auswahl an Tugenden und Erfindungsreichtum verklärt, die zu folgender Schlussfolgerung führt: Wenn die Tiere es tun können, dann können die Menschen es auch tun. »Wie sonst hätten die ersten Menschen, die geboren wurden, überlebt, als es kein Feuer, keine Behausungen, keine Bekleidung oder keine andere Nahrung gab als das, was wild wuchs?«[58] Der Einfallsreichtum des Menschen wandte sich gegen ihn, als seine Erfindungen ihn von seinen natürlichen Bedürfnissen und den Gaben der Natur entfernten. Der Einfallsreichtum des Menschen erschöpft sich darin, Werkzeuge der Freude zu erdenken, statt Mut und Gerechtigkeit zu fördern. Eine Anekdote, die Diogenes Laertios überliefert, zeugt vom praktischen und natürlichen Geist des Kynismus und speziell des Diogenes von Sinope. »Als er einmal«, so berichtet der griechische Biograf, »ein Kind sah, das aus seinen Händen trank, riss er seinen Becher aus seinem Ranzen heraus und warf ihn weg mit den Worten: ‚Ein Kind ist mein Meister geworden in der Genügsamkeit!‘«[59] Die Kyniker waren eifrige Beobachter der natürlichen Welt, von der der Mensch nur ein Teil ist. Sie lernten von dem, was sie sahen. Vor allem lernten sie, Überfluss, unnatürliche Gegenstände und unnötige Vorgänge abzulegen und die einfache Effektivität der Natur und der Kinder nachzuahmen. Die Einfachheit, die sie in der Natur oder in denen, die von Konventionen und falschen Bedürfnissen noch nicht verdorben waren, lernten, veranlasste die Kyniker, über sich selbst nachzudenken. Natur wird zur Norm oder zum Standard dafür, was maßlos ist und was gerade genug oder unverfälscht ist.

Kein kynischer Text hat überlebt. Ihre Ideen wurden aus zweiter Hand auf uns überliefert, in Form von Porträts der Exzentriker, die sich weigerten, die Gesetze des Landes anzuerkennen und stattdessen die Zufälligkeit der Natur bevorzugten. Lebte Diogenes von Sinope nicht in einem *pithos* (Fass), selbst in der Hitze des Sommers? Lebte er nicht wie ein Hund, der in der Öffentlichkeit aß und trank? Hatte er nicht eine solche Geringschätzung für die moralischen Gesetze, dass er an öffentlichen Orten masturbierte, wenn ihm danach war? Doch die kynische Ethik ist mehr als nur eine Abfolge von Spleens. Was die Kyniker taten, das taten sie aus einem bestimmten Grund. Wie ein Hund unter den Augen der Öffentlichkeit zu leben, war eine öffentliche Ablehnung der gesellschaftlichen Konventionen und Sitten. Ein ärmliches Leben zu leben und sich dabei auch dem Elend zu stellen, war Teil einer kynischen Praxis, die *ponos* (»Mühe«) genannt wurde und bedeutete, dass man die Natur in der Art oder Form erträgt, in der sie sich einem in diesem Augenblick entgegenstellt. Einfache Wünsche können leicht *in situ* und in diesem Moment befriedigt werden, wenn man sich nicht um die Konventionen und die Blicke der anderen schert. Ein einfaches Leben im Jetzt und nur mit dem, was gerade zur Hand ist, ist eine Bedingung für die Tugend. Wer muss Kriege führen, andere Länder überfallen oder Verbrechen begehen, wenn er nur solche einfachen Bedürfnisse hat, wie sie der Augenblick diktiert?[60] Befreit von den Fesseln der gesellschaftlichen Zwänge und unnatürlichen Bedürfnisse ist der Kyniker ein freier Mann oder eine freie Frau.

**Befreit von den Fesseln der gesellschaftlichen Zwänge**

Diese Freiheit drückt sich in ihrer Selbstgenügsamkeit und in der freien Rede oder *parrhēsia* aus, die ebenfalls mehr ist, als die Dinge beim Namen zu nennen: Sie bedeutet, in der direkten Ansprache den Rang zu missachten, aber auch, unter allen Umständen die Wahrheit zu sagen. Das Leben entsprechend den Gesetzen des Augenblicks und das Annehmen der Freiheit in all ihren Aktionen und Ausdrücken sorgte dafür, dass die Kyniker aus der Menge der braven Bürger herausstachen. Es ist bekannt, dass Diogenes von Sinope auf die Frage, woher er komme, antwortete: »Ich bin ein Bürger der Welt«, ein *kosmopolitēs*. Seine Stadt ist nicht Sinope, die Gesetze, die er befolgt, sind nicht sinopisch. Diogenes gehört dem Kosmos, der größer ist als Sinope oder ein anderer Stadtstaat. Er ist ein freier Mann, nicht an die Gesetze einer Stadt gebunden. Sein einziges Gesetz: Natur oder der Kosmos, wie er ist.

Kaiser Julian schrieb über den Kynismus: »Es gab immer Männer, die diese Philosophie ausübten. Denn es scheint in gewisser Weise eine universelle Philosophie zu sein und die natürlichste.«[61] Das Erbe der Kyniker ist mannigfaltig. Die kynische Ethik beeinflusste nicht nur den Stoizismus, sondern auch das Christentum und die Philosophien der Aufklärung. In seiner Darstellung von Genügsamkeit und Verzicht in seinem Werk *Gegen Jovinian* lobt der Kirchenvater Hieronymus die Kyniker Antisthenes, Diogenes von Sinope und Krates, der seinem beträchtlichen Vermögen entsagte, als er die kynische Lebensweise annahm. Diogenes, so schreibt Hieronymus, sei »mächtiger als der König Alexander«, weil er »selbst die menschliche Natur besiegt hatte«.[62] Der Philosoph verkörpert laut Hieronymus »die Enthaltsamkeit der Heiden«.[63]

**Das Leben entsprechend den Gesetzen des Augenblicks**

Die Kirchenväter prangerten die Unzüchtigkeit der kynischen Art an, ganz besonders ihre öffentliche Zuschaustellung der Sexualität, doch manche christlichen Theologen fanden in der Einfachheit, die die Kyniker als Lebensform auserkoren hatten, auch eine Lektion, der man folgen könne. Die kynische Strenge wurde als eine Tugend gepriesen, die jene nachahmten, die sich für ein asketisches Leben entschieden hatten.

Man sollte auf keinen Fall diejenigen, deren Leben von Selbstgenügsamkeit, Redefreiheit und Schamlosigkeit regiert wurde, völlig mit denen gleichsetzen, die ihr Leben Christus geweiht hatten. Geschichten vom einfachen Leben der Kyniker wurden oft den höheren Formen der Einfachheit gegenübergestellt, die die Christen praktizierten. In der frühen Neuzeit galt Einfachheit vor allem als eine ausgesprochen christliche Tugend. Kyniker wurden auch oft verspottet und ihr Name diente der Schmähung von Sekten, die nicht in Übereinstimmung mit den Lehren der Kirche handelten. Am Anfang des 18. Jahrhunderts, als erste Historien und Wörterbücher die Bücherregale füllten, veröffentlichte André-François Boureau-Deslandes eine kritische Geschichte der Philosophie. Seine Absicht war nicht, in seiner *Histoire* eine Chronik der Philosophen oder Philosophien zu schreiben, sondern zu zeigen, dass gutes Denken auch zu einem guten Leben führt. Im zweiten Band widmete Boureau-Deslandes einige Seiten dem Kynismus. Zuerst listet er alle Verbrechen gegen allgemeine Werte und die guten Sitten auf, die von den Kynikern der Antike begangen wurden, wie Krates, der sein Vermögen ins Meer warf, oder die vielen Fälle von Unzucht in der Öffentlichkeit. Er argumentiert gegen die Ansicht der Kyniker, dass Gesetze konventionell und beliebig seien. Allerdings erinnert Boureau-Deslandes seine Leser daran, dass amoralische Handlungen nicht unbedingt die Reinheit und die Ordnung von Gefühlen und Absichten ausschließen. Nachdem sich dieser Gedanke durchsetzte, wurden die Kyniker im 18. Jahrhundert für ihre Unabhängigkeit von Geist und Körper, für ihre Geringschätzung des Geldes und selbst für ihre Gleichgültigkeit gegenüber Beleidigungen für ihre Meinungen und ihr Leben gelobt. Nichts würde sie ins Wanken bringen, schreibt Boureau-Deslandes.[64] Er rühmt Diogenes dafür, dass dieser seinen *pithos* einem Palast vorzieht. Der Kyniker musste leben, weil er geboren worden war; er lebte und fürchtete weder den Tod noch das Leben.[65] Er erwähnt die Gemeinsamkeiten zwischen Mönchen und Kynikern, bevor er das Erbe des Diogenes bis in die christliche Ära nachzeichnet. Laut Boureau-Deslandes finden sich Spuren des Kynismus in den folgenden christlichen Sekten: Ebioniten, Manichäer, Adamiten, Begarden, Turlupinen, Waldenser, Flagellanten, Humiliaten, Katharer, Täufer, Mennoniten, Quäker und Kamisarden. All diese Sektierer sind nach Boureau-Deslandes christliche Kyniker.[66] Alle lebten an den Rändern der Rechtgläubigkeit. Manche befürworteten und praktizierten Nacktheit (Adamiten und Turlupinen), manche predigten freiwillige Armut (Ebioniten, Begarden), manche bekannten sich zum Universalismus (Kamisarden) und andere verwendeten eine ebenso einfache und direkte Sprache wie die Kyniker (Quäker). Alle übten sich in Einfachheit. Bevor wir uns diesen vorgeblichen Neo-Kynikern zuwenden, die an den christlichen Gott glaubten, wollen wir die Existenz derjenigen untersuchen, die ein christliches Leben führten, voll bekleidet und in aller Einfachheit.

KAPITEL 2

# WANDELN IN EINFACHHEIT

Es war ein Mann im Lande Uz, der hieß Hiob.
Der war fromm und rechtschaffen, gottesfürchtig
und mied das Böse.
Hiob 1,1[1]

Im Alten Testament ist Hiob ein Musterbeispiel an Einfachheit und unbeirrbarem Glauben an Gottes Entscheidungen. Seine wichtigsten moralischen Eigenschaften sind »Frömmigkeit« und »Rechtschaffenheit«. In der Biblia Vulgata, der im Mittelalter verbreiteten lateinischen Fassung der Bibel, lautet die Passage »Job … erat vir ille simplex et rectus«. Das ursprüngliche hebräische Wort für *simplex* deutet auf Ganzheit und Perfektion in sich selbst hin: Hiobs Aufrichtigkeit beschwört auch seine Perfektion herauf, allerdings eine relative Perfektion, die sich im Vergleich mit anderen definiert.[2] Hiob ist »einfach«, weil er perfekt in sich selbst ist, er ist gerecht, weil er dem Urteil Gottes gehorcht. Einfach und aufrecht, fromm und rechtschaffen, hat Hiob alles verloren und dennoch niemals die göttliche Gerechtigkeit in Frage gestellt. Im Gegensatz zu anderen Büchern der Heiligen Schrift verkündet das Buch Hiob keine Regeln und Rituale, sondern handelt nur vom Leben eines gläubigen Mannes, der wahre Gerechtigkeit hinnahm und seine geistige und körperliche Integrität bewahrte, indem er ein einfaches Leben führte. Einfachheit ist hier mit Perfektion und Gerechtigkeit gepaart; sie drückt darüber hinaus die reine Absicht aus, den Weg der Rechtschaffenheit bis zum Ende zu gehen.

Das deutlichste Beispiel für einfache moralische Rechtschaffenheit, Willensstärke und Märtyrertum findet sich im 1. Buch der Makkabäer, als die Truppen des Antiochos IV. am Sabbat eine Gruppe aufständischer Juden angriffen, die in die Wildnis geflohen waren, um entsprechend dem jüdischen Gesetz zu leben. »Wir wollen also sterben in unserer Unschuld«, riefen die aufsässigen Juden, die sich in einer Höhle versteckt hatten und dem Feind mit dem Mut der religiösen Überzeugung entgegentraten.[3] Sie weigerten sich, am Sabbat zu kämpfen. Mit ihrem exemplarischen Tod bezeugten sie, dass sie als unschuldige und gerechte Gläubige niemals ihrem einen Gott den Gehorsam versagen würden. Ihre Einfachheit war beispiellos in ihrer Intention und ihrem strikten Gehorsam sowie ihrer Bereitschaft, einer größeren Macht zu gehorchen, die ihre Seelen, Handlungen und Worte beherrschte. Das Sterben in aller Einfachheit ist das Los des Märtyrers, der in Übereinstimmung mit sich selbst, seinem Glauben und seinem Gott stirbt. In seinem Tod findet der Märtyrer die ultimative Ganzheit oder Einfachheit. Allerdings überzeugte der Tod der Männer und Frauen unter dem Schwert des Antiochos ihren Anführer Mattathias, dass das Gesetz am Sabbat gebrochen werden darf, um Leben zu retten. Entsagung und Märtyrertum stehen nicht immer im Einklang mit Einfachheit. Viele Heilige lebten lange, einfache Leben und starben eines friedvollen Todes – genau wie noch viel mehr einfache Männer und Frauen von unerschütterlichem Glauben, die sich für die Einfachheit als Lebensform entschieden hatten.

Im Katechismus der katholischen Kirche gehört die Einfachheit weder zu den vier Kardinaltugenden noch zu den drei theologischen Tugenden; dennoch nimmt sie einen herausragenden Platz in der christlichen Ethik ein. Im Kanon der Heiligen Schrift und in der apokryphen Literatur überschneidet sich die Einfachheit mit einem breiten Spektrum an Tugenden wie etwa Bescheidenheit, Lauterkeit, Gehorsam, Unschuld, Rechtschaffenheit und Gutgläubigkeit. Das Adjektiv »einfach« beschreibt üblicherweise ein Herz, das diese Tugenden aufweist. Darüber hinaus ist ein einfaches Herz großzügig. Es gibt bereitwillig und es ist groß. Nur die Großherzigen sind einfach.

> Ich weiß, mein Gott, dass du das Herz prüfst, und Aufrichtigkeit [*simplicitatem*] ist dir angenehm. Darum habe ich dies alles aus aufrichtigem Herzen [*simplicitate cordis*] freiwillig gegeben und habe jetzt mit Freuden gesehen, wie dein Volk, das hier vor dir steht, dir alles freiwillig gegeben hat.[4]

Gott liebt Einfachheit, Aufrichtigkeit und Gerechtigkeit. Die Frage, die David im 1. Buch der Chroniken aufwirft, dreht sich um das Wesen des Gebens, und zwar nicht um Gottes Gaben an den Menschen, sondern um die Gaben des Menschen an Gott. Wie können wir Gott etwas geben, wenn er derjenige ist, der uns alles überhaupt erst gegeben hat? Ist Geben einfach »Zurückgeben«? Einem einfachen Herzen ist es egal, was gegeben wurde, und es kümmert sich auch nicht darum, wie etwas gegeben worden ist. Ein einfaches Herz gibt gern und mit Freude. Wenn es gibt, dann tut es nichts anderes als zu geben. Ein einfaches Herz wünscht sich zu geben, und umgekehrt machen der Wille und die Freude das Herz einfacher. Paulus erklärt das Geben in Einfachheit. In Römer 12, 6–8 mahnt er uns, »maßvoll« von uns und unseren Gaben zu denken, die uns durch Gottes Gnade zuteil geworden sind:

> … und haben verschiedene Gaben nach der Gnade, die uns gegeben ist. Ist jemand prophetische Rede gegeben, so übe er sie dem Glauben gemäß. Ist jemand ein Amt gegeben, so diene er. Ist jemand Lehre gegeben, so lehre er. Ist jemand Ermahnung gegeben, so ermahne er. Gibt jemand, so gebe er mit lauterem Sinn [*in simplicitate*]. Steht jemand der Gemeinde vor, so sei er sorgfältig. Übt jemand Barmherzigkeit, so tue er's gern.[5]

Der lateinische Ausdruck *in simplicitate* aus der Vulgata ließe sich auch mit »großzügig« übersetzen, allerdings ist Einfachheit im Kontext von Römer 12 weniger eine Art und Weise des Gebens als eine Eigenschaft des Gebens. Ein gebendes, einfaches Herz ist ein Herz, das an nichts festhält, weil es nichts besitzt. Die Gabe des Gebers befreit ihn von allem, sodass er einfach geben kann. Einfach zu geben, bedeutet nichts weiter als zu geben, während man nichts gibt. Er, der gibt, tut dies, weil er die Gabe des Gebens in lauterem (einfachem) Sinn hat.

Die Weisheit Salomos oder das Buch Salomo wurde ursprünglich auf Griechisch geschrieben und zwar mit großer Sicherheit von einem einzigen Autor, der in griechischer

Philosophie bewandert war. In seinen ersten Versen richtet es sich an die Regierenden:

> Habt Gerechtigkeit lieb, die ihr Land und Leute regiert! Denkt [*sentite*] über den Herrn nach in lauterem Sinn und sucht ihn mit aufrichtigem Herzen! Denn er lässt sich finden von denen, die ihn nicht versuchen, und erscheint denen, die ihm nicht misstrauen.[6]

Der Mahnruf unterscheidet zwischen dem lauteren Sinn und dem aufrichtigen Herzen. Beide beschwören die Güte und Reinheit der Absichten, doch das aufrichtige Herz erinnert uns auch an eine Suche und damit an einen Mangel, statt an ein Erleben, sei es rational oder sensorisch. Beide Bedeutungen (denken und suchen bzw. empfinden) lassen sich im lateinischen *sentite* finden. Das gute, aufrichtige Herz erlebt, das einfache, lautere Herz sucht. Das suchende Herz ist fähig, im Fehlen die Möglichkeit der Offenbarung zu sehen; in seiner Einfachheit sieht es im Fehlen die Möglichkeit des Vorhandenseins. Das einfache Herz unterscheidet nicht zwischen dem, was ist, und dem, was nicht ist. Das ist die Rolle des guten Herzens. Und das gute Herz vereint auch nicht, denn für das gute Herz ist nichts entzweit, sondern alles ist eins.

Abseits des biblischen Kanon gibt es einen Textkorpus, der Licht auf die Vorstellungen vom einfachen Leben in den Anfangstagen des Christentums wirft. Von besonderem Interesse ist das Testament des Issachar *Über die Einfalt*, das Teil der zwölf apokryphen Texte ist, aus denen die *Testamente der zwölf Patriarchen* bestehen. Die Testamente wurden im 13. Jahrhundert in die lateinische Sprache übersetzt und 300 Jahre später aus dem Kanon entfernt. Genesis 25:27 stellt Jakob als einen einfachen Mann (*vir simplex*) dar, der in einem Zelt lebt. Er segnete seinen Sohn Issachar, ein Bauer wie sein Vater, weil dieser sah, dass auch er »in Einfalt wandelte«.[7] Im Sinne des Respekts und der Großzügigkeit, die den fünften Sohn von Jakob antrieben, bot Issachar die Früchte zuerst Gott an und gab seine Ernte dann seinem Vater. Für sich selbst behielt er nur, was übrigblieb. Da der Herr das erkannte, verdoppelte er Issachars Ernte. Vater und Sohn erkannten, dass solche Einfalt ein Geschenk des Himmels war: »Mein Vater Jakob wusste auch, dass meiner Einfalt Gott zu Hilfe kam. Denn jedem Armen und Bedrängten gab ich des Landes Güter in Herzenseinfalt.«[8]

Issachars Einfalt oder Einfachheit wird durch die göttliche Unterstützung nicht herabgesetzt. Im Gegenteil, die göttliche Hand bestätigt die Wahl des einfachen Mannes. In diesem Testament ist die Einfalt des Herzens das Geschenk des Gebens. Issachars Nachkommen erben seine Einfalt. Sein Rat für sie:

> Nun hört mich, meine Kinder, und wandelt in des Herzens Einfalt! Ich sehe ja: Des Herren ganzes Wohlgefallen ruht darauf. Nach Gold fragt nicht der Einfache und übervorteilt nicht den Nächsten, will nichts von mannigfachen Leckerbissen wissen; an kostbarer Gewandung hat er keine Freude. Er wünscht sich nicht ein langes Leben; er wartet nur auf Gottes Willen. Des Irrtums Geister haben über einen solchen keine Macht. Er schaut nicht auf die Weiberschönheit hin, läßt sich nicht durch Verdrehung den Verstand beflecken. In seinen Sinn kommt niemals Neid und Missgunst lässt nicht seine Seele siechen, noch härmt

> er sich mit Wünschen, unersättlich, ab. Er wandelt in der Seele Einfalt und sieht in Biederkeit des Herzens alles. Dem Schlechten, das dem Irrtum in der Welt entspringt, gönnt er nicht einen Blick. Er will nicht die Verdrehung von irgendeinem der Gebote Gottes sehen.[9]

Ein einfaches Herz erfreut nicht nur den, der es besitzt, sondern auch und vor allem Gott, dem sich das Herz naturgemäß zuwendet. Der einfache Mann gehorcht den Geboten des Herrn: Du sollst andere nicht begehren und entsprechend auch nicht betrügen, du sollst nicht nach dem verlangen, was du nicht hast, oder nach Luxus streben. Die moralischen Gebote, denen Issachar in all seiner Einfalt gehorcht, schützen ihn vor der Welt der Versuchungen.

Der einfache Mann ist eine Festung, die nur vom Willen Gottes bezwungen wird. Er sieht nur das Gute in der Welt, nicht etwa, weil die Welt insgesamt gut ist, sondern weil er nur »in Einfalt« sieht und das Böse dadurch daran gehindert wird, in seine Augen zu dringen und seine Seele heimzusuchen. Das einfache Auge sieht alles, lässt aber nur das zu, was Gott gefällt, das Gute. Der Mann mit dem einfachen (oder einfältigen) Blick wählt aus, was er sieht, um die treue Hand Gottes, der in all seiner Einfachheit teilt, was die Erde ihm gegeben hat, vor dem Laster abzuschirmen. Das Testament fährt fort:

> Bewahrt das göttliche Gesetz deswegen, meine Kinder! Strebt nach der Einfalt! Wandelt in der Unschuld! Bekümmert euch doch nicht um eures Nächsten Arbeit! Liebt nur den Herrn und euren Nächsten! Habt Mitleid mit den Schwachen und den Armen! Beugt euren Nacken

> für den Ackerbau! Müht euch mit allen Feldarbeiten ab! Und bringt dem Herrn mit Danke Gaben dar! Mit Erstlingen des Feldes segnet euch der Herr, so, wie er alle Heiligen gesegnet von Abel bis auf heute.[10]

Diese Passage handelt von der liebenden Akzeptanz der Gebote Gottes. Statt die göttliche Ordnung zu hinterfragen, gebietet er Mitleid und Liebe. Die Ermahnungen in diesem Testament gipfeln in der Lobpreisung der landwirtschaftlichen Arbeit. Die Erde soll bearbeitet werden, um Gott zurückzugeben, was er Issachar zunächst angeboten hat. Einfachheit ist nicht passives Entgegennehmen; Einfachheit heißt, Gott in allen Handlungen aktiv zu ehren, Handlungen, die durch die einfachen ethischen Prinzipien Großzügigkeit, Fleiß, Einvernehmen und Sorge nur für das unmittelbare Umfeld geleitet werden. Die Missachtung dieser Prinzipien, die alle von einem einfachen Herzen herrühren, führt zu einem Crescendo von Leiden, die die eigenen Nachkommen beeinflussen und anstecken: »Wisst, meine Kinder: Es geben eure Söhne in der letzten Zeit die Einfalt auf und hängen sich der Habgier an. Sie lassen auch die Unschuld fahren und nähern die Bosheit, verlassen die Gebote des Herrn und hängen sich an Beliar.«[11]

Obwohl der Gott Issachars voller Gnade ist, muss ein hoher Preis gezahlt werden, wenn man zeitweise vom Weg der Einfachheit abweicht. Die einzige Möglichkeit, den Teufel abzuwehren und frei von der Tyrannei des Menschen zu bleiben, ist es, in Einfachheit zu wandeln. Issachar wird als Ausbund an Einfachheit in Betragen, Absichten, Bedürfnissen, Wünschen und Glauben beschrieben. Wir lernen, dass Einfachheit uns vor Tyrannei schützt; nur wenn wir einfach leben, werden die Taten der »heimtückischen Männer« aufhören und der Teufel flieht.[12] Die Teleologie, die Issachars einfache Ethik leitet, zielt auf eine heilige Wiedervereinigung ab: »Ihr könnet jedes wilde Tier bezwingen, da ihr bei euch den Gott des Himmels habt; er wandelt mit den Menschen, die einfältigen Herzens sind.«[13] Einfachheit bezähmt die wilden Tiere und beweist so die Erhabenheit der Menschheit, die neben ihrem Schöpfer geht. All die Übungen, die das einfache Leben uns auferlegt, sind auf dieses eine Ziel gerichtet: Wandeln in Einfachheit mit Gott. Wandeln in Einfachheit bedeutet Leben in Einfachheit, der *telos* der Ethik des Issachar. Issachar stirbt mit 126, stark und gesund, nachdem er Gott in der Einfalt seines Herzens gedient hat. Issachar verkörpert den einfachen Mann und sein Leben das einfache Leben.

**Einfachheit schützt vor Tyrannei.**

*Der Hirte des Hermas,* entstanden im zweiten Jahrhundert, war ein populäres christliches Buch mit Gesichten (Visionen), Geboten und Gleichnissen. Hermas, ein freigelassener griechischer Sklave, der in Rom lebte, hielt sich selbst für einen einfachen Mann von bescheidener Intelligenz. Einst war er reich, geriet jedoch später im Leben in Armut. Das Buch porträtiert eine alte Frau, eine Allegorie für die Kirche, die mit jeder Vision, in der sie auftaucht, jünger wird. Der Hirte, ein Engel der Buße, erscheint später im Buch, um einige predigtartige Gebote und Gleichnisse zu überbringen. Im zweiten Gesicht erfährt Hermas, dass Einfachheit und Arglosigkeit die stärkste Abwehr gegen Bosheit und Laster darstellen. Obwohl er als Vater schuldig ist, die moralische Erziehung seiner Kinder vernachlässigt zu haben, die vom Glauben abgefallen sind, wird er gerettet werden:

> Aber retten wird dich der Umstand, dass du nicht abgefallen bist vom lebendigen Gotte, und deine aufrichtige Gesinnung und deine große Enthaltsamkeit; das ist deine Rettung, falls du so bleibst, und das rettet alle, die so handeln und die wandeln in Gerechtigkeit und Aufrichtigkeit. Diese werden jegliche Schlechtigkeit überwinden und ausharren zum ewigen Leben.[14]

Aufrichtigkeit schützt gemeinsam mit Enthaltsamkeit und Arglosigkeit vor Arglist, Durchtriebenheit und Schlauheit und öffnet die Tür zum ewigen Leben. Das dritte Gesicht spricht vom Bau des Turmes über den Wassern, einer anderen Allegorie für die Kirche. Der Turm wird von sieben Frauen getragen: Glaube, Enthaltsamkeit, Aufrichtigkeit, Wissenschaft, Unschuld, Keuschheit und Liebe. Aufrichtigkeit ist die Tochter der Enthaltsamkeit und die Mutter der Unschuld. Der Hirte, der im fünften Gesicht erscheint, übergibt Hermas zwölf Weisungen oder Gebote. Im zweiten Gebot wird Aufrichtigkeit wieder mit Unschuld gepaart, und zwar mit der Unschuld des Kindes. Aufrichtigkeit und Unschuld sind die stärksten Elemente in einer Allianz gegen Unaufrichtigkeit und Verleumdung. Schließlich sind es die Trennlinien im Herzen, die Risse im Geist oder die Verzerrung der Bedeutung von Wörtern, die Elend und Sünde verursachen. Um errettet zu werden, dürfen Herz und Geist nicht unaufrichtig sein. Viele der Gebote und Gleichnisse klingen wie Ermahnungen zur Einfältigkeit. Die Unaufrichtigen werden im achten Gleichnis als weder lebendig noch tot beschrieben.[15] Sie verursachen Zwietracht und Uneinigkeit, sogar untereinander. Sie »haben zwar den Namen, aber sie sind des Glaubens bar, und es ist keine Frucht der Wahrheit in ihnen«.[16] Zweifel und Zögern stehen ganz oben in der Rangliste der Sünden. Der unaufrichtige Mann, der *dipsychos* – mit zwei Seelen – wird leicht von den Lügen des Beliar, des Teufels, verführt.[17] Das lässt sich mit der oben zitierten Mahnung aus dem Buch der Weisheit Salomo vergleichen, in der steht, dass der Herr mit aufrichtigem Herzen aufgesucht werden soll. Das kommt auch im Testament der zwölf Patriarchen oder der zwölf Söhne Jakobs vor sowie in Jeremia 24.7: »Und ich will ihnen ein Herz geben, dass sie mich erkennen sollen, dass ich der Herr bin. Und sie sollen mein Volk sein, und ich will ihr Gott sein; von ganzem Herzen werden sie sich zu mir bekennen.« Nur wenn das Herz einfach ist, weiß es, wann es ungeteilt ist. Nur ein einfaches Herz und ein einfacher Geist haben einfaches und direktes Wissen über ein einfaches Wesen, Gott. Für den *dipsychos* dagegen gibt es nur Spaltung und Verwirrung. Eine solche Einfachheit und Einheit von Herz und Vision kann durch Übung, Strenge und Befolgung der Regeln erworben werden.

Frühe Formen des Mönchswesens waren meist einsiedlerisch; Mönche wie Antonius der Große von Ägypten (251–356) lebten einsam in der Wüste, um Zwiesprache mit Gott so weit wie möglich vom Lärm und den Versuchungen der Gesellschaft anderer Menschen entfernt zu halten. Während das Leben der Mönche in der frühchristlichen Ära im Allgemeinen von asketischen Prinzipien geleitet wurde, muss ein Theologe für seinen Umgang mit der Einfachheit in seinen Werken über die Askese ganz besonders hervorgehoben werden. Sein Name war Philoxenos. Er wurde Mitte des 5. Jahrhunderts geboren und 485 zum Erzbischof von Mabbug in Syrien gemacht. Philoxenos war ein Polemiker, der standhaft die Miaphysiten (auch: Monophysiten) verteidigte, die an die eine Natur Christi glaubten. Er hinterließ ein umfangreiches Werk in altsyrischer Sprache, darunter zwei Diskurse über die Einfachheit. Auch wenn er kein Mönch war, war ihm die Askese vertraut, und als Erzbischof vertrat er seelsorgerische Pflichten gegenüber den Mönchen. Das von ihm in seinen Schriften vertretene Mönchtum begann mit asketischen Übungen und gipfelte in göttlicher Konversation, Wissen und Perfektion. David Michelson schreibt:

> Für Philoxenos wurde das Wissen über Gott vor allem durch Formen der Praxis erlangt oder bewahrt, wie die Beaufsichtigung religiöser Gemeinschaften, mystische Kontemplation, das Lesen der Heiligen Schrift, Teilnahme an den liturgischen Mysterien und die asketischen Übungen des spirituellen Kampfes.[18]

Seine Texte sind keine theoretischen Übungen der Loslösung von der Welt. Im Gegenteil, sie sollten als Anleitungen für das Ausüben der religiösen Disziplin und Lektionen für das Leben eines einfachen Lebens gelesen werden, die schließlich zum Gespräch mit Gott führen. Die Schriften folgen den sieben Schritten zur Perfektion: Glauben, Einfachheit, Gottesfurcht, Abkehr von der Welt, Verzicht auf Essen und Trinken, Askese und sexuelle Enthaltsamkeit. Für Philoxenos definiert die Einfachheit das klösterliche Leben sowohl in seinen praktischen als auch in seinen kontemplativen Aspekten. Für ihn sollte das Leben eines Mönches zum Ziel haben, die Einfachheit wiederherzustellen, die im Garten Eden herrschte:

> Wer weiß nicht, wie viel einfacher das erste Paar war, die ersten Menschen, und wie einfach sie in Bezug auf den gesamten Lauf der Welt waren? Sie waren nicht versucht oder mit irgendeiner ihrer Angelegenheiten beschäftigt, da selbst die Beschäftigung mit weltlichen Angelegenheiten noch nicht offenbart war. In dieser Beziehung waren sie [dem Erlebnis] göttlicher Vision nahe und Gott sprach ständig und von Angesicht zu Angesicht zu ihnen im direkten Gespräch … Er zeigte ihnen alles im Detail wie ein menschliches Wesen, aber sie dachten noch nicht: »Wo ist eigentlich die Behausung dieses Einen, der uns alles zeigt? Seit wann existiert er? Wenn er derjenige ist, der macht, wurde er gemacht? Und wenn er gemacht wurde, wer ist derjenige, der ihn gemacht hat? Warum hat er uns erschaffen? Aus welchem Grund hat er uns in dieses Paradies gesetzt und uns dieses Gesetz gegeben?« Diese Dinge waren ihren Gedanken ganz fern, da Einfachheit solche Sachen nicht hinterfragt, sondern nur auf das achtet, was sie hört, und alle ihre Gedanken sich vollkommen auf das Wort dessen richten, der zu ihr spricht, genau wie ein Kind auf das Wort dessen hört, der mit ihm spricht. Siehe also, Gott hatte die Einfachheit in die alten Anführer unserer Rasse gelegt, und sie wurde der Empfänger der Gebote.[19]

Mönchtum, das vom Leben Adams und Evas inspiriert wurde, vermeidet Beurteilung, Hinterfragung, Zweifel und Spekulation. In einem Zustand paradiesischer Einfachheit entspringt das Wissen direkt und stetig; der einfache Geist empfängt es ohne Widerstand oder geteilte Aufmerksamkeit. Er wird zu den Worten »hingezogen«, die er hört, und seine Worte sind eins mit dem Gehörten. Doch in der Welt nach dem Sündenfall, die wir bewohnen, bietet die unschuldige Ignoranz des Kindes eine Lektion in intellektueller Demut:

> Ich spreche nicht von der [Art der] Einfachheit in der Welt, die als Narrheit betrachtet wird, sondern der Einmaligkeit des einen Gedanken, der einfach zu befolgen ist und nicht wertet, zu empfangen ist und nicht hinterfragt wird, genau wie ein kleines Kind, das sich Wörter von einem Kindermädchen aneignet, und mehr noch wie ein Jüngling, der Bücher von seinem Lehrer bekommt, aus denen er lernt, diese Dinge, die ihm gesagt werden, weder bewertet noch in Frage stellt. Denn genau wie die Fähigkeiten des kleinen Kindes nicht ausreichen, um menschliche Bücher zu hinterfragen, reicht das Maß unseres Intellekts nicht aus, um die Interpretationen der göttlichen Mysterien zu verstehen.[20]

Diese »Einfachheit der Natur« durchdringt alle Aspekte des klösterlichen Lebens sowie des Lebens der Einsiedler in der Wildnis. Einfachheit bedeutet Befolgung der klösterlichen und göttlichen Ordnung; es ist eine andauernde Übung, zuerst willentlich und bewusst, die zunehmend alle Aspekte des Lebens definiert und schließlich das Leben selbst wird. Ein wichtiger Teil der täglichen Praxis besteht darin, Spekulation und Zweifel zu vertreiben.[21] Das Kind in diesem Beispiel und im Leben bietet ein Modell, dem sich nacheifern lässt, einen wertvollen

Vergleichsmaßstab (»nach der Art eines Kindes«, »wie ein Kind«), keinen Zustand der Zurückentwicklung. Für Philoxenos öffnet der Glauben die Augen für die Gebote und für Einfachheit, die als Unschuld verstanden wird, und führt schließlich zur Befolgung der Gebote.[22] Die Idee, die in dieser Passage vorherrscht – die Übung, die man durchführen soll, und das Ideal, das zu erreichen ist –, wird in der »Einmaligkeit des einen Gedanken« zusammengefasst. Die Vielfalt der Gedanken und Ideen ist, wie wir sehen werden, das Werk des Teufels. Einssein des Denkens ist eine göttliche Übereinkunft. Es versteht sich von selbst, dass Einfachheit das Einssein des Denkens ist, nicht die Abwesenheit des Denkens. Die Einfachheit des Denkens zu erreichen bedeutet, Einssein mit Gott zu erreichen, der eins und einfach ist. Die endgültige Einfachheit ist die Vereinigung eines mit dem Einen, die gemeinsam eins bilden.

Im zweiten Diskurs zur Einfachheit behauptet Philoxenos, dass niemand tugendhaft sein kann, ohne zuerst einfach zu sein. Für ihn ist Einfachheit der Geburtsort der Tugend und des Mönchtums. Im folgenden Auszug erläutert der Erzbischof von Mabbug, dass die Einfachheit in Klostergemeinschaften (Zönobitentum) und unter Einsiedlern die Listigkeit der Welt überflüssig macht. Die Passage ist lang, zeichnet uns aber ein klares Bild des einfachen Lebens, wie der Erzbischof es bei den Mönchen praktiziert sah:

> Einfachheit ist besonders angemessen für die klösterliche Lebensweise, und diejenigen, die die Welt verlassen haben und sich von ihr fernhalten, erlangen eine große Klarheit des Geistes. Wo aber die Wege der Welt nicht sind, ist auch die Durchtriebenheit der Welt nicht nötig.

> Wir haben hier bei uns weder Kaufen noch Verkaufen noch gibt es hier Feilschen für einen flüchtigen Gewinn. Noch kann man hier größer werden als seine Brüder und mit mehr Amtsgewalt gesehen werden als sein Gefährte. Niemand hier überbietet oder wird überboten, da es unter uns keinen Grund für Überlegenheit gibt. Hier werden keine Felder und Weingärten aufgeteilt, und auch Ländereien werden nicht durch Grenzen getrennt. Niemand hier möchte reicher werden als sein Bruder und mehr weltliche Besitztümer anhäufen als sein Gefährte. Niemand hier möchte in prächtigen Gewändern gesehen werden, da jeder von uns das bescheidene Kleid des Trauerns trägt. Niemand hier ist der Diener seines Leibes und wünscht Festmähler für sich zu finden, da wir alle an einer gemeinsamen Tafel gespeist werden. Niemand hier möchte die Ehre seines Bruders verletzen, da wir alle geboten sind, einander zu ehren. Niemand ist gegen seinen Gefährten vor Gericht gezogen, da wir alle die Sache des anderen vertreten. Niemand hier möchte bauen, noch hat jemand den Wunsch, [die Pläne von] Paläste[n] zu zeichnen, da jeder von uns eine eigene schmale Kammer in einem Kloster hat. Niemand hier möchte seine Behausung vergrößern und sich eine vergoldete Bettstatt bauen, da wir alle demütig auf dem Boden in einem kleinen, uns zugedachten Bereich schlafen.[23]

Kein Handel, keine Besitztümer, keine Trennungen, keine Gier, kein Misstrauen, keine Prahlerei, kein Überfluss. An diesem Ort gab es nur Einfachheit als Form des Gemeinschaftslebens. Die

Eloquenz des Philoxenos strahlt aus dieser Beschreibung des einfachen Lebens heraus, in der jeder Satz wie ein Refrain mit einem einfachen und kategorischen »Niemand hier« beginnt. Die solide Präsenz der Gemeinschaft (»hier«) verdrängt das Individuelle und verwandelt den trennenden Geist der Individualität in das Einssein des gemeinschaftlichen Lebens. Die Gemeinschaft der Einfachen existiert in einer realen Welt, die sich der Welt der Uneinigkeit und »List« und Vielheit entfremdet hat. »Niemand hier« muss mit der ganzen Kraft dieser Aussage gelesen werden. Wenn man genau ist, dann ist der Mangel ein vollkommenes Vorhandensein, der durch die Übungen erreicht wird, die das einfache Leben des Mönchs bestimmen. »Niemand hier« gibt die absolute Abwesenheit des Selbst wieder, das dennoch angefüllt ist mit der absoluten Präsenz Gottes und sich in den einfachen Pflichten manifestiert, die von allen erledigt werden. Die erfüllende Präsenz kann nur durch die Übung und die Praxis der Einfachheit erreicht werden, und schließlich durch Einfachheit als das Leben selbst.

Das einfache Leben steht in starkem Gegensatz zum Leben von »List«, Täuschung, Durchtriebenheit und Vielheit, das das Leben der Vielen ist. Das Leben der Einfachen bildet das Leben der spirituellen Wesen nach: »Die ganze Lebensform der Jünger Jesu gedeiht in Einfachheit. Wenn du ihnen die Einfachheit nimmst, hast du die Regel gestört. Bei uns ist Einfachheit eine Quelle des Stolzes, und wer immer sie besitzt, ist weise.«[24]

Einfachheit ist der Eckpfeiler der Regel: Ohne Einfachheit gibt es keine Regel, ohne Regel gibt es kein klösterliches Leben. Die weisen Männer leben unter derselben Regel in Begleitung von weisen und scharfsichtigen Männern, für die es keine Durchtriebenheit gibt. Einfachheit schafft Klarheit, wie in der vorangegangenen Passage beschrieben wurde, und Einsicht. Der scharfsichtige und klardenkende einfache Mann gilt der Welt von Tölpeln und Gaunern, die sich für weise halten, als Narr. Im Kloster ist der Mönch, der in der Welt ein Narr ist, ein einfacher, weiser Mann, der unter seinen einfachen Gefährten lebt, die sich ebenfalls aus der Welt zurückgezogen haben.

Philoxenos glaubt an die Einfachheit, das Einssein und die Einzigartigkeit von Gott und den Jüngern. Wahre Jünger werden »einfach« genannt, was auch der Name Gottes ist. »Ich wünschte, du würdest bei dem [gleichen] Namen genannt, den Gott gerufen wird; der Name des ‚Einfachen' bezeichnet etwas Einzigartiges.«[25] Die Einfachheit der Jünger jedoch ist die eines Kindes, das rein, unschuldig und gehorsam ist. In der Praxis sorgen die Eigenschaften der Einfachheit, der Unschuld und des Gehorsams dafür, dass tugendhafte Handlungen leicht mit Eifer und Bereitwilligkeit ausgeführt werden.[26] Mönche mögen zwar, genau wie einfache Jünger, in einer Welt aus List, Gier und Täuschung nicht viel leisten, doch sind sie »nützlich und notwendig für das Königreich Gottes«.[27] Ihre Nützlichkeit liegt in dem Respekt, den sie von anderen Mönchen erhalten, die sie zur Nachahmung einladen wie Christus, indem sie einfache Kleidung tragen, ein einfaches Auftreten wahren und einfache Worte äußern.[28] Allein indem sie Paulus oder Christus imitieren, können Einfache allen Angriffen und Spöttereien widerstehen, die ihnen entgegenschlagen.

**Einfachheit schafft Klarheit und Einsicht.**

> Damit es dir keine Last wird, von anderen wegen deiner Einfachheit als Narr angesehen zu werden, zeigt Gott sich selbst als Narr, weil er vor seinen Fragestellern

> stand, ohne ihnen eine Antwort zu geben. Er galt ihnen als ignorant, als er ihnen nichts entgegnete, damit auch du an der Stärke deiner Seele festhältst und nicht *das Gesetz der Einfachheit* verletzt, nicht einmal wenn du von jeder Person als Narr angesehen und ignorant und ohne Bildung genannt wirst. Wer immer irritiert ist, wenn er von jemandem als einfach und ungebildet betrachtet wird, dessen Geist ist an seine Leidenschaft für die Liebe zum leeren Wissen der Welt gebunden.[29]

Es war ihm egal, als einfach und ignorant angesehen zu werden. Indem sie Gottes Beispiel folgen, befreien sich die Jünger von den Fesseln des weltlichen Wissens und der tyrannischen Leidenschaften. Das *Gesetz der Einfachheit* befreit sie. Der Hirte und die Schafe, Jünger und Gläubige »sollten nicht vom Gesetz der Einfachheit abweichen«, ungeachtet der Übel, die sie erleiden oder der falschen Anschuldigen, die sie erdulden.[30] Auf List antwortet der einfache Kämpfer und Jünger mit Unschuld und Schweigen. Der Sieg ist süß in diesem Kampf: »Einfachheit ist ohne Sorge, und dank dessen [begleitet] anhaltende Freude sie zu allen Zeiten.«[31]

Einfachheit lässt keinen Raum für Leidenschaften und Durchtriebenheit, um die Seele aufzurühren und die einfache Freude zu stören. Wie ein Kind ist das Einfache dauerhaft und sanft freudvoll. Wir alle lieben Kinder und die kindliche Unschuld; ergo lieben wir alle Einfachheit: Das ist der Schluss, zu dem Philoxenos kommt.[32] Das ist nicht alles: Die Einfachheit und kindliche Unschuld des einfachen Mannes gewinnt ihm das Vertrauen aller Menschen. Schließlich neigen auch wir dazu, unsere Zuversicht und unser Vertrauen bereitwillig in Kinder zu setzen. Am Ende können selbst diejenigen, die die kindliche Unschuld der Einfachen verachten, nicht anders, als sie zu lieben.[33] Einfachheit ist unwiderstehlich. »Wer würde sich nicht wünschen, von Gott geliebt zu werden?«, fragt Philoxenos seine Zuhörer, »und von den Menschen geliebt zu werden? Beides ist in der Einfachheit zu finden.«[34] Geliebt zu werden, einfach zu sein.

Erfüllt mit Liebe fürchtet der einfache Mann kein Böses, begeht nichts Böses, sieht kein Böses, hört kein Böses und sagt nichts Böses. Da er ohne Falschheit ist, kann er in anderen keine Falschheit sehen.

> Einfachheit glaubt, dass jeder andere ihr ähnlich ist, und denkt, dass [eine andere] Person sich selbst genauso sieht, wie sie es tut, und das gilt für jedermann. [Einfachheit] ist der Spiegel ihrer Seele und das Erscheinungsbild ihres Selbst, und sieht in jedem anderen das, was in ihr selbst ist.[35]

Einfachheit sieht die Welt so, wie sie sich selbst sieht: einfach, eins. Der verwandelnde Zauber der Einfachheit entgeht dem syrischen Theologen nicht: »Derjenige, der einfach ist, ist nicht lediglich nur einfach, sondern wandelt alles, was ihm widerfährt, in diesen Zustand [der Einfachheit].«[36] Stürme werden durch die Aktivität gegensätzlicher Kräfte erzeugt, und Schlachten werden zwischen streitsüchtigen Parteien ausgetragen. In der Einfachheit gibt es keine Stürme und keine Schlachten, weil wahre Einfachheit die Vielen in eins verwandelt. Einfachheit ist nicht lediglich ein Rückzug von der Welt oder ein Haufen Regeln, die zum Leben selbst werden; Einfachheit verwandelt diese gespaltene Welt in eine, die eher Gottes Schöpfung entspricht, einzigartig und einfach wie Gott selbst.

Nach all diesen Überlegungen steht Philoxenos aber immer noch vor einem Dilemma: Ist Einfachheit nur reine Naivität und blinder Glauben? Nein, denn anders als wahre Einfachheit verspürt unbekümmerte Naivität keine Angst vor Gott. Die Gottesfurcht, die sich in der Angst des Kindes um seinen Lehrer wiederholt, zeigt, dass der Einfache sich nicht um Lügen, Falschheit und Ketzerei schert, und weltliches, aus Büchern gezogenes und spekulatives Wissen ablehnt. Stattdessen fürchtet und gehorcht der Einfache nur einem Herrn und folgt nur einem christlichen Pfad. Die Menschwerdung nimmt einen zentralen Platz in der Theologie des Philoxenos ein. Der Augenblick, in dem das Wort zu Fleisch wurde (Johannes 1, 14), ist der Augenblick, in dem der Abstand zwischen dem Menschen und dem Göttlichen überbrückt wurde. Wie David Michelson und André de Halleux gezeigt haben, ändert für Philoxenos der *werdende* Mensch nichts an der Göttlichkeit Christi, der auch in der Menschwerdung eins und einfach bleibt. Der Augenblick des *Werdens* umfasst die gesamte Errettung, nicht nur den Moment der Menschwerdung selbst.[37] Allerdings entzieht sich für Philoxenos die Menschwerdung selbst dem menschlichen Verständnis. Das Wissen um Gott ist nicht durch Sinnsuche und Worte zu finden, sondern durch die Praxis eines Lebens in Einfachheit, wo ein solches Wissen in Passivität und durch direkten Zugang zum Göttlichen erworben wird, in einem einfachen Leben, das immer *werdend* ist.

In zwei weiteren Diskursen widmet sich Philoxenos den praktischeren Fragen von Armut, Enthaltsamkeit und Unzucht. Der Erzbischof ermahnt die Mönche, dass der Kampf zwischen

Einfachheit, Armut, Enthaltsamkeit und den Versuchungen des Mammon zu einem Doppelspiel des Denkens und der Gefolgschaft führt. Philoxenos verdammt nicht die Reichtümer insgesamt, er verdammt, dass die Reichen von ihren Gütern beherrscht werden. Im Falle wohlhabender Männer wie Hiob waren die Reichtümer kein Hindernis auf seinem Weg zur Perfektion, weil er, genau wie Abraham, David und Isaak der Herr seiner Besitztümer geblieben ist; wie sie war er nicht von seinem Wohlstand besessen.[38] In einer anderen bemerkenswerten Passage stellt Philoxenos die Wiedergeburt dar, die mit dem Ablegen aller Besitztümer einhergeht:

> Es wird gesagt, dass eine Person die Welt ablegt, wenn sie sich von allem darin entfernt und ihren Reichtum und ihre Besitztümer an die verteilt, die bedürftig sind. Er verlässt die Welt und geht nackt allein in der gleichen Weise, in der er aus dem Mutterleib gekommen ist. Denn auf diese Weise ist der Wohnort in der Welt für einen Menschen genauso wie der natürliche Mutterleib ist für die Leibesfrucht, die in ihm getragen wird. Genauso als wäre er noch im Mutterleib in Dunkelheit an einem düsteren und feuchten Ort und würde nichts von diesen Dingen dieser Welt spüren, und diese Dinge, die in der Schöpfung und in dem Ort der Welt außerhalb des Mutterleibes sind, steigen nicht in sein Herz auf, so ist auch ein Mensch, der in den körperlichen Zwängen der Welt wie in einem Mutterleib gefangen ist und dessen Sinn für Einsicht in der Dunkelheit seiner Sorgen gefangen ist und dessen Geist in die Düsternis der menschlichen Sorgen gehüllt ist, nicht in der Lage,

> die Segnungen und Reichtümer in der Art Christi zu erkennen. Spirituelle Dinge sind nicht offenbar für ihn, solange seine Einsicht in der Dunkelheit der körperlichen Dinge verborgen ist … Genau wie der Fötus den Mutterleib verlässt und außerhalb dieses existiert, sollte man die Welt verlassen und von ihr fortgehen, denn die Welt ist in der Art des Mutterleibs [gestaltet]: So wie der Fötus den Mutterleib ablegt, wird ein Mensch die Welt ablegen.[39]

Materielle Reichtümer aufzugeben, um spirituelle Reichtümer zu erwerben, ist ein *topos* der asketischen Literatur. Das Interessante dieser Passage liegt in der Metapher der Wiedergeburt, des Kommens in die Welt, gefolgt von der schrittweisen Entdeckung der realen Welt und all ihrer Reichtümer. Diese Welt der Einfachheit ist nicht dunkel und feucht wie die gebärmutterartige Welt; sie ist erleuchtet und trocken wie die Wüste, in der die Mönche ermahnt werden, in völliger Armut zu leben. Nach dem Verlassen des Mutterleibes entwickeln sich die Sinne, das Auge sieht endlich, das Ohr hört, die Zunge spricht und auch die Organe mit ihren jeweiligen Funktionen entwickeln sich, wie die Leber für den Zorn und die Galle für die Erleuchtung, führt Philoxenos weiter aus. Wenn Sinne und Organe ihren wirklichen und einzigartigen Zweck erlangen, ist ein einfacher und perfekter Mann im *Werden* begriffen. Die Vorstellung von der Einfachheit als permanente Geburt wird sich lange halten. Sie wird im Quietismus des 17. Jahrhunderts wiederkehren, vor allem in Fénelons Predigt über die Einfachheit und später in Rousseaus Werk.

Der Körper und speziell der Bauch sind die Objekte des folgenden Diskurses, in dem Philoxenos die Gier und die Versklavung durch die Leidenschaften anprangert, die den Menschen auf den Stand von Tieren degradieren und ihn dazu bringen, von der Perfektion in Gott abzuirren. Der zweite Diskurs zeigt, wie man im dunklen Bereich von Gier und Völlerei Kontrolle über seine Leidenschaften ausübt und sich von den Fesseln des Begehrens befreit. Um nicht der Gier und dem Hunger zum Opfer zu fallen, muss man deren Natur verstehen. Natürlicher Hunger tritt laut Philoxenos auf, wenn der Körper physisch schwach ist und nicht mehr reagiert, und nicht einfach, wenn der Bauch sich leer anfühlt. Wahre Freiheit gewinnt man, wenn man Verständnis für seine Bedürfnisse und Wünsche hat und wann man sie befriedigen sollte. Der Körper wird zu einem Ort, an dem ein zeitweiser Sieg über die Impulse geschmeckt, wo Freiheit erlebt werden kann. Doch so süß der Sieg auch sein mag, er verfliegt, wenn man nicht aufpasst und die Begierden die Kontrolle übernehmen. Die Vereinfachung – das Verständnis und die Kontrolle – der Begierden und Bedürfnisse zieht nämlich einen dauerhaften Zustand des Kampfes gegen Lust, gegen Ausschweifung und alles, was im Leben unnötig ist, nach sich: »Alles, was auf deinen Esstisch gelegt wird, und was dein Auge sieht und begehrt – denke nicht daran, sondern sage leise zu deinem Bauch: ‚Weil du es begehrt hast, wirst du es nicht kosten.‘«[40]

Die Übung hier dient der Stärkung des Willens, der Reinigung des Blickes und des inneren Dialogs mit dem eigenen Körper und den eigenen Begierden. Philoxenos offenbart zwei Gesetze, die Begierden, Gier und Leidenschaften regieren: Die äußeren Gesetze, die von der Gesellschaft auferlegt werden, in der man lebt, und die inneren Gesetze, die selbstauferlegt und machtvoll sind. Wissen, das aus der Beobachtung und Einhaltung der inneren Gesetze erlangt wurde, trägt dazu bei, die unnatürliche von der natürlichen Lust und den einfachen Bedürfnissen zu trennen. In diesem Sinn ist das Essen einfacher Speisen, nach denen es einen gelüstet, schlimmer als das Essen teurer Speisen, nach denen man kein Begehr verspürt. Die Mechanismen von Lust und Begierde enthüllen dem Einfachen, der sie mit Entschlossenheit und Geduld studiert, ihre machtvolle Herrschaft sowie Möglichkeiten, sie zu besiegen. Mit der Zeit verinnerlicht die Einfachheit das Wissen der Welt: »Steig daher hinauf und steh auf den Höhen des Wissens und schau von dort auf die gesamte Welt und sieh dir ihren Lauf an, ihre Leichtigkeit und ihre Erregung, und das Versprechen ihrer Bewohner auf allen Seiten.«[41] Aus der Lust entspringen Ausschweifung, Diebstahl, Handel, Gewerbe, Sklaverei und Krieg. Und all diese Übel sind der »Lust des Bauches«[42] zuzuschreiben. Aus diesem Grund sollte der Körper unter strenger Kontrolle der einfachen Seele bleiben:

> Genau wie das Auge durch seine schnellen [Bewegungen] die Sicht der Einfachheit des Lichtes empfängt, empfängt die Sicht der Seele die Klarheit und Einfachheit des spirituellen Wissens nach dem Sieg über diese körperlichen Leidenschaften. Genau wie die gewöhnliche Sonne, die auf die Natur und die verschiedenen Körper fällt, für diese zerschnitten und getrennt zu sein scheint, während ihre einzelne Natur einfach ist, weil es in ihr keine Trennung gibt, auf die gleiche Weise ist das spirituelle Wissen, wenn es auf den Wegen des Lebens und

> der Arbeit aufgestiegen ist: Für sie scheint es, dass es geteilt und getrennt ist, während es mit seiner Seele ein einzigartiges und einfaches Wissen ist. Die Seele ist nicht würdig, den Aufstieg dieses Lichts zu empfangen, es sei denn, man ist von der körperlichen Natur zur spirituellen Natur geboren und die Geburt wurde durch Mühen und Entbehrungen vollendet.[43]

Mühen und Entbehrungen, die von den Gesetzen klösterlicher Einfachheit geleitet werden, verwandeln die Fleischlichkeit in Spiritualität und verändern die Teilung zum Einssein. Das stete Ausüben der Einfachheit in besonnenen Übungen und Praktiken lässt das Wissen über die Einfachheit als Einssein wachsen. Einfache Handlungen *werden* zur Einfachheit. Dieses ständige Werden der Einfachheit in einfachen Mühen und Entbehrungen hat das Leben vieler Mönche bestimmt. Giorgio Agambens Untersuchung des klösterlichen Lebens hilft beim Verstehen des Wesens solcher Leben. Das klösterliche Leben, ein Leben, in dem die Regel oder das »Gesetz der Einfachheit« laut Philoxenos nicht gestört werden darf, ist ein Leben, in dem die Einfachheit eine Lebensform ist. Um Agamben zu zitieren, es ist eine »Lebensform …, das heißt ein Leben, das mit seiner Form so innig verbunden ist, dass es von ihr nicht mehr unterschieden werden kann.«[44] Hier *werden* Einfachheit als Form und Einfachheit als Leben eins und unteilbar.

Die Berufung, einem Klosterorden beizutreten, ein Leben in Einfachheit in einer Gemeinschaft gleichgesinnter Männer oder Frauen zu leben, hat ihren Ursprung oft in einer Epiphanie, einem Augenblick, wenn der Trubel der Welt auf einmal verschwindet, wenn die Komplexität des Daseins sich zu einer einfachen und unumstößlichen Wahrheit verdichtet. »Die größten Religionen sind eigentlich alle sehr einfach«, schrieb Thomas Merton, der darauf hinwies:

> Sie alle zeigen zweifellos ganz entscheidende Unterschiede, aber in ihrer inneren Realität sind Christentum, Buddhismus, Islam und Judaismus ausgesprochen einfach (allerdings auch fähig zu einer fast schon rätselhaften Pracht und Fülle) und gelangen schließlich zu der einfachsten und verblüffendsten Sache von allen: der direkten Konfrontation mit dem Absoluten Wesen, der Absoluten Liebe, der Absoluten Gnade oder der Absoluten Leere durch eine unmittelbare und vollständig erwachte Verpflichtung, das alltägliche Leben zu leben.[45]

Merton beteuerte, dass man eine Religion, in diesem Fall den Buddhismus, nur verstehen könne, wenn man ihr in einer »existenziellen Weise« begegnet, »in einer Person, in der sie lebendig ist«.[46] Das einfache Leben des Mönchs erlaubt das Erleben des Absoluten: Im einfachen Leben verhindert kaum etwas das Hervortreten des Absoluten, in der Gegenwart, weil das Bewusstsein des Mönchs erwacht ist und für alle Möglichkeiten offensteht, einschließlich der Möglichkeit, dem Absoluten in der Abfolge der kleinen Aufgaben zu begegnen, aus denen ein andächtiges Leben besteht. Im Leben der Einfachheit kann alles, das Absolute, passieren. Für Merton beginnt Einfachheit in der »Verpflichtung, das alltägliche Leben zu leben« und gipfelt in der spirituellen Vereinigung mit Gott.

Thomas Merton war ein Trappistenmönch in der Abtei Unserer Lieben Frau von Gethsemani (Our Lady of Gethsemani) in Kentucky. Trappisten oder Mitglieder des Ordens der Zisterzienser der strengeren Observanz (Ordo Cisterciensis strictioris observantiae bzw. OCSO) folgen eng der Regel des heiligen Benedikt, die im sechsten Jahrhundert aufgestellt wurde. Die Regel wird durch drei Hauptprinzipien bestimmt: Armut, Keuschheit und Gehorsam. Die Trappistenbewegung hat ihren Ursprung im 17. Jahrhundert, als Armand-Jean le Bouthillier de Rancé, der Abt von La Trappe in Frankreich, ein strenges Regelwerk aufstellte, um dem Niedergang in der religiösen Praxis von Zisterzienserklöstern entgegenzuwirken. Trappisten und Trappistinnen, Männer und Frauen weniger Worte, wenn auch nicht zum Schweigen verpflichtet, lebten und leben ein einfaches Leben in der Gemeinschaft, das von Gebet und Arbeit geprägt ist. Mit Ausnahme Kranker verzichten Mitglieder des OCSO auf den Verzehr des Fleisches vierbeiniger Tiere, wie es die Regel des heiligen Benedikt vorschreibt. Sie verbringen ihr Leben in der ständigen Gesellschaft von Brüdern und Schwestern.

Im 20. Jahrhundert gelangten zwei Trappistenmönche außerhalb des Ordens zu Berühmtheit, der eine, Thomas Merton, für seinen Beitrag zu gesellschaftlichen Reformen, und der andere, Thomas Keating, für seine führende Rolle bei der Gründung von *Contemplative Outreach*. Durch »Centering Prayer«, das Gebet der Sammlung, will Contemplative Outreach die kontemplative Tradition und Praxis im Christentum zu neuem Leben erwecken. Das kontemplative Gebet hat im Christentum eine lange und reiche Tradition, von den Wüstenvätern über die mittelalterlichen Mystiker bis zu den spirituellen Autoren des

17. Jahrhunderts. Oft wird es als Hingabe an die Präsenz Gottes oder als göttliche Vereinigung beschrieben, die von Gott ausgeht und vom Gläubigen ohne Anstrengung des Intellekts oder der Einbildungskraft willkommen geheißen wird. Das kontemplative Gebet kann verschiedene Formen annehmen. Eine gebräuchliche Art ist die Rezitation eines Wortes oder einer Strophe aus der Heiligen Schrift oder auch einfach des Namens Jesu. Dies wurde auch als Gebet der Einfachheit oder Gebet der Einfachen Hingabe bezeichnet.

Das Centering Prayer hat eine siebenstufige Struktur, die das Selbst schrittweise zur Hingabe an die Präsenz Gottes und die göttlichen Manifestationen darin führt. Die sieben Stufen sind Schweigen, Einsamkeit, Solidarität, Gottesdienst, Stille, Einfachheit und schließlich Hingabe. Einfachheit ist

> die Integration von innerer Einkehr und Handeln, eine zunehmende Fähigkeit, inmitten der Dualität – der Hochs und Tiefs des täglichen Lebens – zu leben, ohne die nichtduale Sichtweise zu verlieren. Kontemplation ist nicht dasselbe wie Handeln. Sie unterscheiden sich voneinander, aber sie sind nicht getrennt.[47]

Einfachheit geschieht nach der Stille oder dem Erleben von Gottes Präsenz in einem selbst und vor der Hingabe, einem Augenblick der Einheit mit Gott und dem ewigen Leben. Im Centering Prayer kann Einfachheit als eine Vereinigung beschrieben werden, wenn zwei eins werden, während sie zwei bleiben, verschieden, aber nicht getrennt. Wichtig ist, dass man im Zustand der Einfachheit die Fähigkeit erwirbt, einfach oder nichtdual zu leben, in einer komplexen Welt voller Spannungen und Widersprüche. Thomas Keating hat die Einfachheit auch als »die Integration und Vereinigung der menschlichen Fähigkeiten« definiert; für ihn ist Einfachheit die Vernetzung aller Komponenten der Welt, die jeweils in Übereinstimmung mit ihren eigenen Fähigkeiten handeln und »in die höher entwickelte Stufe des Bewusstseins integriert« sind.[48] Diese Stufe des Bewusstseins öffnet sich dem göttlichen Willen.[49] Praktischer ausgedrückt lässt sich Einfachheit durch die »Einfachheit der Lebensform und ein Leben des Gebets«[50] erreichen. Das einfache Leben ist eines, das die Einheit des Selbst im Angesicht spaltender Handlungen, Gedanken und Emotionen bewahrt. Für Keating ist »Einfachheit die Einheit aus innerer Einkehr und Handeln in unserem täglichen Leben«.[51] Im einfachen Leben ist man in seinen Handlungen und seiner Einkehr präsent, lebt also ein Leben, in dem Kontemplation und Handeln vereint sind, in dem das eine nicht ohne das andere auftritt, in dem Handeln Einkehr ist und Einkehr Handeln. Das ist einfaches Leben.

Thomas Merton war ein produktiver Autor und vermutlich einer der bekanntesten amerikanischen Theologen des 20. Jahrhunderts. Er setzte sich häufig für den Dialog zwischen den Religionen, für Frieden und soziale Gerechtigkeit ein. Sein Eintritt als Mönch in die Abtei von Gethsemani erfolgte im Dezember 1941. Vier Jahre später bat ihn der Abt von Gethsemani, Frederic Dunne, einen kurzen Text aus dem Französischen zu übersetzen, der von dem Trappistenmönch Jean-Baptiste Chautard geschrieben und 1928 veröffentlicht worden war. Merton übernahm die Aufgabe und schrieb *The Spirit of Simplicity*, das aus einer Übersetzung des französischen Textes, gefolgt von Mertons eigenen Kommentaren zu den Ansichten des heiligen Bernhard von Clairvaux über die innere

Einfachheit besteht. Die Kommentare beginnen mit einer Erinnerung daran, dass Einfachheit der Eckpfeiler der zisterziensischen Spiritualität ist. Der erste Schritt zu einem einfachen Leben besteht darin, die eigene Duplizität zu erkennen. Diese Duplizität kann durch die Praxis der Einfachheit überwunden werden, die sich als Demut oder Zurückhaltung versteht. Merton beschreibt die Einfachheit als drei Demütigungen: die »kompromisslose Demütigung der niederen Gelüste« wie Hunger, Kleidung und Lebensweise, dann die Demütigung der »inneren Sinne und des Intellekts«, die sich in eine Einfachheit in Ergebenheit und Studien übersetzen lässt, und schließlich die Demütigung des Willens, die wichtigste der drei.[52] Eine der größten Tugenden ist die Tugend des Gehorsams oder der Vereinfachung des Willens. Einfachheit des Gehorsams ist nicht die blinde Unterordnung unter die Macht, sondern ist Gehorsamkeit, der durch drei Prinzipien oder *nihils* geleitet wird. *Nihil plus* (nicht mehr): Der Wille fügt dem, was von ihm gefordert wird, nichts mehr hinzu, mit anderen Worten, er widersteht der Versuchung des Eifers und strebt nicht nach der Erhabenheit, die im Opfer zu finden ist; *nihil minus* (nicht weniger): Eigenwille tut weniger, als von ihm gefordert ist, um ein Selbstinteresse oder eine Eigenliebe zu befriedigen; und schließlich *nihil aliter* (nichts anderes): Der Wille ändert nichts an dem, was von uns verlangt wird, ob es nun ein Bruder, ein Vorgesetzter oder Gott verlangt. Nichts zur Regel hinzuzufügen, nichts von ihr wegzunehmen, nichts in ihr zu ändern, hilft, den Willen zu vereinfachen und ihn auf einen bereitwilligen Gehorsam vorzubereiten.[53]

**Tugend des Gehorsams oder Vereinfachung des Willens**

Für Merton, der sich an den heiligen Bernhard anlehnt, bedeutet die Vereinfachung des Willens nicht nur einfach eine Hingabe an den Willen Gottes, sondern eine Unterwerfung unter den *voluntas communis,* den gemeinsamen Willen. Der gemeinsame Wille, der für das gemeinsame Gute eintritt, geht von Gott aus und wird durch Vorgesetzte und die Brüder übermittelt.[54] Eigenwille und Selbstzufriedenheit hindern den Ausdruck des gemeinsamen Willens und pervertieren ihn im schlimmsten Fall. Traurigkeit rührt z. B. von den Spannungen zwischen den drei Willen her: Eigenwille, der Wille der anderen und der Wille Gottes. Frieden und Liebe entspringen der Einfachheit oder Vereinigung aller Willen. »*Fehlender Frieden wird mit einem gewissen Mangel an Einfachheit, einem Mangel an Einheit, Harmonie mit den Umständen und Ereignissen gleichgesetzt.* Einfachheit nimmt daher ein Gefühl des Aufgebens an«, schreibt Merton.[55] Das Aufgeben, fügt er hinzu, ist keine passive Kapitulation, wie man sie im Quietismus findet, sondern ein »*aktiver Wunsch, dass Gottes Wille geschehe.*«[56] Ein einfaches Leben ist ein Leben, in dem man stets die Einfachheit oder Einheit aller Willen wünscht, sich also wünscht, dass Gottes Wille den gemeinsamen Willen durchdringt. In den Worten des Trappisten und seines Heiligen ist ein Wille, der wünscht, eine perfektere Einfachheit. Zur größten Einfachheit kommt es in umfassender Kontemplation in der mystischen Vereinigung mit Gott. Natürlich ist die Vereinigung mit Gott spirituell, nicht körperlich, da wir nicht ein Fleisch mit Gott werden können.[57] Allerdings ist »die Vereinigung der *Willen,* die unseren Geist eins mit Gott werden lässt, die höchste und reinste und innigste Vereinigung, die eventuell durch zwei Menschen erreicht werden kann, die letztendlich getrennt bleiben. Dies ist das höchste Ideal der zisterziensischen Einfachheit!«[58]

In dieser Vereinigung, dem Ideal der Einfachheit für den Trappisten, wird die Seele schließlich sie selbst, wenn sie sich selbst in Gott verliert. Merton hatte die Vorstellung von der Ähnlichkeit der Seele zu Gott in seiner Einführung vorgestellt. Im letzten Kapitel postuliert er im Ideal der Einfachheit, wie er sie sieht, dass die mit Gott vereinigte Seele sie selbst wird, weil sie wie Gott ist. Da sie ihren Willen und ihre Interessen verloren hat, erreicht die vereinigte Seele »diese überaus überragende Perfektion der Einfachheit«, in der sie »sich selbst genauso liebt, wie Gott sie liebt«.[59] In der perfekten Einfachheit ist Eigenliebe nur die Liebe Gottes. Diese Seligsprechung der Seele ist das Ergebnis eines Lebens, das in Gehorsam, Demut, Mitgefühl und Einfachheit gelebt wurde. In den Worten Mertons:

> Der Höhepunkt der zisterziensischen Einfachheit ist die mystische Hochzeit der Seele mit Gott, die nichts anderes ist als die perfekte Vereinigung unseres Willens mit dem Willen Gottes, möglich gemacht durch die vollständige Läuterung aller Falschheiten aus Irrungen und Sünde. Diese Läuterung ist das Werk der Liebe und speziell der Liebe Gottes zu unserem Nächsten. Sie ist daher untrennbar von dieser sozialen Einfachheit, die in der Praxis darin besteht, das *voluntas communis* zu leben. Dies ist der Grund für das Beharren der Zisterzienser auf dem gemeinsamen Leben: Der Zisterzienser ist fast niemals körperlich allein. Er hat Gelegenheiten, 24 Stunden am Tag seinen Willen anderen unterzuordnen. Und genau dies sollte ihn nach der Denkweise von

St. Bernhard, St. Aelred und unseren anderen Vätern *am schnellsten auf die mystische Hochzeit vorbereiten.*[60]

Einfachheit ist eine Vereinigung, eine Vereinigung mit den Mitmenschen als Vorbereitung auf die perfekte Vereinigung mit Gott.

In seinen letzten Jahren suchte Thomas Merton in Gethsemani die Einsamkeit, den größten Teil seines Lebens hatte er jedoch in der Gesellschaft anderer verbracht, wo er sich in Einfachheit auf die endgültige Einfachheit des Lebens in kontemplativer Vereinigung mit Gott vorbereitete. In seinem Bekehrungserlebnis, seinem gesellschaftlichen Aktivismus und seinem umfassenden Wissen über die Welt und die Theologie stand er auf einer Stufe mit einem anderen Universalgelehrten, dessen Einfluss, Spiritualität und radikale Ansichten sich tiefgreifend auf die Kreise der Aktivisten und Anarchisten des 20. Jahrhunderts auswirkten. Jacques Ellul war Professor für Geschichte, Soziologie und Politische Studien an der Universität Bordeaux. Besonders bekannt ist er für *The Technological Society*, das nur eines von mehr als 50 seiner Werke zu Theologie, Soziologie und Technologie ist. Das Buch, 1954 auf Französisch veröffentlicht und zehn Jahre später ins Englische übersetzt, weckte Mertons Interesse. Er lobte es und machte beim Lesen umfangreiche Notizen.[61] Seine Ansichten änderten sich jedoch, als er weitere Werke von Ellul las. Er hielt ihn für zu pessimistisch und fand seine Analysen gelegentlich schwach. Merton räumte der Hoffnung einen größeren Stellenwert in seiner Weltsicht ein, als Ellul dies jemals tat, während dieser das Gefühl hatte, seine Mitmenschen würden ihre Menschlichkeit der Technik opfern. Doch wie Gordon Oyer zeigte, hatte Merton nur begrenzten

Zugriff auf Elluls Œuvre und konnte daher nicht würdigen, dass der extreme Pessimismus, den der Franzose zum Ausdruck brachte, ein rhetorisches Werkzeug war, um den Menschen die Bedrohung durch die Technik vor Augen zu führen. Merton waren die theologischen Werke Elluls größtenteils unvertraut – vor allem sein Konzept der christlichen Hoffnung. Hoffnung ist laut Ellul das, was den Menschen in einer technologischen Welt bleibt, die von Gott verlassen ist. Für den christlichen und technikkritischen Kämpfer Ellul nahm die Hoffnung die Form des »aktiven Wartens« an, da Warten für technologische Kulturen, die nach unmittelbarem Handeln und Effizienz gieren, nicht von Nutzen ist. Zweitens war Hoffnung im Gebet zu finden, das hoffentlich zu einem Dialog mit Gott führt. Und schließlich betrachtete er den hoffnungsvollen Pessimismus als eine Möglichkeit, Machtstrukturen zu zerlegen. Hoffnung, so glaubte Ellul, bringt passive Unterwerfung und Machtlosigkeit irgendwann zum Handeln und in manchen Fällen sogar bis zur politischen Aktion.[62] Sowohl Merton als auch Ellul, die beide in einer Zeit des immer schneller verlaufenden technologischen Fortschritts schrieben, erkannten die Gefahren der blinden Hoffnungslosigkeit und die Notwendigkeit zum Handeln.

Merton war darüber hinaus von Hannah Arendts Werk *The Human Condition* (dt.: *Vita activa oder Vom tätigen Leben*) angetan. In seinen Lesenotizen vermerkte er:

1. *Vita Activa* [das aktive Leben] hat seinen Bezugspunkt in der Kontemplation verloren – dadurch ist es rein aktiv geworden – d. h. es degeneriert von der *politischen Aktion* zur *Fertigung* zur *Arbeit* schließlich zur völlig leeren Aktivität des *einen Job haben*.

2. Das Sein wurde durch den *Prozess* ersetzt. Der Prozess ist alles. Der mod[erne] Mensch sieht nur, wie er ohne Spannung in den produktiven Prozess passt, und darin findet er »Glück«.[63]

In einem Leben, das in Einfachheit gelebt wird, ist die Tat nicht von der Kontemplation getrennt. Es ist ein Teilhaben an und Handeln mit dem gemeinsamen Willen, in denen der Mensch zum ersten Mal die Verbundenheit mit anderen als eine Vorstufe auf die kontemplative Vereinigung mit Gott erlebt. Die endgültige spirituelle Vereinigung ist aktiv gewollt, wie Merton gezeigt hat, und zwar mit einem Willen, der immer selbstloser wird, bis er schließlich zu Gottes Willen wird. Handeln ohne Kontemplation wird durch den Eigenwillen dominiert und paradoxer- und gefährlicherweise durch Blindheit geleitet: in der Kontemplation, der inneren Einkehr, dagegen kann man mit dem Blick Gottes sehen. Die reine Tat ist blind und blendend. Die Degeneration von der politischen Aktion zum »Haben eines Jobs«, die Merton in seinen Notizen erkannt hat, ist sozusagen die Loslösung von anderen und von der Welt. Am Ende hält sich das Selbst nur durch den Anschein einer Idee zusammen, der des Jobs. Wir werden also Zeuge, wie die Tat sich in eine »leere Aktivität« verwandelt, nachdem sie »ihren Bezugspunkt in der Kontemplation verloren« hat.

**Die reine Tat ist blind und blendend.**

In der zweiten Notiz spricht Merton eine andere seiner Hauptsorgen an, die ebenfalls mit der Einfachheit zu tun hat. Das »ohne Spannung hineinpassen« ist es, das die Vereinigung zwischen den beiden möglich macht. Hier wird die Einfachheit als Weg des geringsten Widerstandes pervertiert und dient nicht länger dem größten Glück, das in der Liebe zu und durch Gott gefunden wird. In einer Welt leerer Aktivität ist die Einfachheit in die Irre geleitet, sie verursacht Entfremdung von anderen und eine Unterwerfung unter Technik und Macht. Für Merton jedoch ist wahre Einfachheit eine Gnade, die Gnade, die wir von Gott empfangen und mit unserem Nächsten teilen. Einfachheit ist die Einheit des Selbst unter anderen. Über seinen Notizen zu Arendt kommentierte Merton einige Gedichte, die er gerade gelesen hatte. Er bevorzugte die einfacheren: »die religiösen sind oft die einfachsten und direktesten von allen. Einfachheit = Heiligkeit. Diese Gedichte beweisen die entscheidende und tiefe Verbindung.«[64] Einfachheit ist Heiligkeit, wenn sie ohne Spannung eine Verbindung herstellt, nicht wenn sie ohne Spannung entfremdet.

Merton teilte also Elluls Vorstellung von den Tücken der Technik. Die Technik ist allerdings für Ellul nur ein Teil von etwas Größerem und viel Bedrohlicherem:

> Der Begriff *technique,* wie ich ihn verwende, bedeutet nicht Maschinen, Technologie oder diese oder jene Prozedur, um ein Ziel zu erreichen. In unserer technologischen Gesellschaft ist *technique* die *Gesamtheit aller Methoden,* die man (in einem bestimmten Entwicklungsstadium) in *jedem* Bereich der menschlichen Aktivität *rational erreicht und die dort absolute Effizienz haben.*[65]

Während Merton die gefährliche Belanglosigkeit der Aktivität sah, glaubte Ellul daran, dass die menschliche Aktivität von der Vorstellung durchdrungen wird, die Effizienz wäre in dem Maße vorangeschritten, dass die Wörter »Aktivität« und »Effizienz« austauschbar geworden seien. Und während Merton gemeinsam mit Arendt annahm, dass der Prozess das Sein ersetzt, sieht Ellul, wie *technique* und Effizienz das Sein aussaugt:

> *Technique* ist in die tiefsten Winkel des menschlichen Seins vorgedrungen. Die Maschine erschafft nicht nur eine neue menschliche Umgebung, sondern verändert auch die schiere Substanz des Menschen. Das Milieu, in dem er lebt, ist nicht länger seines. Er muss sich, als wäre die Welt neu, an ein Universum anpassen, für das er nicht gemacht ist. Er wurde geschaffen, um sechs Kilometer in der Stunde zu gehen, und er geht eintausend. Er wurde geschaffen, um zu essen, wenn er Hunger hat, und zu schlafen, wenn er müde ist; stattdessen gehorcht er nun einer Uhr. Er wurde geschaffen, um Kontakt mit lebendigen Dingen zu haben, und er lebt in einer Welt aus Stein. Er wurde mit einer bestimmten entscheidenden Einheit geschaffen, und nun ist er von all den Kräften der modernen Welt zersplittert.[66]

Ellul und Merton waren Zeuge, wie neue Wesen durch eine Macht erschaffen wurden, die sich der menschlichen Kontrolle entzogen hatte. In dieser neuen Welt wird Gott seiner Schöpfung beraubt und der Mensch verliert seine existenzielle Einheit. Effizienz und Prozess erzeugen nicht nur die Modifikation des Seins, sie sind das Ende des Seins. Der Tod des Seins geht dem Ende der Manifestation des gemeinsamen Willens voraus und damit am Ende der Einfachheit in Gott.

Bemerkenswerterweise gibt es in Elluls paradiesischem Eden vor dem Sündenfall keine Technik. Eden ist das Werk Gottes. Als solches ist es komplett und braucht keine Modifikationen, *nihil plus, nihil minus, nihil aliter*. Hier ist Elluls Kommentar zum ersten Kapitel der Genesis:

> Innerhalb der Schöpfung gab es Arbeit ohne Notwendigkeit (Adam würde nicht Hungers sterben, wenn er aufhörte zu arbeiten), Arbeit ohne Endgültigkeit, ohne Produktion. Es war keine Arbeit, um einen Überschuss zu erwirtschaften, den Lebensunterhalt zu verdienen, herzustellen: Es war Arbeit für *nichts*. Die Früchte und die Erzeugnisse, das, was für Adams Leben notwendig war, wurde frei von Gott gegeben – nicht im Austausch für Arbeit, einen Auftrag, eine Verpflichtung, sondern wirklich unentgeltlich –, ohne Verbindung zwischen Bedarf und Arbeit. Es gab keine kausale Verbindung zwischen Arbeit und dem Produkt, das ausschließlich in der Ordnung der Schöpfung war. Arbeit war nicht nützlich, sondern frei.[67]

Wir können sehen, dass Technik kein Teil dieser Welt ist, in der Arbeit frei und gewollt ist. Technik ist ein Produkt des Sündenfalls. Nach dem Sündenfall muss der Mensch für seinen Lebensunterhalt arbeiten; Arbeit wird zu einer existenziellen Notwendigkeit, »ein Produkt der Notwendigkeit und nicht der menschlichen Freiheit«, schreibt Ellul in der Schlussfolgerung seines Essay.[68] Für Ellul, der das Wort »Sündenfall« (»Fall«) ablehnte und »Bruch« (»rupture«) bevorzugte, stehen sich

Eden und die Welt, in der wir heute leben, diametral gegenüber. Und so sieht er die Welt vor dem Bruch, vor der *technique*:

> Alles war wirklich ein Ganzes und die Fülle Gottes war überall … Welches Ziel sollte man unter diesen Bedingungen verfolgen und mit welchen Mitteln? Welche mögliche Bedeutung hätte die Vorstellung von Hilfsmitteln gehabt, wenn einem alles in der Einheit des Seins gegeben wird … Das Ganze war Adam zur Verwaltung übergeben worden, aber es gab keine speziellen Dinge, die Adam für sich selbst hätte behalten können. Erst als die Einheit der Schöpfung zerstört war, trennten sich die Dinge, sodass jedes Element ein eigenes Schicksal annahm und es eine Beziehung des Menschen zu den einzelnen Dingen gibt. Erst als eine bestimmte Beziehung entstanden war, konnte etwas als Eigentum bezeichnet werden. Wenn wir diese wundersame Allgemeingültigkeit verstehen, können wir im gleichen Maße verstehen, dass es so etwas wie Technik nicht gegeben haben kann – keine Gattung oder Art von Technik –, weil Technik niemals etwas anderes ist als eine Ansammlung von Mitteln und die Suche nach den effizientesten Mitteln. Diese zwei Elemente waren völlig ausgeschlossen.[69]

Es gab kein Privateigentum und keine Technik, da es keine Mittel gab: Hier ist das Bild von Eden – ganz, es muss nichts hinzugefügt werden. In dieser Welt ist die Kommunikation zwischen dem Menschen und Gott direkt und unmittelbar; es ist keine Technik nötig, weil »keine Macht ausgeübt werden muss«.[70] Eden ist spannungslos, alles gibt und wird gegeben. In Eden, so schlussfolgert Ellul, wäre die Idee des »mehr« seltsam und fremdartig gewesen.[71] Die Welt des »mehr«, der Technik und Effizienz, ist die Welt der Gestürzten, unsere Welt. Um einfach zu leben, ist es notwendig, dass man nicht länger an Mittel, Effizienz und Eigentum denkt; ein einfaches Leben zu führen, bedeutet, zu warten, nicht passiv, sondern aktiv, in Verbundenheit, in Gemeinschaft mit anderen und mit Gott unter dem Gesetz der Einfachheit.

KAPITEL 3

# DIE »GABE, EINFACH ZU SEIN«

Am 19. Mai 1774 bestieg Ann Lee ein Schiff nach Amerika. Mit ihr fuhren acht Männer und Frauen, die nach einem einfachen Leben suchten, in dem alle gleich wären, in dem die Hände arbeiteten und die Herzen Gott gegeben würden. In ihrem Heimatort Manchester hatte sie wegen ihres Glaubens unter Verfolgung gelitten. Auch im kolonialen Amerika wurde sie für ihre Überzeugungen angefeindet, doch mit Beharrlichkeit und Charisma erschuf sie schließlich eine beständige utopische Gemeinschaft, die für nachfolgende Generationen zum Symbol der Einfachheit wurde – die *United Society of Believers in Christ's Second Appearing,* auch bekannt als Shaker. Im Mittelpunkt des Glaubens und der Lebensweise der Shaker stand die Einfachheit. Ihr Lied »Simple Gifts«, unsterblich gemacht von Aaron Copland, fasst die wichtigsten Themen des einfachen Lebens zusammen, die das Leben der beiden letzten verbliebenen Shaker bis heute bestimmen:

'Tis the gift to be simple, 'tis the gift to be free,
'Tis the gift to come down where we ought to be,
And when we find ourselves in the place just right,

'Twill be in the valley of love and delight.
When true simplicity is gain'd
To bow and to bend we shan't be asham'd
To turn, to turn will be our delight
'Till by turning, turning, we come 'round right.[1]

»Simple Gifts«, das 1848, also etwa 60 Jahre nach Ann Lees Tod, vom Ältesten Joseph Brackett aus dem Shakerdorf Alfred in Maine komponiert wurde, ist inzwischen ein Standard der amerikanischen Folkmusik. Die schlichten Worte und die einfache Melodie des Liedes erinnern an das einfache Leben der frühen Amerikaner und beschwören die Idee einer längst vergangenen Zeit herauf, in der vorgeblich alles weniger fordernd und kompliziert war. »Simple Gifts« war als schneller Tanz gedacht. Man sollte die Zeile »to turn, to turn will be our delight« durchaus wörtlich nehmen. Sie sagt den Tänzern, wann sie in dem Rundtanz, der von den Gläubigen im Rahmen des Gottesdienstes ausgeführt wurde, die Richtung ändern sollten. Genau wie in vielen der 10.000 geistlichen Lieder, die von den Shakern komponiert wurden, sind die Worte dieses Liedes mehr als nur lehrreich, symbolisch oder poetisch – ihre einfachen Worte sind performativ. Wörter werden in den Handlungen umgesetzt, die sie anregen, und zwar in dem Moment, in dem sie in ihnen verfliegen. In der schlichten liturgischen Sparsamkeit des einfachen Liedes und des begleitenden schnellen Tanzes können Worte und Taten eins werden, weil sie einfach in Form und Inhalt sind. Das Wort *ist nicht* in einem Übermaß an Tat, es *ist* Tat, genau wie Tat in einer einfachen symbiotischen Beziehung namens Einfachheit das Wort *ist*.

Das weder strenge noch überschwängliche »Simple Gifts« fängt die Energie des Lebens der Shaker ein. Es lobpreist drei Gaben und Grundsätze des Glaubens der Shaker: die Gaben, einfach zu sein, frei zu sein und »dahin gelangen, wo wir hingehören«. Als »Gaben« sind Einfachheit, Freiheit und Zugehörigkeit Manifestationen der außergewöhnlichen Ursprünge, seien dies Gott, Mutter Ann selbst oder ein Verblichener. Das einzelne »Werkzeug«, das die Gabe im Lied, im Tanz oder in einer anderen Aktivität empfängt, ist nicht das endgültige Ziel dessen, was gegeben bzw. geschenkt wird. Auch wenn sie die Form einer einzigartigen Manifestation annehmen können, die einer Person zugutekommt, sind spirituelle Geschenke dafür gedacht, mit anderen Mitgliedern der Gemeinschaft geteilt zu werden. Ein anderes Lied, »Balls of Simplicity«, verdeutlicht dies:

> My brethren and Sisters
> I've got some little balls of Simplicity.
> My blessed Father James did give them unto me,
> O will you have some, they will make you free.[2]

In Liedern der Shaker kommt es häufig vor, dass Konzepte wie die Einfachheit eine körperliche Form annehmen – hier sind es die »Bälle der Einfachheit« –, so als würde man der Erhabenheit des Konzepts ein echtes Gewicht geben, es vergegenständlichen und den Gesetzen der Schwerkraft unterwerfen wollen. Wie es bei einer performativen Sprache der Fall ist, werden Metaphern quasi geerdet, sodass die Gaben aus der spirituellen Sphäre in den materiellen Bereich absinken. In diesem Lied haben die Bälle der Einfachheit, die der verstorbene Vater James dem anonymen Werkzeug geschenkt hat, die Fähigkeit, den Empfänger sowie die Sänger und Tänzer zu befreien. Wie in »Simple Gifts« kommt mit der Einfachheit die Freiheit.

Geschenke sind von Natur aus vergänglich; sie offenbaren sich in Wort-Taten und werden dann weitergegeben, von anderen empfangen und wieder übermittelt. Geschenkte Einfachheit regt ständig interpersonelle Beziehungen an und erhält sie aufrecht, während sie alle Mitglieder der Gemeinschaft in der Verpflichtung zu einer befreienden Wechselbeziehung vereint. Für die Shaker ist Einfachheit ein Geschenk, das sich in einer niemals endenden Kette von gewollten Wechselwirkungen und Gegenseitigkeit immer weiter schenkt. Die vereinende, sich selbst fortpflanzende und ansteckende Natur der Einfachheit befreit jeden und alle. Ein »Verbeugungslied« überträgt die Vorstellung in Musik, Worte und Schritte, dass eine bessere Gesellschaft geboren wird, wenn Einfachheit, Freiheit und Demut zur selben Weise tanzen, selbst wenn es bedeutet, dass man zuerst über einen einfachen kleinen Stein stolpert:

**Für die Shaker ist Einfachheit ein Geschenk.**

I will bow and be simple,
I will bow and be free,
I will bow and be humble,
Yea bow like the willow tree.
I will bow this is the token,
I will wear the easy yoke,
I will bow and be broken,
Yea I'll fall upon the rock.[3]

Dies ist ein wunderbar einfaches Lied, in dem sich die drei Konzepte der Einfachheit, Freiheit und Demut in einem biegsamen, aber dennoch widerstandsfähigen Baum materialisieren. Diese Metapher erinnert an Pascals »denkendes Schilfrohr«. Doch anders als das Pascalsche Schilfrohr, das für Selbsterkenntnis und schließlich die Überlegenheit des Menschen über die gesamte Schöpfung steht, lässt sich der Shaker freiwillig auf dem Stein zerbrechen. Die Einfachheit in Form, Wörtern und Rhythmus, die die Weitergabe des Liedes erleichtert, verdeckt manchmal die Komplexität der Botschaft. Mit dem Verweis auf Matthäus 21, 41-44 in der letzten Zeile erinnert das Lied die Sänger und Tänzer daran, dass ein einfacher Stein, Christus, der einst als der Sohn eines bloßen Zimmermanns verworfen wurde, zum Eckstein eines spirituellen Bauwerks geworden ist. »Und wer auf diesen Stein fällt, der wird zerschellen«, sagt das Gleichnis, aber es sagt auch, dass wieder geheilt und zusammengefügt wird, wer glaubt, dass ein einfacher Mann ihn heilen kann. Ein anderes Schicksal erwartet den, auf den dieser Stein fällt, denn er wird zu Staub zermalmt und kann nie wieder ganz werden.

Nicht alle Geschenke manifestierten sich in freudvollen Liedern und Tänzen. Während eines besonders schwärmerischen Gottesdienstes wurden Shaker in Union Village, Ohio, angeleitet, »sich niederzubücken und die Einfachheit vom Boden zu essen«.[4] Der Akt des Essens der Einfachheit vom Fußboden mag an den Ruf nach Demut in »Simple Gifts« und die Vergegenständlichung der Einfachheit in »I Will Bow« erinnern, dennoch ist die Botschaft dieser speziellen Manifestation ziemlich rätselhaft. Ekstatische Manifestationen mit mehrdeutigen Botschaften und theatralischer Körperlichkeit wie dieser nahmen zu, je größer die Sekte wurde. Auf dem Höhepunkt des Shakertums Mitte des 19. Jahrhunderts wurden die Gottesdienste immer häufiger durch göttlich inspirierte Lieder und Tänze ergänzt; allerdings ließen sich die Botschaften solcher begeisterten Manifestationen oder Gaben nicht eindeutig interpretieren oder auf die Gemeinschaft anwenden. Während dieser Zeit des religiösen Enthusiasmus, die als Ära der Manifestationen bekannt ist, breitete sich die Religion der Shaker nach Westen aus und hatte immensen Zulauf von neuen und jüngeren Mitgliedern. Der Überschwang einiger dieser exaltierten Manifestationen, vor allem unter jüngeren Konvertiten, führte zu Misstrauen gegenüber der Wahrhaftigkeit der Gaben selbst und der Aufrichtigkeit der Boten. Solche Manifestationen erzeugten einen spirituellen und gesellschaftlichen Riss zwischen den »Werkzeugen« der Gaben, von denen einige charismatische Anführer waren, die die Gläubigen mithilfe von Liedern, Tänzen und Reden bewegen konnten, und denjenigen unter den traditionelleren Gemeindemitgliedern, die eine priesterliche und gemeinschaftliche Demut, Einfachheit und Ordnung bevorzugten.[5]

Die 1840er-Jahre brachten eine Regulierung der Society und die Aufstellung von Verhaltensregeln, die 1845 als Millennial Laws veröffentlicht wurden und eine strengere Version der Gesetze von 1821 darstellten. Am Ende der Ära der Manifestationen in den 1860ern waren die Shaker-Gesetze noch restriktiver geworden und diktierten das Leben und die täglichen Aktivitäten bis hin zur Farbe der Betttücher der Gläubigen. Diese Gesetze verstärkten auch Aspekte des Shakertums, die die Gemeinschaften von der Welt der ungezügelten Gier um sie herum entfremdeten, während sie gleichzeitig ihren grundsätzlichen Glauben an wirtschaftliche, gesellschaftliche, sexuelle Gleichheit sowie die Gleichberechtigung der Rassen schützten. Die Millennial Laws wurden zwar in späteren Ausgaben etwas gelockert, allerdings stärkten sie weiterhin die drei Säulen des Glaubens und des Gemeinschaftslebens der Shaker – Nützlichkeit, Ehrlichkeit und Einfachheit.

Die *Summary View of the Millennial Church* formuliert die 12 grundlegenden christlichen Tugenden, von denen die sechste die Einfachheit ist:

> Die Einfachheit des wahren Evangeliums verlangt in allen Gesprächen und jedem Gebaren eine göttliche Aufrichtigkeit und eine echte *Einheit* des Herzens. Diese Tugend ist das Werk der Heiligkeit und Güte und erschafft in der Seele ein perfektes *Einssein* des Charakters in allen Dingen; ihre Gedanken, Worte und Werke sind schlicht und einfach … Sie ist harmlos und rein und vollkommen unvermischt mit allem Übel. Sie ist ohne Prahlerei, Prunk und jede eitle Zurschaustellung und führt auf natürliche Weise zur Schlichtheit in allen Dingen. In allen Objekten ihres Strebens, in all der Ausübung ihrer Mächte, in all ihren Mitteilungen des Guten an andere wird sie rein durch den Willen Gottes geleitet und zeigt ihre besondere *Einzigkeit* des Herzens und des Geistes in allen Dingen.[6]

Entsprechend der *Summary* ist Einfachheit die Tugend des Einsseins aus Charakter, Taten, Gedanken und Worten. Als grundlegende Tugend ist sie immerwährend und kann nicht verändert werden.[7] Sieben moralische Prinzipien, die aus den 12 Tugenden ausgewählt wurden, bestimmen das Leben der Gläubigen.

Das fünfte Prinzip, »Einfachheit der Sprache«, ist das Werk der Tugend der Einfachheit. Daraus folgt, dass man nicht viele Worte machen muss und dass sie nur die Wahrheit vermitteln sollen, dass alle Ehrennamen aus der Society verbannt werden sollen und dass selbst die »eitlen Anreden *Sir* und *Madam*, *Mister* und *Miss*« unter den Gläubigen nicht benutzt werden sollen.[8] Einfachheit oder die Tugend des Einsseins bestimmt, dass die Gemeinschaft der Gläubigen nicht durch trennende Hierarchien zersplittert werden darf. Entsprechend der Einfachheit des Evangeliums sind alle Mitglieder Brüder und Schwestern im Einssein der Society und die Kommunikation zwischen ihnen ist einfach im Ausdruck und wahrhaftig im Inhalt. Die Ehrlichkeit des Herzens und die Einfachheit der Sprache sollen den »angemessenen Respekt gegenüber unseren Mitmenschen« sicherstellen und »uns sicher durch alle Szenen in diesem sterblichen Leben geleiten«.[9]

Anfang des 19. Jahrhunderts gelangte das Shakertum unter dem Einfluss zweier Anführer – Joseph Meacham und Lucy Wright – zu der Form des Kommunalismus, für die es heute bekannt ist. Shaker weihen ihr gesamtes Eigentum, ihre Arbeit und die Früchte ihrer Arbeit der Gemeinschaft, sie sind zölibatär, pazifistisch und egalitär. Sie lebten abgeschieden von der Welt, hatten aber dennoch einen tiefgreifenden Einfluss auf die amerikanische Kultur. Trotz ihrer Trennung von der Welt akzeptierten sie »nicht-kommunale« Mitglieder, die der Ehe nicht abgeschworen hatten und außerhalb der Shaker-Dörfer leben konnten. »Winter-Shaker«, jene notleidenden Frauen und Männer, die im Herbst konvertierten und im Frühjahr wieder gingen, wurden niemals abgewiesen, wenn sie im November in den Shaker-Gemeinden auftauchten. An ihre unmittelbaren

Nachbarn oder die »Menschen der Welt« verkauften die Shaker pflanzliche Heilmittel, landwirtschaftliche Erzeugnisse und Möbel. Bereits Ende des 18. Jahrhunderts begannen die Shaker, mit Saatgut zu handeln. Diese Unternehmung wurde im folgenden Jahrhundert zu einem lukrativen Versandgeschäft. Auf den Verkaufslisten standen natürlich auch »Simples« oder medizinische Pflanzen. Shaker waren die ersten, die Samen in kleine, beschriftete Papiertütchen verpackten, die mit der Post verschickt werden konnten. Shaker-Hausierer reisten durch die Staaten des Nordostens, um Saatgut und Shaker-Erfindungen zu verkaufen.[10] Fortschritt lehnten die Shaker nicht ab. Mit Erfindungen wie dem Flachbesen, der Wäscheklammer, der Kreissäge und einer frühen Form der Waschmaschine lassen sich eine ganze Reihe von Haushaltsinnovationen auf sie zurückführen, die unser modernes Leben prägen.

Am bekanntesten sind sie heute jedoch für ihre schlichten, geradlinigen Möbel. Wir haben von den Shakern Objekte mit einfachen Linien und unzweideutiger Funktionalität übernommen. Für die vielen unbekannten Handwerker in der Society waren die Einfachheit der Prozesse und der Produktionsmethoden, die sie einsetzten und stetig perfektionierten, ebenso wichtig wie die Einfachheit der Objekte, die sie herstellten. Einfachheit war für sie sowohl Mittel als auch Zweck. Shaker glaubten an Perfektionierbarkeit und Fortschritt, solange diese dem Wohl der Gemeinschaft dienten. Sie sahen ihre täglichen Aktivitäten als Chance, die menschliche Perfektionierbarkeit in Gang zu setzen, die Gott ihnen geschenkt hatte. Den Boden zu kehren, Holz zu drehen oder Samen zu verpacken, waren sinnvolle und achtsame Tätigkeiten, bei denen

**Shaker glaubten an Perfektionierbarkeit und Fortschritt.**

der Einzelne Zwiesprache mit Gott hielt. Mit ihrem Fleiß und ihrer Kreativität drückten die Shaker etwas aus, das größer war als sie und sich in ihnen manifestierte. »Shakertum«, schrieb Bruder Theodore Johnson in *Shaker Quarterly*, »bringt der menschlichen Erfüllung eine hohe Wertschätzung entgegen und glaubt, dass der Mensch sich selbst verwirklicht, indem er nicht mehr oder nicht weniger als er selbst ist.«[11] Man selbst zu sein, nicht mehr oder nicht weniger, bedeutet, einfach zu sein. Einfachheit als Selbstverwirklichung ist sowohl das Recht als auch die Verantwortung des Gläubigen. Als Recht gewährt einem die Einfachheit die individuelle Freiheit, vollkommen man selbst und selbstverwirklicht zu sein, als Verantwortung diktiert Einfachheit die Regeln für das gemeinschaftliche Leben, Arbeiten und gute Wirtschaften.

In den 1920ern, als die Shaker-Gemeinschaften schrumpften, begannen Sammler, sich für ihre Möbel zu interessieren. Zwei dieser Sammler waren Edward Deming Andrews und Faith Andrews. Sie erinnerten sich an ihr erstes Erlebnis 1923 im Hancock Shaker Village, wo sie angehalten hatten, um Brot zu kaufen:

> Eine Shaker-Schwester mit sanfter Stimme hieß uns freundlich willkommen. Wir kauften zwei Brote. Und in dem langen, sauberen »Kochraum« sahen wir außerdem noch anderes: Einen auf Böcken stehenden Tisch, Bänke, Schaukelstühle, Einbauschränke, Kochnischen, alles wunderschön in seiner Einfachheit. Als wir später das Brot aßen, wussten wir, dass unser Appetit nicht vom Brot allein befriedigt werden würde.[12]

Das Paar trug eine der schönsten Sammlungen aus Shaker-Mobiliar zusammen und schrieb ausführlich über die Sekte. Zum Zeitpunkt seines ersten Besuches wusste es jedoch noch nicht, dass die Shaker bereits seit Mitte des 19. Jahrhunderts ihre Möbel über Versandkataloge und Ausstellungsräume verkauft hatten. Sie konnten nicht vorhersehen, dass einige Teile den Atlantik überqueren und langfristigen Einfluss auf das Möbeldesign haben würden. Was sie sahen und schätzten, war dagegen die bewundernswerte Einfachheit der Shaker-Formen. 1927 nahm Kaare Klint, Architekt, Möbeldesigner und einer der Direktoren des Designmuseums Danmark in Kopenhagen, einen Shaker-Schaukelstuhl mit Armlehnen und Leiterlehne entgegen. Klint, der die moderne, für ihren Minimalismus und Funktionalismus bekannte dänische Möbelschule begründete, war sofort von den einfachen Linien des Stuhls begeistert. Bald darauf stellte das Museum einen dieser Stühle aus. Die inspirierenden Stücke wurden erst nach der Veröffentlichung des Buches *Shaker Furniture* von Edward Andrews im Jahre 1937 als Shaker-Möbel identifiziert. Zwei Jahre später veranlasste Børge Mogensen, damals Möbeldesigner beim Verband dänischer Konsumgenossenschaften, die Massenproduktion von geradlinigen Möbeln, die ebenfalls von Shaker-Designs inspiriert waren. Diese schlichten Stühle, Tische und Schränke eroberten die europäischen und amerikanischen Märkte. Der zunehmende Gebrauch von Mobiliar im Shaker-Stil zog eine Kommerzialisierung ihres Glaubens und ihrer Kultur nach sich. In den 1960ern stand »Shaker« für Produkte guter Qualität mit schlichten Linien. Die veränderte Wahrnehmung der Shaker veranlasste Schwester R. Mildred Barker zu folgender Aussage: »Ich hätte es gern, dass man sich an mich als jemanden erinnert, der sich zum Dienst an Gott verpflichtet und dieses Versprechen so perfekt wie möglich eingelöst hat – und nicht als ein Möbelstück.«[13]

Der von den Shakern inspirierte Stil mit seinen klaren Linien und seiner Funktionalität dominierte in den 1960ern auf beiden Seiten des Atlantiks, als die Shaker-Einfachheit Einzug in die Mainstream-Kultur und damit in viele Haushalte hielt. Gleichzeitig kam es wenig überraschend zu einer gegenseitigen Befruchtung von japanischen und Shaker-Designs, vor allem in den Werken des in den USA geborenen George Nakashima, des selbsternannten »japanischen Shakers«. In seinen Untersuchungen der Shaker-Möbel zeigte Christian Becksvoort, dass Shaker-Möbel genau wie japanische Entwürfe niemals die natürliche Ausdrucksfähigkeit des Holzes unterdrückten, aber dennoch die Verbindungen in den Vollholzkonstruktionen zeigten.[14] Die ungehinderte Enthüllung dessen, was »spricht«, der Holzmaserung, und dessen, was »verbindet«, der Fugen, ist typisch für Shaker-Designs mit ihrer Offenheit, ihrer unmittelbaren Nützlichkeit und Demut. Die berühmte ovale Holzschachtel der Shaker ist, wie schön wir sie auch finden, einfach nur eine Schachtel mit einem bestimmten Zweck, nämlich etwas aufzunehmen, und sollte auch nur als Schachtel betrachtet werden, selbst wenn sie in einem der berühmtesten Museen der Welt hinter Glas ausgestellt wird. Von Juli 2016 bis August 2017 zeigte das Metropolitan Museum of Art in New York eine Ausstellung mit Shaker-Möbeln und -Textilien, die bewies, wie Shaker-Designs sich mit anderen Traditionen und Kunstformen überschnitten.[15]

Die Künstler des Design-Kollektivs *Furnishing Utopia* ehrten die Beständigkeit der Shaker-Einfachheit mit einer Reihe von Ausstellungen Shaker-inspirierter Möbelstücke in Stockholm, New York und dem Hancock Shaker Village.[16] Solche Designer bewahren die Ansicht der Shaker, dass »alle Schönheit, die nicht in der Funktion gründet, schon bald geschmacklos wird und ständig durch etwas Neues ersetzt werden muss.«[17] Diese wunderschönen Objekte, die heute außerordentliche Preise erzielen, hatten für ihre Schöpfer einen ganz anderen Wert. Während wir die Handwerkskunst und den Minimalismus der Shaker-Gegenstände bewundern, von denen die meisten Museumsstücke sind, waren die Shaker darauf bedacht, jedes Stück in irgendeiner Weise weiterzuverwenden, das seine unmittelbare Funktion verloren hat. Ihre einfachen Objekte waren Teil einer dynamischen Ökonomie der Verwandlung und Optimierung von Materialien. Objekte konnten nicht nur umgearbeitet und wiederverwendet werden, ihre anspruchslose, einfache Linienführung erlaubte es außerdem, sie leicht in ihre Umgebung einzufügen – anders als stilvollere Stücke, deren Schönheit in ihrer zur Schau gestellten Einzigartigkeit liegt. Genau wie ein Shaker sollte ein Shaker-Objekt als nicht mehr gelten, als es ist. »Wahrlich einfach zu sein, heißt, sich selbst ehrlich zu kennen und weder dem Stolz noch einer falschen Bescheidenheit anheimzufallen.«[18] Was für die Hersteller gilt, lässt sich auch für ihre Schöpfungen sagen.

**Das Shakertum ist der Inbegriff der Einfachheit.**

Das Shakertum ist der Inbegriff der Einfachheit. Wir erinnern uns an die Vorzüglichkeit der Handwerkskunst und des Designs der Shaker, vergessen aber, dass ihr Gott sowohl männlich als auch weiblich war, dass sie alle Rassen in ihren Dörfern willkommen hießen, dass ihre Einfachheit nicht nur oberflächlich war, sondern sehr tiefgründig. Ihre Hoffnung bestand darin, den Himmel auf Erden zu schaffen. Allerdings verhinderten ihre Hingabe an Zölibat und Pazifismus sowie äußere Faktoren wie ein ungehinderter Konsum die Ausbreitung des Shakertums. Außerdem führten innere Dispute zu Spannungen, Spaltungen und der Schließung von Gemeinschaften. Heute sind die Shaker ein fester Bestandteil der amerikanischen Kulturgeschichte und des amerikanischen Primitivismus. Ihre Objekte und ihre verbliebenen zwei Mitglieder wirken wie Relikte der Vergangenheit. »Können wir sie immer noch willkommen heißen?«, ist eine Frage, die Tim Clark in einem 1980 veröffentlichten Artikel über seine Erlebnisse unter den Shakern stellte:

> Und dass wir die Shaker in ein amerikanisches Kulturgut verwandelt haben, ist eine Verletzung der Shaker-Tugend, die wir angeblich am meisten schätzen – der Einfachheit.
>
> Aber irgendwie bin ich überzeugt, dass ein Glaube, der die Gewalt des Pöbels in der Vergangenheit überlebt hat … die korrumpierende Zuneigung dieser fleischlichen Welt überleben wird. Ich kann das sagen, denn ich habe gesehen, wie die Shaker-Einfachheit selbst an einem der fleischlichsten Orte auf Erden triumphiert hat – New York City …
>
> Ich sah es erneut an einem Sonntagvormittag in der aufstrebenden neogotischen Weite von Manhattans Trinity Church, in der eine kleine Gruppe Shaker und ihre weltlichen Freunde sich zum Gottesdienst versammelt hatten – ein Shaker-Gottesdienst in einer

> Umgebung, die so lächerlich un-einfach war, dass das ganze Unternehmen von Anfang an zum Scheitern verurteilt schien.
>
> Doch wir standen abwechselnd auf und sprachen und beteten. Wir sangen gemeinsam …
>
> ‚Tis the gift to be simple… [usw.]
>
> Ich hörte zu und lauschte und rang mit meinem eigenen Selbstbewusstsein, das ein großer Feind der Einfachheit ist.[19]

Tim Clark ist kein Shaker, aber genau wie sie verstand er, dass Einfachheit das Stummschalten eines gebieterischen Selbstbewusstseins ist, das schließlich von sich selbst desillusioniert ist. »Sei, was du zu sein scheinst, und scheine zu sein, was du wirklich bist, und trage nicht zwei Gesichter unter einer Kappe«, sagte Vater James Whittaker, einer der acht Einsiedler, die 1774 gemeinsam mit Ann Lee den Atlantik überquerten. Diese Selbstreflexion, die zum Teil aus freiwilligen Beichten herrührt, wird Einfachheit genannt.[20]

Am 20. Januar 2009 um 12 Uhr mittags spielten Yo-Yo Ma, Itzhak Perlman, Anthony McGill und Gabriela Montero ein klassisches Quartett, komponiert von John Williams. Zu diesem Zeitpunkt wurde Barack Obama der 44. Präsident der Vereinigten Staaten von Amerika. Der Name des Stückes, das für die Amtseinführung geschrieben worden war, lautet »Air and Simple Gifts«. Die Shaker-Hymne ist in einen komplexen musikalischen Stoff eingewoben, in dem sie sich bemüht, die Vorstellung von Strenge, Patriotismus, Festlichkeit, Tiefe und – wie die *Washington Post* schreibt – »sauberen, ehrlichen, uramerikanischen Werten« zu vermitteln.[21] Da das Wetter den Einsatz von Musikinstrumenten an diesem Tag nicht zuließ, war das Stück vorher aufgenommen worden und wurde am Tag der Amtseinführung als Playback abgespielt. Zu verschiedenen Gelegenheiten wandte sich der Präsident den stillen Instrumenten zu und schien von der festlichen Musik berührt zu werden – ein großes politisches Schattentheater. Von der Shaker-Einfachheit war an diesem Tag nicht viel zu spüren. Nicht anders war es am 20. Januar 1993, als Marilyn Horne »Simple Gifts« mit all ihrer Mezzosopran-Virtuosität bei der Amtseinführung von Bill Clinton sang. 1985, am 20. Januar, sang die Wagnerianerin Jessye Norman das Shaker-Lied für den neugewählten Ronald Reagan. An diesen Tagen sollte ein einfaches Lied, herausgeputzt für den Anlass, die führenden Politiker der Welt daran erinnern, einfach zu bleiben. Lektion gelernt?

Das Shakertum hatte seinen Ursprung im 18. Jahrhundert in der Wardley Society in Bolton nördlich von Manchester, bevor es von Ann Lee weiterentwickelt und in die Neue Welt mitgenommen wurde. James und Jane Wardley waren ursprünglich Quäker, die sich 1747 von der Society of Friends (Gesellschaft der Freunde) getrennt hatten. Auch wenn beide Gruppen einige gemeinsame religiöse und gesellschaftliche Werte teilen, führen die Shaker ihren Ursprung auf eine Gruppe französischer Hugenotten zurück, die Anfang des 18. Jahrhunderts nach England kamen. Die Französischen Propheten, wie man sie nannte, waren Protestanten, die vor der Verfolgung in ihrer Heimatregion in den Cevennen im Süden Frankreichs geflohen waren und 1706 in England eintrafen. »Am Anfang des 18. Jahrhunderts brach auf dem Kontinent Europa der Spiritualismus aus, dem die bemerkenswertesten religiösen Erweckungsbewegungen folgten, aus denen die ‚Französischen Propheten' entstanden«, schrieb Frederick William Evans, ein Shaker-Historiker. Er fährt fort:

> Diese wurden in einer außergewöhnlichen Weise geschaffen, nicht nur in ihrem Geist, sondern auch in ihren körperlichen Systemen. Sie hatten Visionen und Trancen und erlebten heftige Erregungen des Körpers. Männer und Frauen und sogar kleine Kinder wurden von großer Verwunderung und Erstaunen ergriffen … Sie setzten ihre prophetischen Warnungen (unter großen Verfolgungen) für einige Jahre in vielen Teilen Europas fort. Und im Jahre 1706 erreichte die Erweckung England, wo sie sich stark ausbreitete. Etwa im Jahre 1747 bildeten einige Mitglieder der Society of Quakers, die ebenfalls die Erweckung erlebt hatten, eine Gesellschaft mit Jane und James Wardley an der Spitze. Ann Lee und ihre Eltern waren Mitglieder dieser kleinen Gesellschaft.[22]

Genau wie die Shaker, die aus ihnen entstehen sollten, waren die Französischen Propheten Auswanderer, deren Überzeugungen mit ihren Wanderungen zu wachsen schienen. Sie waren Millenaristen und Spiritualisten, und ihre begeisterte Religiosität manifestierte sich in einem ekstatischen Eifer, der an den religiösen Enthusiasmus der frühen Quäker in der Mitte des 17. Jahrhunderts in England erinnerte. Ihr Einfluss war diffus, doch Spuren ihrer Glaubensgrundsätze lassen sich im Shakertum sowie in Rousseaus Naturreligion finden. Eine der geistigen Töchter der Französischen Propheten war Marie Huber, geboren 1695 in Genf, dem Geburtsort von Rousseau. Marie Hubers Werke wurden ins Deutsche und Englische übersetzt. In ihrem Buch *The World Unmask'd; or, The Philosopher the Greatest Cheat* von 1736, einem fiktiven Gespräch zwischen drei Philosophen, präsentiert Marie Huber die heilige Dreifaltigkeit aus Einfachheit, Einheit und Universalismus:

> Wenn Universalismus und Einheit untrennbar sind, dann ist Einfachheit es umso weniger von beiden. Was einfach ist, muss universell sein; ansonsten wäre es nicht einfach. Was nicht aus mehreren Teilen zusammengefügt ist, ist eins: was eins ist, ist einfach. Wir haben gezeigt, dass universell ist, was eins ist. Ergo, was einfach ist, ist universell und eins; so wie das, was eins ist, einfach und universell ist.[23]

Für die Pietistin und Rationalistin Marie Huber ist Universalismus nicht von Einfachheit und Einheit zu trennen. Göttliche Einfachheit bedeutet, dass Gott nicht in Teile getrennt werden kann und Gott identisch ist mit Seinen Eigenschaften. Zum Beispiel hat Gott nicht Güte als Eigenschaft, sondern Gott *ist* Güte. Universalisten wie Huber glauben, dass diese Welt eine vorübergehende Phase in Gottes unendlicher Güte ist und dass schließlich alle Männer und Frauen aller Zeitalter in einer universellen Aussöhnung zur ursprünglichen Güte und zum ursprünglichen Einssein zurückkehren werden. Dieser Zweig des Universalismus negiert die Möglichkeit einer ewigen Verdammnis und beteuert, dass es Erlösung für alle gibt. Hier ist Einfachheit mehr als ein Verhaltenskodex oder ein zu erreichendes Ideal. Es ist ein grundlegendes Prinzip, auf dem eine ganze Weltsicht und Eschatologie ruhen. Die Shaker und frühen Quäker können zwar nicht als »Universalisten« im versöhnenden Sinne bezeichnet werden, doch ihre religiösen Ansichten sind nichtsdestotrotz gesellschaftlich integrativer als die vieler orthodoxer und etablierter Religionen. Wie die Französischen Propheten teilten auch die Shaker und frühen Quäker ein tiefes Gefühl religiöser Überzeugung, das stetig von den Verfolgungen gespeist wurde, die sie erleiden mussten. Ihr unerschütterlicher Glaube einte die Mitglieder der Gruppen, während er gleichzeitig neue Konvertiten anlockte. Ihre einfachen Sitten waren der äußere Ausdruck einer tiefsitzenden inneren Einfachheit, die, wie sie glaubten, auf alle ausgeweitet werden konnte.

1772, ziemlich genau zwei Jahre vor dem Tag, an dem Ann Lee nach Amerika aufbrach, traf ein Amerikaner mit ähnlichen Absichten wie Mutter Ann in England ein: um die Vorteile des einfachen Lebens und der universellen Liebe zu bekunden. Sein Name war John Woolman und er war Quäker. Das Tagebuch, das er hinterließ, ist vermutlich einer der faszinierendsten Berichte über das einfache Leben im 18. Jahrhundert in Nordamerika und darüber hinaus. Die Shaker gingen zwar nie wieder zurück nach Manchester, nachdem ihre Gemeinschaften sich in der Neuen Welt eingerichtet hatten, doch die Quäker oder Freunde, wie sie sich selbst nannten, überquerten immer wieder den Atlantik in beide Richtungen. Elizabeth Hooton, die Ende 1646 oder Anfang 1647 gemeinsam mit George Fox das erste »quaking« (Zittern) Erlebnis hatte, reiste dreimal nach Amerika, bevor sie 1672 auf Jamaica starb. In Neuengland, das sie zweimal besuchte, konnte die Peitsche der Puritaner ihre religiösen Überzeugungen nicht zerstören. William Penn, der 1666 zum Quäkertum konvertiert war, gründete 1682 Philadelphia, die Stadt der Brüderlichen Liebe. Auch er reiste zwei Jahre später nach England zurück, bevor er 1699 endgültig nach Pennsylvania zurückkehrte. Sein Traum von einer Quäker-Stadt hatte sich in der Zwischenzeit nicht verwirklicht. Die Neue Welt bot für die Quäker und Shaker genau wie für die Puritaner vor ihnen die Chance, neue Gesellschaften zu schaffen, zu deren entscheidenden Werten das einfache Leben, Schlichtheit und Bescheidenheit gehörten. Von diesen drei Gruppen bewahrten die Shaker – vermutlich wegen ihres teilweisen Rückzugs aus der Welt – ihre einfache Lebensweise, wenn auch mit ständiger Wachsamkeit und einer gewissen Strenge. Allerdings durchliefen alle drei Sekten eine Zeit, in der viele Mitglieder die Einfachheit für weltliche Vorteile eintauschten. Die zunehmende Zahl an Abtrünnigen, die ihre einfachen Sitten aufgaben, sorgte für Empörung und löste Gegenreaktionen in den Quäker- und Shaker-Gemeinden aus. Als Antwort auf die Korruption des Gewissens durch leichtes Geld erklärten die standhaften Gläubigen ihren Nachbarn nah und fern ihre Treue zur Einfachheit als wichtige religiöse und gesellschaftliche Tugend sowie als Lebensform.

**Die Quäker glaubten an eine göttliche Präsenz in jedermann.**

Das Quäkertum nahm seinen Anfang 1646 oder 1647 in den englischen Midlands. Die Quäker glaubten an eine göttliche Präsenz oder ein »inneres Licht« in jedermann. Sie wurden des *Antinominismus* beschuldigt, weil sie kirchliche und staatliche Autoritäten in Frage stellten, und erlitten brutale Verfolgungen für das Vertrauen, das sie in das »innere Licht«

statt in die Heilige Schrift setzten. Frühe Quäker waren für ihren religiösen und zivilen Ungehorsam bekannt. Sie störten orthodoxe Gottesdienste mit all der Schlagkraft, die aus unerschütterlicher religiöser Überzeugung erwächst, und wehrten sich gegen die Sitte, gegenüber jemandem von höherem Rang den Hut zu ziehen. Damit zeigten sie an, dass alle Männer und Frauen gleichgeboren sind. Sie bedienten sich einer schlichten Sprache und redeten jeden unabhängig von Rang und Würden mit einem einfachen »thou« (»du«) an. Gemäß der damaligen Rechtsprechung begingen sie schwere Verbrechen gegen die etablierte Religion und wurden entsprechend verfolgt und verurteilt. Ein Quäker, der den Zorn der religiösen Autoritäten zu spüren bekam, war James Nayler: Er wurde mit einem »B« für Blasphemie auf der Stirn gebrandmarkt, nachdem er am Palmsonntag auf die gleiche Weise die Stadt Bristol betreten hatte wie Christus die Stadt Jerusalem.

Neben George Fox war James Nayler einer der wichtigsten spirituellen Führer des frühen Quäkertums, obwohl er innerhalb der Sekte umstritten war. Selbst bevor er wegen Blasphemie eingesperrt und gefoltert wurde, wurde Nayler von seinen Anhängern als der neue Christus verehrt, als der Eine, der den Weg der Einfachheit geht. Seinen Quäker-Glaubensgenossen schrieb er folgenden Aphorismus: »Der Herr Gott des Friedens tadelt ihn, der jeden Tag danach sucht, der Einfachheit aus dem Weg zu gehen.«[24] Für Nayler verfällt der irregeleitete Gläubige dem Teufel, der den Menschen über das Leben der Einfachheit täuscht. Der uneinfache Mensch wird zum Diener der Lust und »selbst-endenden Dinge«.[25] »Die Schlange, die auf der Erde wandelt, versucht, in die Vorstellungskraft einzudringen, und die Kreatur, die hinzugeführt wird, sich mit ihr zu beraten, im

Fleisch, sie täuscht die Kreatur über die Einfachheit und behält so die Kreatur im Selbst«, schrieb Nayler in schlichten, aber lebhaften Worten.[26] Diese Passage zeigt, dass Einfachheit für Nayler das Gärmittel der Selbstlosigkeit ist; sie wird von Gott an einzelne Gewissen verteilt, steht aber immer unter der Drohung der Schlange, die täuscht, betrügt und spaltet. Die Schlange symbolisiert das Doppelspiel oder die Spaltung des Selbst. Das geteilte Selbst ist »im Selbst« weggesperrt, von sich eingenommen, wie es ist, und beschäftigt sich nur mit »selbst-endenden Dingen«. Daher die Angst, die Nayler in einem Brief an einen anderen Quäker ausdrückt: »Wahrlich, mein Herz erschaudert in Angst vor mehr Spaltungen.«[27] Spaltungen sind das Werk des Teufels. »Aber das, was in die Einfachheit des Lebens führt, was sich im Geist manifestiert und nicht im Wissen des ersten Menschen, das zur Auferstehung des Lebens führt«, ist gut.[28] Einfachheit ist nicht die verstärkte Mauer, die um eine unüberwindliche innere Festung errichtet wurde, die man das Selbst nennt; sie ist das Leben, die Auferstehung und wahrer spiritueller Reichtum. Diejenigen, die »die Einfachheit erlitten haben, um getäuscht zu werden … werden zurück in die alten armseligen Wege der Welt geführt«.[29] Der Preis der Täuschung ist hoch: Es ist Armut, spirituelle Armut, die Art, die für den Getäuschten unsichtbar bleibt, der zu sehr mit dem Schleier der Reichtümer beschäftigt ist, die seinen klaffenden Mangel an Geist verdecken. Von höchster Wichtigkeit für Nayler ist Wachsamkeit gegen die vielen Listen und Betrügereien, die an der Einfachheit und den einfachen Menschen nagen. Manche lassen zu, dass die Einfachheit des Wortes »mit Bedeutungen, Zusätzen und Streichungen getäuscht« wird, Verzerrungen und unnütze Ergänzungen, die die einfache Wahrheit des Evangeliums verderben.[30] Naylers

Warnung klingt in gewisser Weise immer noch richtig: »Es sind gefährliche Zeiten, in der die Einfachheit sich in den Schlingen der Spitzfindigkeiten verfängt.«[31] Spitzfindigkeiten oder das, was nicht von sich selbst spricht, ist das Zeichen, dass das Ende nah ist. Und im Klang und der Raserei der nicht entzifferbaren Zeichen ist die »ruhige, kleine Stimme« Gottes nicht zu hören. Einfachheit ist die Stille des Gewissens, das sich bereitmacht, das stille Murmeln des Göttlichen zu hören.

Für William Penn lebten die frühen Christen einfach, weil sie zur »Annahme des einfachen Evangeliums« fähig waren, wodurch sie unempfänglich wurden für einen »Stolz in falsche Erkenntnis« und für die Lügen und Illusionen des Reichtums.[32] Obwohl einige Quäker des 17. Jahrhunderts sich immer noch in schlichte Kleider hüllten, um die frühen Christen nachzuahmen und für die sie als »Bedeckung« dienten, ist für viele Quäker Bedeckung »der kleinste Teil ihres Zweckes«, wie Penn beklagt.[33] Liederlichkeit, Genuss, »prachtvolle Überflüssigkeiten« sind in Mode, »als ob ihre Kleider bloß der anzubringenden Verzierungen wegen gemacht werden müssten, und nur zur Schau, aber nicht zum Tragen bestimmt wären.«[34] Penns anfängliche Besorgnis wegen der Überflüssigkeiten, der Maßlosigkeit und der Eitelkeit, die allesamt Feinde der Einfachheit sind, verwandelt sich in Empörung, wenn er eine weitere Form der Verschwendung anspricht: Wenn die frühen Christen sich in Erholung übten, dann geschah dies, weil »sie Gott dienten, Gerechtigkeit übten, ihren Berufsgeschäften nachgingen, ihre Herden weideten, Andern Gutes taten und körperliche Übungen vornahmen, die mit der Mäßigkeit und Tugend übereinstimmten und ihrer Ernsthaftigkeit und Würde

**Stolz in falsche Erkenntnis**

angemessen waren.«[35] In William Penns Sicht sind Erholungen so sehr getrennt von Notwendigkeit und Tugend, dass sie kaum über das Maß »schändlicher Ausschweifungen« kommen, selbst wenn sie für den Augenblick angenehme Ablenkungen sind, sodass sie in uns ein Gefühl von Abscheu hinterlassen, wenn sie vorbei sind. Penns Worte sind klar:

> Aber wie unedel, wie schimpflich, wie unwürdig des Charakters eines vernünftigen Wesens ist dieses! Wie kann der mit Verstand begabte, des Nachdenkens über Unsterblichkeit fähige Mensch, der den Engeln gleich, wo nicht noch höher, geachtet ist, – wie kann der denkende Mensch einen solchen Wert auf so nichtswürdige Dinge, auf einige ärmliche Lumpen legen, die bloß der Stolz erfunden und die Üppigkeit eingeführt hat? Die unbedeutendsten Spielsachen kleiner Kinder können keine so lächerliche und unwürdige Beschäftigung für Erwachsene abgeben, als die törichten Erfindungen der Mode für verständige Menschen sein würden, wenn sie dieselben als Gegenstände ihrer Sorge und ihres Vergnügens betrachten wollten. Und es verrät in der Tat immer große Beschränktheit des Verstandes, wenn solche Eitelkeiten das edle Gemüt des Menschen beschäftigen, der das Ebenbild des großen Schöpfers des Himmels und der Erde ist.[36]

Ein Mann, der handelt, denkt und fühlt wie ein kleines Kind oder gar ein Affe verschwendet die gottgegebenen Fähigkeiten. Das Edle im Menschen liegt in der angemessenen Nutzung seiner Fähigkeiten. Einfach sein und einfach leben bedeutet, seine Ressourcen klug, sparsam und geschickt einzusetzen. Penn wetterte gegen nichtswürdige Gewohnheiten und kindische Erholungen, weil sie unter der Würde rationaler Wesen seien. Sein fordernder rationalistischer Humanismus gefiel nicht allen Quäkern in Pennsylvania und England. Der Sog der Reichtümer war stark. George Fox' und William Penns Verachtung für Kaufleute, Luxus und die Ausbeutung der Bauern war kein Geheimnis. Doch das Aufgeben allen Wohlstands ist ein Test für die eigenen Überzeugungen und manche Quäker dachten zweimal nach, bevor sie auf ihr Vermögen verzichteten. Viele Quäker lehnten strenge Ermahnungen ab und hielten übermäßige Einfachheit für ebenso verdammenswert wie den Überfluss. Robert Barclay ist ein Beispiel. Seine *Apology for the True Christian Divinity* (1676) zielt auf einige der strengeren Zurechtweisungen, die in konservativen Quäker-Schriften zu finden sind. Ein solches Beispiel ist seine Behandlung der Freizeiterholungen, die von manchen traditionalistischen Quäkern als uneinfach verunglimpft wurden. Über Theaterstücke fragte er: »Wie viele *müßige* Worte produzieren sie notwendigerweise? Ja, was sind *Komödien* denn anderes als ein *studierter Komplex aus müßigen und lügenden Worten*?«[37] Laut Barclay erzeugen Theaterstücke müßige und lügende Worte – Worte daher, die alles andere als einfach sind. Er beschreibt die Komödie als einen »studierten Komplex«. »Studiert« bedeutet hier unnatürlich und »Komplex« bedeutet uneinfach, eine doppelt negative Darstellung der schädlichen Wirkungen des Theaters. Trotz seiner Warnungen vor solchen Aktivitäten räumt Barclay ein, dass diese Erholungen akzeptabel und tatsächlich von Vorteil sein können, wenn sie mit den richtigen Absichten durchgeführt werden. Der Geist muss sich von tugendhaften Beschäftigungen erholen, genau wie der »äußerliche Mann« oder leibliche Mann von rechtschaffenen Mühen. Doch solche Erholungen dürfen nicht überflüssig, zügellos, eitel oder liederlich sein, schreibt Barclay.[38] Bei dem Versuch abzuschätzen, was zu viel Einfachheit in Kleidung, Erholung und Wohlstand ist, stellte Barclay Fragen, für die es vermutlich keine befriedigenden Antworten gibt: Was ist zu einfach? Ist Einfachheit ein bewegliches Ziel, das ständig wandert? Das Relativieren der Einfachheit bedeutete auch, ihre Universalität, Beständigkeit und möglicherweise ihre schiere Essenz in Frage zu stellen.

Für manche Quäker bedeutete die Bezeugung der Einfachheit, dass sie lukrative Geschäfte und profitable Beschäftigungen aufgeben mussten, die sie daran gehindert hätten, Größe in Christus zu erlangen. Für manche ließ sich der Handel und die Versklavung anderer Menschen und die Gewalt gegen alle Lebewesen im Namen des Profits nicht rechtfertigen. Zwei Personen ragen unter den vielen Quäkern, die sich gegen Gier, Gewalt und Sklaverei wandten, besonders heraus. Einer war Benjamin Lay, ein kleinwüchsiger Mann sowie scharfer und heftiger Abolitionist. Der andere war ein souveräner und sanfter Mann, der – wie oben erwähnt – eines der inspirierenden Tagebücher schrieb, John Woolman. Ihre Werte waren ähnlich, doch ihre Methoden unterschieden sich außerordentlich.

**Unveräußerliches Prinzip der Güte**

Ein erschütterndes Erlebnis früh in seinem Leben lehrte John Woolman, dass in uns allen ein unveräußerliches Prinzip der Güte wohnt, das uns dazu bringt, uns um alle lebenden Wesen zu kümmern. Sein Leben war das des »stillsten Radikalen in der Geschichte«, wie der Quäker-Historiker Frederick Tolles schrieb.[39] Seine Stimme war »still und klein«, aber seine

Botschaft der Einfachheit, des Friedens, der Gerechtigkeit und Gleichheit wurde von vielen gehört. John Woolman führte eine erfolgreiche Schneiderei und war nach eigener Auskunft ein geborener Kaufmann. Doch die Verlegenheit des Reichtums, der Drang zu expandieren, um immer noch mehr zu verkaufen, widersprach dem Prinzip der Einfachheit, dem er sich spirituell, intellektuell und körperlich verschrieben hatte. Um einfach zu leben, entschied er, auf seine geschäftlichen Spekulationen und Reichtümer zu verzichten und sein Leben altruistischeren Vorhaben zu widmen. Er setzte sich für die Armen ein, für Sklaven und eine Vielzahl menschlicher und nichtmenschlicher Wesen, die selbst keine Stimme hatten, um angehört zu werden. Nachdem er von den schrecklichen Lebens- und Arbeitsbedingungen in englischen Fabriken gehört hatte, reiste er von Amerika nach England, weil er hoffte, die Leiden der Opfer der industriellen Revolution zu mildern, indem er über einfaches Leben, Güte und Respekt predigte. Einige Monate vor seinem Tod in Yorkshire – er war nie nach Amerika zurückgekehrt – hatte er einen Traum, in dem er eine »Menge Material in einer stumpfen und düsteren Farbe« sah, das die Menschheit in ihrem Elend repräsentierte; er wusste, dass er kein »eigenes oder getrenntes Wesen« war und dass es sein Los war, ihres zu verbessern. Seine Schrift *Plea for the Poor* (deutsch: *Für die Armen: ein Ruf nach Gerechtigkeit*), die postum 1793 veröffentlicht wurde, ist ein schriftliches Vermächtnis der »Pflicht der Zärtlichkeit« gegenüber den Armen und allen Bedürftigen, denjenigen, die dafür arbeiten, andere reicher zu machen, diesen armen Männern und Frauen, die selbst in elenden Verhältnissen leben, während sie überflüssige Waren herstellen, die den Geist der anderen versklaven. Sein stiller Radikalismus zeigte keine

Zeichen von Bevormundung oder Herablassung. Die Liebe Christi erstreckte sich auf alle Wesen, und das galt auch für seine Liebe.

> Da sein Atem die Flamme des Lebens in allen tierischen, vernünftigen Geschöpfen entzündete, war es ein Widerspruch in sich, zu sagen, dass wir Gott als unsichtbar lieben, und gleichzeitig Grausamkeit gegenüber dem kleinsten Geschöpf auszuüben, das sich durch sein Leben oder durch das von ihm gegebene Leben bewegt. Ich fand keine Beschränktheit gegen Sekten und Meinungen, sondern glaubte, dass ehrliche, rechtschaffen gesinnte Menschen in jeder Gesellschaft, die Gott wahrhaftig lieben, von ihm angenommen wurden. Während ich unter dem Kreuz lebte und einfach der Eröffnung der Wahrheit folgte, wurde mein Geist von Tag zu Tag immer mehr erleuchtet … Mein Herz war weich und oft voller Reue und die universelle Liebe zu meinen Mitkreaturen nahm in mir immer mehr zu.[40]

Diese Passage fasst John Woolmans Wesensart zusammen. Er liebte alle Kreaturen und seine persönliche Erleuchtung hatte ihren Ursprung in der, wie er es nannte, »Eröffnung der Wahrheit«: das Aufdecken innerer Widersprüche, die zu Ungerechtigkeiten aller Art führen, um die Wahrheit zu enthüllen. Einer der größten Widersprüche ist es, Gott zu lieben und gleichzeitig Wesen zu hassen, deren Leben bei ihm ihren Ausgang genommen haben. Er erklärte:

> Ich glaube, wo die Liebe zu Gott wahrlich perfekt ist und der wahre Geist sich der Führung widmen kann, wird sich eine Zärtlichkeit gegenüber allen Kreaturen, die uns zu Diensten sind, ausbreiten und eine Sorge in uns spürbar werden, dass wir die Süße des Lebens in den tierischen Geschöpfen nicht mindern, die der große Schöpfer unter unsere Obhut gegeben hat.[41]

Für Woolman sind die Pflicht der Zärtlichkeit und die Pflicht der Sorge die Fundamente der Führung, sowohl der staatlichen als auch der häuslichen, und aller Interaktionen zwischen Menschen und Tieren. In diesem Kontext einer universellen Ethik der Sorge ist auch die Einfachheit zu finden:

> Denke daran, oh meine Seele! Dass der Friedensfürst dein Herr ist, dass er seine unvermischte Weisheit an seine Familie vermittelt, dass sie, die in perfekter Einfachheit leben, kein Ärgernis gegenüber jeglicher Kreatur verüben, sondern so wandeln, wie Er gewandelt ist.[42]

Die Einfachheit, die John Woolman vertritt, ist der Gebrauch der Zärtlichkeit in allen Belangen des Herzens, des Geistes und des Körpers, und zwar auf alle Wesen gerichtet. Einfachheit als Zärtlichkeit ist nicht nur eine emotionale Überflutung der Welt, um alle Ungerechtigkeiten, Ungleichheiten und Widersprüche wegzuspülen; sie ist die Motivation hinter allen Handlungen. Perfekte Einfachheit ist Einfachheit, die sich in kleinen und großen Taten bekundet. Sie ist außerdem Wachsamkeit, dass solche Taten die Tugenden der Gerechtigkeit und der

Gleichheit für alle Wesen erfüllen. Kleine Taten wie das Ablehnen blauer Kleidung, weil das zum Färben genutzte Indigo von Sklaven hergestellt wurde, oder das Zufußgehen statt zu reiten, um den Pferden nicht wehzutun. Große Taten wie das Konfrontieren von Quäker-Sklavenhaltern mit der Grausamkeit, die sie anderen entgegenbringen, oder wie das Überqueren des Atlantiks, um die Grundrechte der Fabrikarbeiter in England zu verteidigen.

John Woolman teilte solche Bestrebungen mit anderen Quäkern seiner Generation. Einer seiner Zeitgenossen, Anthony Benezet, der als Antoine Bénézet in eine französische protestantische Familie hineingeboren worden war, konvertierte 1727 zum Quäkertum und emigrierte vier Jahre später nach Philadelphia. Benezet war ein überzeugter Abolitionist und geborener Lehrer. Er gründete seine eigenen Schulen, die erste öffentliche Mädchenschule in Amerika und eine Schule für schwarze Kinder, sowie die erste abolitionistische Gesellschaft, die *Society for the Relief of Free Negroes Unlawfully Held in Bondage*. Anthony Benezet erlebte den Zerfall der religiösen Überzeugungen vieler Quäker mit, die sich in den Fallstricken der Welt und den Versprechen des Reichtums verhedderten. Eine Reaktion auf die Verwässerung der Hingabe an grundlegende Werte wie die Einfachheit nahm die Form des militanten Quietismus an, der von den katholischen Mystikern inspiriert war. Wie andere quietistische Quäker bestand Benezet auf Demut und Reinheit sowie auf der passiven Empfänglichkeit für den Willen Gottes. Großer Wert wurde auch auf die Heiligkeit der Gemeinschaft und die Abkopplung von den Verführungen der Welt gelegt. Benezet war der Autor von *Observations on Plainness and Simplicity in Conduct and Conversation*, einem kurzen Pamphlet, das die Bedeutung der schlichten Sprache und Kleidung als wahre Quäker-Prinzipien unterstrich. Für ihn lassen Quäker, die von der Einfachheit und Schlichtheit abweichen, nicht nur die Quäker-Prinzipien im Stich, sondern betrügen auch Nicht-Quäker, die Einfachheit in allen Handlungen und Gewohnheiten der Quäker erwarteten. Einfachheit ist das äußere Zeichen des Quäkertums, ein Zeichen, das die Quäker von der Welt trennt und sie in einer Gemeinschaft gleichgesinnter einfacher Geister vereint.[43] Für die quietistischen Quäker hieß das Versprechen des einfachen Lebens, »die Welt zu überwinden«.[44] »Seid nicht entmutigt, liebe junge Freunde«, schreibt Benezet, »ihr, die ihr die Notwendigkeit gesehen habt, das Kreuz in euer Kleid und in eure Rede aufzunehmen und euch in einem gewissen Grad dem Gehorsam dazu ergeben habt«.[45] Sein Rat an die jüngere Generation war, das Kreuz Christi, das Kreuz der Einfachheit zu tragen – innen und außen.

Gegen Ende des 18. Jahrhunderts verursachte Elias Hicks, dessen Überzeugungen den wichtigsten Grundsätzen des quietistischen Quäkertums entsprachen, eine große Spaltung unter den Quäkern. Hicks war der Meinung, dass die Quäker besser daran wären, dem moralischen Vorbild Christi zu folgen als seine Göttlichkeit herauszustellen und zu betonen. Die Anhänger von Hicks, die als »Hicksite Friends« bezeichnet wurden, traten außerdem für Demut und Geduld ein. Hicks' Tagebuch warnt vor dem Verlust der Einfachheit und Reinheit als den wichtigsten Werten der »heiligen selbstverleugnenden Gelübde« der Quäker; Einfachheit durch Übung und Mühen ist für Hicks und sein Gefolge das Zeichen und das Vorgehen für die Trennung von der Welt und die Bedingung für das Entstehen

**Einfachheit ist das äußere Zeichen des Quäkertums.**

eines neuen Lebens.[46] Sein Tagebuch liest sich wie eine Klage über die vielen Abweichungen vom einfachen Leben, die er unter den Quäkern, speziell unter den jüngeren, beobachtete. Er schreibt vom »Abfall von der primitiven Einfachheit«.[47] Der Eintrag vom 26. Dezember 1813 beschreibt ein besonders bemerkenswertes Treffen, das von der Einfachheit dominiert wurde. Er schreibt:

> Saß den größten Teil unseres Treffens in großer Schwäche und Armut des Geistes, der ich mich perfekt ergeben fühlte, weil ich glaubte, sie sei dem Willen des Herrn gefällig. Doch kurz vor Ende sprach ein ehrlicher älterer Freund, wenn auch jung und klein in diesem Dienst, einen oder zwei Sätze, begleitet von einem solchen Maß an Leben, das Anlass zur Sorge zu geben schien, was zum Gespräch führte. Das Thema, das sich eröffnete, zeigte, dass Schlichtheit und Einfachheit in jedem Zeitalter der Welt die wahren Zeichen der Leute und Kinder des Herrn waren, bezeugt durch die wahre Natur und Analogie aller Dinge im Universum; und bestätigt durch die Gnade und den guten Geist Gottes durch seine Diener in allen Generationen der Menschheit.[48]

Dieser Augenblick ist ganz besonders wichtig, da er zwei Eigenschaften der Einfachheit festhält. Die erste ist die Armut des Geistes, gottgewollt und durch Hicks in pflichtgemäßer Passivität erlebt. Nur die Armen und Einfachen im Geiste, die sich demütig ihrer Armut oder ihres Mangels bewusst sind, suchen spirituelle Reichtümer in Gott; diejenigen, die ihre eigene spirituelle Armut nicht sehen, häufen verzweifelt materielle Reichtümer ohne bleibenden Wert an. »Selig sind, die da geistlich arm sind, denn ihrer ist das Himmelreich«, lautet die erste Seligpreisung Jesu in der »Bergpredigt«. Die zweite Eigenschaft der Einfachheit, die in dem Erlebnis geäußert wird, das Hicks in seinem Tagebuch schildert, ist die Unzerstörbarkeit. Einfachheit ist das Zeichen Gottes in all Seinen Kreaturen. Dieses Zeichen ist permanent, universell und unmissverständlich. In Hicks' Tagebuch ist Einfachheit ein spirituelles Bedürfnis, ein göttliches Zeichen, ein reines Fehlen und eine ewige Präsenz. Bei einer solchen Idealisierung der Einfachheit ist es vermutlich kein Wunder, dass nur wenige sie guthießen und dass nur primitive Christen oder was er sich unter diesen vorstellte, rückhaltlos einfach und schlicht in Kleidung, Sprache, Denken und Geist sein konnten. Bis zu seinen letzten Tagen beklagte er die Abkehr der jüngeren Generation von der Einfachheit. In *The Memorial of Jericho Monthly Meeting of Friends Concerning Our Ancient Friend Elias Hicks* liest man, dass er am Ende seines Lebens verstört war über die vielen »Abweichungen von dieser Schlichtheit und Einfachheit, in welche die Wahrheit führen würde; er drückte den Trost aus, der es für ihn wäre, wenn er in dieser Hinsicht ein Umdenken sehen könnte«.[49] Hicks' Einfachheit ist nichts für schwache Herzen: Sie führt nicht zu Wahrheit, sondern Wahrheit führt zu ihr; sie ist nicht die Mitte zwischen dem Hier und Jetzt und höheren Zielen, wie der Wahrheit, dem Heiligen Gral vieler Glaubenssysteme. Einfachheit *ist* dieser Heilige Gral.

Solch eine Idealisierung von Einfachheit und Schlichtheit, die vermutlich in den Schriften des primitiven Quäkertums und der Hicksite Friends häufiger vorkommt, war nicht die Norm. Einfachheit war für viele Quäker eine Frage der Kleidung und der Sprache, die von klaren Ideen über soziale Gerechtigkeit und Egalitarismus motiviert wurde. Das Zeugnis der Einfachheit ist im Laufe der Jahre in andere Dinge und Ausdrucksformen des Quäker-Glaubens eingedrungen, wie freiwillige Armut, Nachhaltigkeit und Gerechtigkeit für alle. Seit Anfang des 17. Jahrhunderts waren die Kinder des Lichts, wie die Quäker sich damals selbst nannten, lautstark und entschlossen und fürchteten sich nicht, anglikanische Gottesdienste zu stören, um ihre abweichende Meinung kundzutun. Eine Möglichkeit für die frühen Quäker, gegen die Unwahrheiten der orthodoxen Religionen zu protestieren, bestand darin, im Abbild des Propheten Jesaja »nackt in der Öffentlichkeit zu wandeln«. 1652 schrieb George Fox: »Der Herr ließ einen nackt unter euch gehen, eine Gestalt deiner Nacktheit und eurer Nacktheit, und als ein Zeichen unter euch, bevor eure Zerstörung kommt, damit ihr sehen mögt, dass ihr nackt seid und nicht bedeckt mit der Wahrheit.«[50]

In den 1650er- und frühen 1660er-Jahren legten viele Quäker ihre weltliche Kluft ab, um anderen ihre Nacktheit zu zeigen, eine Nacktheit, die keine überflüssige Kleidung bedecken konnte. Da ein schriftliches Glaubensbekenntnis fehlte, lehrten Quäker anhand von Zeichen wie Nacktheit oder Sackleinen als einziger Bekleidung oder indem sie ihren Körper mit Asche bedeckten. William Craig Brownlee, ein presbyterianischer Pastor und Gelehrter, der wenig Zuneigung für die Quäker hatte, war schnell dabei, die nackten Proteste in die lange Tradition der trotzigen Nacktheit einzureihen, vom griechischen Kyniker Diogenes bis zu den mittelalterlichen französischen Turlupinern, deren Nudismus ein echter Ausdruck ihres Armutsgelübdes war.[51] Die Verbindung zwischen Quäkertum und Kynismus wurde im 18.

Jahrhundert gezogen, als der führende Abolitionist Benjamin Lay eine Versammlung von Quäkern mit einem spektakulären Akt der Ablehnung schockierte. Am 19. September 1738 versteckte er bei einem Treffen der Quäker in Burlington, New Jersey, eine Tierblase, die mit Kermesbeerensaft gefüllt war, in einer ausgehöhlten Bibel. Nachdem er vor der Versammlung heftig die Sklaverei verdammt hatte, hob er die Bibel über seinen Kopf und durchbohrte sie mit einem Schwert. Dabei bespritzte er sich und die Umstehenden mit dem blutartigen Saft, während er schrie: »Und so soll Gott das Blut der Leute vergießen, die ihre Mitmenschen versklaven.«[52] Solche Demonstrationen bezeugen den stürmischen Geist ihres Autors; sie zeigen aber auch die Kraft seiner Überzeugungen und die Risiken, die er bereit war, auf sich zu nehmen, um andere zu verteidigen. Ein heutiger Biograf beschreibt ihn als »klassenbewussten, geschlechtsbewussten, rassenbewussten, umweltbewussten vegetarischen Radikalen«.[53] All diese Beinamen sind zutreffend. Seine Einfachheit war zugleich dramatisch und echt, in der Art des griechischen kynischen Philosophen, mit dem er – vor allem von Benjamin Franklin – verglichen wurde. In der *Pennsylvania Gazette* vom 25. März 1742 wurde Lay als »Pythagoreisch-kynisch-christlicher Philosoph« beschrieben.[54] 1746 nannte ein Politiker aus New Jersey ihn einen »Komi-Kynischen Philosophen«.[55]

KAPITEL 4

# EINE EINFACHE REFORM

Diogenes' Affe war der Name, den Voltaire Jean-Jacques Rousseau verlieh. Für Kant dagegen war er der »feine Diogenes«. Die Spitznamen lassen vielleicht Voltaires und Kants Ansichten über Rousseaus philosophisches Schaffen erahnen, liefern aber keinen Rückschluss auf seine Ideen. Die Wahrheit ist, an irgendeiner Stelle beschloss der Philosoph aus Genf, genau wie die griechischen Kyniker vor ihm, sein Leben zu vereinfachen. Genauer gesagt, startete er seine philosophische Laufbahn mit einer plötzlichen Vereinfachung seiner Lage, einer Transformation, die er seine »Reform« nannte. Als sein Ruhm als Autor und Philosoph mit Anfang 40 zunahm, löste er ein Versprechen ein, das er sich in jüngeren Jahren gegeben hatte:

> Schon in meiner Jugend hatte ich beschlossen, mit vierzig jedes Erfolgsstreben und jeglichen Ehrgeiz aufzugeben. Einerlei, wie dann meine Lage wäre – ich würde nicht versuchen, sie zu ändern, sondern für den Rest meines Erdendaseins in den Tag leben und mich nicht mehr um die Zukunft kümmern … Indem

> ich mich von all diesen Verlockungen und all den eitlen Hoffnungen befreite, ergab ich mich ganz der Sorglosigkeit und Seelenruhe. Sie waren schon immer meine Lieblingszustände; zu keinen hege ich eine so dauerhafte Neigung wie zu diesen. Ich widersagte der Welt und ihren Werken; ich verzichtete auf jeglichen Putz. Ich trug fortan keinen Degen, keine Uhr, keine weißen Strümpfe, kein Gold, keine kunstvolle Frisur mehr, sondern eine schlichte Perücke und einen guten Rock aus grobem Tuch … Allerdings beließ ich es nicht bei der Revision des Äußeren … [ich] unterzog mein Inneres einer strikten Prüfung.[1]

Eine einfachere Erscheinung, die Ablehnung der Symbole des Adels wie das Schwert, der Rückgriff auf den Augenblick statt auf die herkömmlichen Zeitmaße, sowie eine tiefe Introspektion – diese Praktiken stützen das Gebäude von Rousseaus Philosophie. Allerdings macht das aus ihm noch keinen Kyniker. Zum einen hing er sehr an seinem Ruf und außerdem trug er immer noch eine Perücke, eine einfache zwar, aber dennoch eine Perücke. Andere sahen in ihm vielleicht einen Kyniker, er selbst tat es jedenfalls nicht. Der fiktive Richter in seinen autobiografischen Dialogen, der sich über die Einfachheit des Philosophen – war sie echt oder lediglich vorgetäuscht? – und über seinen vorgeblichen Kynismus äußerte, erklärte, dass Jean-Jacques' Einfachheit keine Täuschung und er kein Nachäffer des bekanntesten aller Kyniker sei.[2] Diogenes war Diogenes, Rousseau musste der beste Rousseau sein, der er sein konnte, ohne jemand anderen zu verkörpern und sein Selbstempfinden zu zerstören.

Jean-Jacques Rousseau wurde lange mit der Idee von der Rückkehr zur Natur in Verbindung gebracht. Nach der Veröffentlichung seiner aufwieglerischen Abhandlung über den Ursprung und die Grundlagen der Ungleichheit unter den Menschen im Jahre 1755 wurde er von seinen Feinden, allen voran Voltaire, beschuldigt, einen naiven Primitivismus zu vertreten. Diejenigen, die ihn nur flüchtig gelesen hatten, sahen in seinen Schriften einen Aufruf, wie ein Tier auf allen vieren zu laufen und zur Natur zurückzukehren – nicht nur zu einer einfacheren Lebensweise, sondern zu einem nichtmenschlichen Zustand. Und darin liegt das Missverständnis. Rousseau ermutigte niemals jemanden, zur Natur zurückzukehren, im Wald zu leben oder in irgendein primitives Goldenes Zeitalter zurückzufallen. Sein »Naturzustand« ist hypothetisch, ein heuristisches Hilfsmittel zur Vermittlung seiner Ideen über die Menschheit, die Geschichte und die Welt. Er schrieb, dass der Naturzustand nicht existiert, vermutlich niemals existiert hat und wahrscheinlich niemals existieren wird.[3] Es handelt sich hierbei lediglich um einen hypothetischen Standard, an dem sich unsere Lebensziele, unsere Gesellschaften, unsere Hoffnungen und wir selbst messen lassen. Es gibt eigentlich keinen wahren Naturzustand, weder einen heutigen noch einen früheren, zu dem man zurückkehren könnte, und keine naive Glorifizierung des Primitivismus in seinem Œuvre.

Im Frühling 1764 bat eine Frau mit dem Pseudonym *Henriette* Rousseau schriftlich um Rat. Sie war in Not geraten und litt unter dem, was wir heute eine ernste Depression nennen würden. Henriette fand Trost in Literatur und Philosophie und war eine eifrige Leserin von Rousseaus Texten. Beim Lesen von *Emile,* in dem der Philosoph seine Ansichten über Erziehung und die menschliche Natur darlegt, stieß sie auf eine Passage, die sie veranlasste, sich an ihn zu wenden. In diesem Buch vertritt Rousseau die – für diese Zeit nicht ungewöhnliche – Meinung, dass sich das Wissen einer Frau auf die Kindererziehung und den Haushalt beschränken und solch nutzlose Kultiviertheiten wie die Belletristik ausschließen sollte. »Allein hundertmal lieber würde ich ein Mädchen von einfacher und gewöhnlicher Erziehung nehmen, als eine Gelehrte und einen Schöngeist«, erklärt Emiles Mentor.[4] Das sind die Worte, die Henriette gelesen hatte. Für Emiles Lehrer ist eine einfache Frau eine Frau, deren Würde darin besteht, »dass ihr Name nicht im Munde der Leute ist«, die ihren Platz und ihre »natürlichen« Aufgaben kennt.[5] In ihrem Brief fragte Henriette Rousseau, ob Ausnahmen möglich seien, ob eine Frau Philosophie lesen dürfe, vor allem, wenn die Philosophie einer gequälten Seele wie der ihren Trost spende. Die Antwort des Philosophen war nicht sehr ermutigend:

> Stellen wir zuerst einmal keine nutzlosen Überlegungen an. Es ist nicht die Frage, Euch auf das Nähen oder Sticken zu reduzieren, Henriette; man legt seinen Kopf nicht wie einen Hut ab, und man kehrt nicht zur Einfachheit oder Kindheit zurück; wenn der Geist aktiviert wurde, bleibt er aktiv, und wer immer einen Gedanken hatte, wird immer Gedanken haben … reden wir nicht über sich ändernde Bedingungen, sondern darüber, das meiste aus Euren zu machen.[6]

Rousseau rät seiner Verehrerin, sich an ihre neuen Umstände anzupassen und diese zu ihrem Vorteil zu nutzen. Der therapeutische und philosophische Wert solcher Empfehlungen ist zweifelhaft. Was für Rousseau zählte und was seine Kritiker – ob absichtlich oder nicht – nicht sahen, ist, dass Fortschritt und Veränderung unausweichlich sind, sich aber größtenteils unserer Kontrolle entziehen, dass es keine mögliche Rückkehr zur Einfachheit gibt, weder der eines Kindes noch der eines lange vergangenen Goldenen Zeitalters, wenn der individuelle Geist erst einmal aktiviert wurde und Gesellschaften sich dem Fortschritt, ob wissenschaftlich, sozial, politisch oder künstlerisch, verschrieben haben. Henriette musste eine Möglichkeit finden, um ihre Kenntnis der Philosophie und ihren tätigen Geist anzuwenden. Ihre erste Entscheidung war es, wie sie Rousseau schrieb, »zur Natur und Einfachheit zurückzukehren«.[7] Dabei handelte es sich nicht um eine vage, ursprüngliche Einfachheit, die unwiederbringlich ist, sondern um eine Einfachheit der Pflicht gegenüber einem selbst und anderen, der Freude, die man nicht in Dingen, sondern in guten Taten verspürt. Nachdem sie sich auf das Land zurückgezogen hatte, entdeckte Henriette, dass sie keine »eitlen und lauten Freuden braucht, die einfachsten sind genug«.[8] In Rousseaus Briefen und, wichtiger noch, in ihren eigenen Erfahrungen lernte Henriette, dass sie die Aktivitäten ihres Lebens nicht einstellen sollte, um zu versuchen, jemand zu werden, der sie nicht ist. Sie sollte im Gegenteil wie wir alle danach streben, die beste Version ihrer selbst zu werden. Unsere Pflicht besteht darin, uns zu perfektionieren, statt unsere natürliche Perfektibilität mit illusorischen Freuden und nutzlosen Aktivitäten zu hemmen. Wenn ursprüngliche Einfachheit ein Mythos mit heuristischem Wert ist, dann erlaubt es die durchdachte, gründliche und authentische Vereinfachung unseres Lebens unserer natürlichen Perfektibilität aufzublühen. Das ist die erste Lektion.

Perfektibilität ist ein wichtiges Konzept für Rousseau. Wie der Fortschritt ist sie unabwendbar. Die Fähigkeit, sich selbst zu perfektionieren, ist eine besondere menschliche Eigenschaft. Während viele Tiere nach einigen Monaten bei ihrer Entwicklung das Ende der Fahnenstange erreichen, ändern sich die Menschen ihr ganzes Leben lang und entfernen sich beim Ändern von dem, was sie einst waren – sowohl als Individuen als auch als Mitglieder von Gesellschaften. Perfektibilität ist weder gut noch schlecht. Sie inspirierte einige der größten menschlichen Entwicklungen, verwandelte den Menschen aber auch in den »Tyrannen seiner selbst und der Natur«.[9] Rousseaus Entwicklungsgeschichte ist zwar hypothetisch, aber gewissermaßen auch prophetisch. Er hatte in der *Abhandlung über den Ursprung und die Grundlagen der Ungleichheit unter den Menschen* die Absicht, das Natürliche und Gesellschaftliche im Menschen mit chirurgischer Präzision zu analysieren.

**Perfektibilität ist weder gut noch schlecht.**

Die Aufgabe, die er auf sich genommen hatte, bestand darin, den Menschen von den unnatürlichen und zusätzlichen Merkmalen zu befreien, die er seit dem Verlassen des Naturzustandes angenommen hatte. Er hoffte, das Bild des natürlichen Menschen zu zeichnen, fiktiv, aber dennoch inspirierend und heuristisch. Rousseaus hypothetische Entwicklungsgeschichte ist in fünf Hauptzeitalter aufgeteilt. Im ersten Zeitalter oder Naturzustand lebte der Mensch, nur getrieben von seinen Gefühlen, allein in einer freigebigen natürlichen Umgebung, die für alle seine Bedürfnisse aufkam. Der natürliche Mensch lebte völlig autark, kümmerte sich nur um die Befriedigung seiner natürlichen Bedürfnisse und beschäftigte sich nur mit sich selbst. Das zweite Zeitalter sah die ersten Begegnungen des Einzelnen mit aufkeimenden Werten wie Besonnenheit oder Vorsicht, eine Eigenschaft, die notwendig ist, um interpersonelle Beziehungen zu entschärfen. Im dritten Zeitalter tauchte die Sprache auf, zusammen mit moralischen Gesetzen, Privateigentum und damit auch Ungleichheit und Krieg. Im »kontrollierten« oder vierten Zeitalter erschienen Nationen, Liebe, Verdienste und Schönheit auf der Bildfläche. Das letzte Zeitalter oder Zeitalter der Buchstaben entspricht unseren eigenen dekadenten Zeiten.[10] Diese Zeitalter sind nicht sauber getrennt; sie sind wie Schichten mit unscharfen Übergängen, die gemeinsam ein Ganzes ergeben.

Im ersten Zeitalter ist der natürliche Mensch physiologisch ähnlich dem modernen Menschen. Er besitzt keine affenartigen Attribute, sondern ist einfach ein Mensch, der durch die Zivilisation noch nicht verändert wurde und Eigenschaften aufweist, die wir im Laufe der menschlichen Geschichte verloren zu haben scheinen. Um den natürlichen Menschen zu entdecken, wendet Rousseau quasi eine Subtraktion an:

> Indem ich dieses so beschaffene Wesen von allen über natürlichen Gaben, die es vielleicht empfangen hat, und von allen künstlichen Fähigkeiten, die es nur durch langwierige Fortschritte erwerben konnte, entblöße; indem ich es, mit einem Wort, so betrachte, wie es aus den Händen der Natur hervorgegangen sein muss, sehe ich ein Tier, das weniger stark ist als die einen, weniger flink als die anderen, alles in allem genommen aber

> am vorteilhaftesten von allen ausgestattet. Ich sehe es, wie es sich unter einer Eiche sättigt, am erstbesten Bach seinen Durst stillt und sein Lager am Fuß desselben Baumes findet, der ihm sein Mahl gespendet hat; und damit sind seine Bedürfnisse befriedigt.
>
> Die Erde, die ihrer natürlichen Fruchtbarkeit überlassen und von ungeheuren Wäldern bedeckt ist, welche niemals die Axt verstümmelt hat, bietet den Tieren jeder Art auf Schritt und Tritt Vorratslager und Zufluchtsorte.[11]

Erstens eine Bemerkung zur »natürlichen Fruchtbarkeit« der Erde. In einer Anmerkung zu dieser Passage und inspiriert von Buffons *Naturgeschichte* schreibt Rousseau die Zerstörung des Bodens seiner Überkultivierung zu.[12] Ohne ihn gleich zu einem frühen modernen Verfechter der Nachhaltigkeit machen zu wollen, muss man dennoch sagen, dass seine Idee, die Erschöpfung der Ressourcen sei das Ergebnis einer übermäßigen Nutzung, mit der Vorstellung übereinstimmt, dass die Natur freigebig gibt, während der Mensch frei und sorglos nimmt und seine Bedürfnisse und Wünsche niemals zügelt. In der gleichen Weise beobachtete, imitierte und nutzte der Mensch die Instinkte der Tiere. Aus diesen entwickelte er dann eine Palette an angenommenen Fähigkeiten und Talenten, wenn er diese ursprünglich nicht besaß.[13] Das alles war in Ordnung, bis der Mensch sich in sozialen Gruppen zusammenfand.

Dieses Gemälde des Naturzustandes, so idyllisch es uns erscheinen mag, enthüllt Rousseaus Methode: Er entfernt die Zusätze, die übernatürlichen und künstlichen – jede unnötige Ergänzung, die sich Schicht um Schicht auf den natürlichen

Menschen gelegt hat, nachdem er den Naturzustand verlassen hat, sozusagen in die Geschichte eingetreten ist und Gesellschaften begründet hat. Unter den Schichten liegt ein fiktives Wesen, dessen Schöpfer ihn mit »himmlischer und majestätischer Einfachheit« bedacht hatte, ein Wesen, das »immer nach sicheren und unveränderlichen Grundsätzen handelt«.[14] Der natürliche Mensch ist einfach und vorhersehbar.

Angesichts des Verstreichens der Zeit, angesichts des Fortschritts – der Begleiterscheinung der Perfektibilität – und der Änderungen aller Art fragt Rousseau: »Wie kann der Mensch dahin gelangen, sich so zu sehen, wie ihn die Natur gebildet hat?«[15] Um Änderungen in uns wahrzunehmen, muss der neugierige Geist sich daran erinnern, dass der *soziale Mensch* die Summe aller Veränderungen ist, von denen manche uns von der Natur auferlegt, andere dagegen von niemand anderem als uns selbst aufgezwungen wurden. Der natürliche Mensch oder, wie Rousseau ihn nennt, *der einfache Mensch*, ist eine Art Bezugswert, gegen den wir unsere Veränderungen, unseren Fortschritt und unsere Abweichungen von einfachen Intentionen und Bedürfnissen abschätzen. Für Rousseau sind das Einfachsein, Einfachhandeln und Einfachdenken nicht die Vorrechte derjenigen, die sich von der Welt zurückgezogen haben, um in der Wüste oder hinter Klostermauern zu leben. Einfachheit ist ein intellektuelles und moralisches Gebot der Selbsteinschätzung und permanenten moralischen Neubewertung, damit wir weder zu unseren eigenen Tyrannen noch zu Tyrannen der Natur werden. Sich selbst zu erkennen, einen Blick auf den einfachen Menschen in uns selbst zu erhaschen, bedeutet nicht, sich in sich selbst

**Der natürliche Mensch ist einfach und vorhersehbar.**

zu versenken oder zurückzuziehen, sondern ist eine notwendige Übung, die den Menschen, der Gesellschaft und der Natur zugutekommen könnte. Paradoxerweise geht man blind und vertrauensselig durch das Leben, wenn man es nicht schafft, sich selbst zu untersuchen.

Für Rousseau hat die bürgerliche oder zivile Gesellschaft einen eindeutigen Ausgangspunkt: »Der erste, der ein Stück Land eingezäunt hatte und auf den Gedanken kam zu sagen ‚Dies ist mein' und der Leute fand, die einfältig genug waren, ihm zu glauben, war der wahre Begründer der zivilen Gesellschaft«.[16] Dieser Auszug aus seiner *Abhandlung über den Ursprung und die Grundlagen der Ungleichheit unter den Menschen* zeigt den Beginn der Gesellschaft als den Zeitpunkt, an dem ein Mann mit Gewalt Besitz von einem Stück Land ergreift, es zu seinem Eigentum erklärt und keinen Widerspruch von seinen Mitmenschen erntet. Die bürgerliche Gesellschaft fußt auf einer unrechtmäßigen Aneignung, einer einseitigen Besitzerklärung und einer stillschweigenden Zustimmung aller Enteigneten, die nichts sagen und nichts tun. Die Annektierung wird nicht bestraft, weil alle zu dem Zeitpunkt Anwesenden so einfach (oder einfältig?) waren, sich von den Worten »dies ist mein« täuschen zu lassen. Um als Mythos zu überleben, erfordert die Idee des Eigentums die Leichtgläubigkeit oder Einfalt der Besitzlosen. Eigentümerschaft und bürgerliche Gesellschaft sind die Ergebnisse einer Usurpation des gemeinsamen Landes und des gesunden Menschenverstands unter Zustimmung der einfachen Menschen.

In seinen *Political Fragments* merkte Rousseau an, dass intrigante Politiker und Männer von gewissenloser Moral Vernunft und Rhetorik missbrauchen würden, um Gewinn aus der »Leichtgläubigkeit der Einfältigen« zu schlagen.[17] Die Täuschung der einfachen Menschen ist seit der fatalen Äußerung »dies ist mein« in alle Aspekte der Gesellschaft eingesickert. Die Benennung »einfache Menschen«, wie Rousseau sie verwendet, sollte nicht moralisch gewertet werden. Sie ist eine Provokation vonseiten des Philosophen, der seinen Lesern einen Spiegel vorhält und ihnen die Lügen aufzeigt, die ihnen vorgesetzt werden – Leser, die sich mitschuldig machen, weil sie einfach sind. Einfachheit als Leichtgläubigkeit ist keine natürliche Eigenschaft, sondern Selbstgefälligkeit und bewusste Ignoranz. Hier ist das Paradox und die gute Nachricht: Die Täuschung kann durch die einfachen Menschen selbst umgekehrt werden, wenn sie sich entscheiden, nicht einfach alles als gegeben hinzunehmen.

Wie können einfache Menschen gegen Annexion, Usurpation, schweren Diebstahl und Falschheit rebellieren? Eine revolutionäre Rückkehr zu einem Zustand der Harmonie mit der Natur und zur Einfachheit scheint für jene, die den Naturzustand verlassen haben, nicht im Bereich der Möglichkeit zu liegen. Nur der einfache Mensch kann im Zustand der ursprünglichen Einfachheit existieren, und selbst das ist eher eine Idee als eine historische Tatsache. Man verlässt die Natur und man verliert sie. Rousseau fragt nun, was Menschen wie seinesgleichen betrifft, »deren Leidenschaften für immer die ursprüngliche Einfachheit zerstört haben, die sich nicht mehr von Gras und Eicheln ernähren noch Gesetze und Oberhäupter entbehren können«.[18] Die Antwort ähnelt der, die er Henriette gegeben hatte. Man kann nicht in die Vergangenheit

**Nur der einfache Mensch kann im Zustand der ursprünglichen Einfachheit existieren.**

zurückkehren, aber man kann sich bemühen, die aktuelle Situation zu verbessern und eine gerechtere Gesellschaft aufzubauen. Zu diesem Zweck sollten alle, die an das Übernatürliche glauben, ihre Handlungen auf vernünftige moralische Prinzipien stützen, die von ihrem Glauben bestimmt werden. Alle sollten gerechte Regierungen respektieren und diesen gehorchen, jedoch Verachtung für Regierungen zeigen, aus denen »mehr tatsächliche Missstände als scheinbare Vorteile erwachsen«.[19] Wenn der Mensch erst einmal in einer bürgerlichen Gesellschaft ist, kann er nicht länger unkritisch und einfältig – das heißt, leichtgläubig – sein, da die Absichten der anderen im Allgemeinen seinen eigenen entgegenstehen, während seine Absichten oft von seinen Leidenschaften befleckt sind, einschließlich dem Wunsch, das zu haben, was andere besitzen.

Aber noch ist nicht alles verloren; bürgerliche Einfachheit ist eine Tugend, die man gutheißen und kultivieren sollte, da aus ihr bessere Gesellschaften und Menschen erwachsen:

> Solange sich mehrere Menschen vereint als eine einzige Körperschaft betrachten, haben sie nur einen einzigen Willen, der sich auf die gemeinsame Erhaltung und auf das allgemeine Wohlergehen bezieht. In diesem Zustand sind alle Triebkräfte des Staates gesund und einfach, seine Grundsätze sind klar und einleuchtend, es gibt keine verwickelten, widersprüchlichen Interessen, das Gemeinwohl ist immer offenbar, und man braucht nur gesunden Menschenverstand, um es wahrzunehmen. Friede, Einheit und Gleichheit sind Feinde politischer Spitzfindigkeiten. *Die rechtschaffenen und einfachen Menschen sind aufgrund ihrer Geradheit*

> *schwer zu täuschen*, Köder und raffinierte Scheingründe machen auf sie keinen Eindruck; selbst um hintergangen zu werden, sind sie nicht verfeinert genug. Wenn man beim glücklichsten Volk der Welt sieht, wie eine Schar Bauern die Staatsgeschäfte unter einer Eiche erledigt und sich immer vernünftig benimmt, kann man da umhin, das Raffinement der anderen Nationen zu verachten, die sich berühmt und elend machen mit so viel Kunst und Geheimniskrämerei?[20]

Einfachheit erscheint in dieser Passage in einem anderen Licht. Erstens gibt es hier die Einfachheit oder Einmaligkeit des Gemeinwillens, ein Konzept, das Rousseau sehr am Herzen lag. Der Gemeinwille ist nicht die Summe aller privaten Willen. Private oder Sonderwillen werden durch die Grundsätze des Eigeninteresses und auch der Selbsterhaltung geleitet. Obwohl private Willen positiv und produktiv sind, können sie in einen Kampf zwischen unterschiedlichen persönlichen Interessen und Leidenschaften geraten. Private Willen erzeugen Trennungen. Der Gemeinwille ist nicht die Gesamtheit dieser streitlustigen privaten Willen; er ist der Sieg über die privaten Willen und die Assimilation der privaten Willen in einen Gemeinwillen, der nicht nur nach der Befriedigung und Bewahrung des Selbst strebt, sondern nach der Befriedigung und Bewahrung aller. Beide Willen werden zwar von einem ähnlichen Prinzip bewegt, sie unterscheiden sich jedoch auf einer ganz grundsätzlichen Ebene: Der private Wille ist spaltend und lässt persönliche Interessen gegeneinander antreten; der Gemeinwille dagegen ist so sehr integrativ, dass private Willen nicht mehr identifizierbar sind, sondern in den Gemeinwillen, von dem es nur einen gibt, absorbiert werden. Diese souveräne Autorität oder dieser Gemeinwille ist »einfach und ein Ganzes, und man kann sie nicht teilen, ohne sie zu zerstören«.[21]

Eine Regierung, die aus der Einfachheit des Gemeinwillens entsteht, würde einfach sein. Und für Rousseau ist »die reine Regierung an sich die beste, schon weil sie rein ist«.[22] Aber er räumt schnell ein, dass es »genaugenommen keine reine Regierung gibt«, da die Macht zwischen verschiedenen Handelnden oder Institutionen aufgeteilt ist.[23] Regierung besteht darin, die vielen privaten Willen und den einfachen Gemeinwillen in vertraglichen Arrangements zu vermitteln, die Vorteile für die größtmögliche Anzahl an Bürgern bringen. Regieren bedeutet, ein Gleichgewicht zwischen dem einfachen und den vielen zu schaffen. Wenn die letzteren aus der kleinsten Anzahl an Personalien oder Individuen bestehen, ist es einfacher, zwischen dem einen und den mehreren zu vermitteln. Republiken mit den kleinsten Populationen haben einfachere Regierungen und die »Mechanismen des Staates« sind einfacher.

Wenn der Gemeinwille souverän, also unabhängig ist, ist die Einfachheit der Instrumente des Staates transparent für alle und von allen erklärbar, da alle daran teilhaben und sie selbst bilden. Die Interessen gehen konform und der gesunde Menschenverstand setzt sich durch. Einfache Menschen können aufgrund ihrer Einfachheit bzw. Geradheit, wie er es nennt, nicht von der politischen Rhetorik getäuscht werden, schreibt Rousseau. Diese Tautologie überrascht nur dann, wenn man vergisst, dass einfache Menschen nicht klug genug sind, um getäuscht zu werden. Mit »klug« meint Rousseau empfänglich oder anfällig für Raffinesse, Pracht, Sophisterei und Übermaß in allem, was eine Kettenreaktion aus Spaltung und Vereinzelung auslöst. Die Einfachheit der einfachen Menschen zwingt zur Einheit, nicht zur Trennung.

Für Rousseau lässt die Distanz zwischen Menschen, Objekten und Wörtern Raum für Manipulationen und verbalen Verrat. Distanz wird zwischen Individuen erzeugt und in diesem Raum zwischen dir und mir könnten alle möglichen Spannungen erwachsen, die durch unsere privaten Willen provoziert werden. Die Nähe zwischen einem selbst und anderen und ein Gefühl der Nähe und Vertrautheit mit der eigenen Umgebung sind das Privileg der einfachen Menschen. Eine schlichte Seele, wie Claire an Julie in Rousseaus Roman schrieb, ist eine, »die sich immer nur an alles, was Dich umgibt, sozusagen festzuhaken sucht«.[24] Die Dorfbewohner in dem Roman leben ein einfaches Leben mit einfachen Sitten und Geschmäckern. Sie kümmern sich nur um Menschen und Objekte in ihrer unmittelbaren physischen und moralischen Reichweite. Der Roman verwandelt sich in eine Ode an die Einfachheit, eine Apologie des einfachen Lebens.

**Die Einfachheit der einfachen Menschen zwingt zur Einheit, nicht zur Trennung.**

Im Naturzustand durchstreift der Mensch allein die Gegend und stellt sich auch Gefahren allein gegenüber. Zum Überleben entwickelt er rudimentäre Fähigkeiten. In diesem Zustand ist der natürliche Mensch stark im Vergleich zum sozialen Menschen, der sich an raffinierten Speisen überfrisst, die Entzündungen und Krankheiten verursachen, die kein Arzt heilen kann. Rousseau listet eine Vielzahl von Angriffen auf die physische und mentale Gesundheit des sozialen Menschen auf, unter denen die Armen ganz besonders leiden, weil gesellschaftliche und wirtschaftliche Ungleichheit eine Ungleichheit in der

Gesundheit nach sich ziehen. Der soziale Mensch kann seine Begehren nicht kontrollieren, er leidet unter »Ermüdungen und Erschöpfungen des Geistes« und vielen Sorgen, die seine Seele zernagen.[25] Seine Schlussfolgerung: »Das sind die unheilvollen Beweise dafür, dass die meisten unserer Leiden unser eigenes Werk sind und dass wir sie fast alle hätten vermeiden können, wenn wir die Lebensweise – einfach, gleichförmig und allein zu leben – beibehalten hätten, die uns von der Natur verordnet wurde.«[26]

Dieser Zustand der perfekten Einfachheit, Gleichförmigkeit und Einsamkeit überlebt die ersten Verbindungen zwischen den Menschen nicht, die im Laufe der Zeit Leidenschaften wie Neid, Stolz und Gewalt entstehen lassen. In einer frühen Version des *Gesellschaftsvertrags* beschrieb Rousseau den Übergang vom perfekten Naturzustand zu einer neuen, vorübergehenden Ordnung, die noch keine bürgerliche Gesellschaft oder »kontrollierte« Gesellschaft ist:

> Diese neue Ordnung der Dinge lässt eine Vielzahl von Beziehungen erwachsen, ohne dass es an Ordnung, Regeln und Stabilität mangelt, die den Menschen stetig wandeln und ändern – einhundert, die dafür arbeiten, sie zu zerstören, während einer daran arbeitet, sie zu etablieren. Und da die relative Existenz eines Mannes im Naturzustand abhängig ist von eintausend anderen sich ständig ändernden Beziehungen, kann er nie sicher sein, für zwei Augenblicke in seinem Leben derselbe zu sein.[27]

Gesellschaft erzeugt – selbst in ihrer embryonalen Form – Komplexität. Die Gebrechen, unter denen dieser Mann leidet, sind auch unsere. Und für Rousseau ist das schlimmste von allen die verlorene Fähigkeit, man selbst zu sein, als einer: Die Beständigkeit des Selbst geht mit dem Aufstieg der Gesellschaft verloren. Gewonnen wird allerdings die Fähigkeit, von sich und anderen mehr zu erfahren, und sei es auch nur, um in einer ständig sich ändernden Welt zu überleben.

Wie Louis Althusser gezeigt hat, ist der Naturzustand nach Rousseau nicht bestimmend für eine Kausalität; er ist kein Ursprung, auch wenn er in embryonaler Form bestimmte Bedingungen der Sozialisation enthält, wie etwa Mitleid.[28] Einfachheit ist wie der Naturzustand ahistorisch, aber immer präsent. Für Rousseau dient die Einfachheit, die zählt, als Heilmittel gegen die giftigen Wirkungen der Denaturierung und Übersozialisation. Einfachheit ist für den sozialen Menschen kein Geschenk; sie wird nicht aus einem ursprünglichen Zustand zurückgewonnen, sondern sie ist erworben und eingeübt und wird sogar gelehrt.

Die Erziehung des Titelhelden Emile in Rousseaus Buch ist derart, dass der Unterschied zwischen *Leben* und *den Lebensunterhalt bestreiten* zuerst vom Schüler erfahren und dann durch den Mentor erklärt wird. Zu lernen, ein Leben zu leben, bedeutet, zu lernen, sich an alle Situationen anzupassen. Zu lernen, seinen Lebensunterhalt zu bestreiten, bedeutet, einen Beruf zu erlernen, was einen in Situationen hilflos sein lässt, in denen die speziellen Fähigkeiten und Kenntnisse sich als unvollständig oder inadäquat erweisen. Rousseau hält diese Idee in der folgenden Formel fest: »Glücklich alsdann derjenige, welcher den Mut besitzt, willig aus dem Stand, der ihm den Rücken wendet, herauszutreten und dem Schicksal zum Trotz ein echter Mensch zu bleiben.«[29] Bedingungen ändern sich, Situationen sind im Fluss, Gesellschaften mutieren und so auch der Mensch, gefangen im denaturierenden Prozess der Geschichte. Ein glücklicher Mensch, der sein Leben in vollen Zügen lebt, klebt nicht an dem, was vergeht, sondern ist derjenige, der loslässt und weitermacht. Es bleibt immer noch ein natürliches und einfaches Prinzip, das alle Menschen antreibt: die Bewahrung des Lebens. Laut Rousseau: »Die Grundsätze, die dem Tugendhaften gebieten, sein Leben gering zu schätzen und es der Pflicht zu opfern, sind von dieser ursprünglichen Einfachheit weit entfernt. Glücklich die Völker, bei denen man ohne Anstrengung gut und ohne Tugend gerecht sein kann!«[30]

In Gemeinschaften von Menschen, die ihr Leben leben und nicht nur ihren Lebensunterhalt bestreiten, kann man einfach, mühelos und vollkommen leben. In Gesellschaften, in denen die Ambitionen der Menschen darauf hinauslaufen, einen guten Lebensunterhalt zu verdienen, ist es eine Pflicht, eine Mühe, gut zu sein. Der tugendhafte Mensch ist der Mensch des Menschen; er ist der Mensch, der dafür arbeitet, um des Lebens in der Gesellschaft von Menschen und des Pflegens gesellschaftlicher Bindungen mit seinen Mitmenschen Willen ein guter Mensch zu sein. Der Mensch der Natur ist weder arbeitsam noch tugendhaft: Er lebt einfach in Einfachheit. »Sittsamkeit und Ehrbarkeit waren mir teuer; das einfache, arbeitsame Leben, in welchem ich sie nährte, hatte ich lieb«, schrieb Julie an ihren Verehrer.[31] Dies wäre das beste Szenario: Ein einfaches und arbeitsames Leben leben, umgeben von einfachen und arbeitsamen Menschen, die sich selbst und einander

**Der Mensch der Natur ist weder arbeitsam noch tugendhaft.**

gut kennen. Einfachheit ist heute zu einer Tugend geworden, einer Mühe. Aber was für eine Art von Tugend ist das?

Zwei Männer, beides Ausbünde an Einfachheit, werden von Rousseaus Vikar in *Emile* ausgewählt, um das wahre Wesen der Tugend zu erklären: Sokrates, der Philosoph, und Christus, der einfachste aller Menschen. Sokrates, gepriesen als Vater der Philosophie und bis zu seinem Tode ein strahlendes Vorbild an Rechtschaffenheit, lässt sich laut dem Vikar nicht mit Christus vergleichen. Der griechische Philosoph hatte lediglich die Handlungen großer Männer in Worte gefasst. »Ehe er den Begriff der Tugend festgestellt, besaß Griechenland einen Überfluss an tugendhaften Menschen«, schreibt Rousseau.[32] Selbst sein Gifttod, umgeben von seinen Anhängern, war friedvoll, leicht und fast schon beneidenswert. Diese Szene des heiteren Dahinscheidens hat nichts gemeinsam mit der Kreuzigung, bei der Jesus die Beleidigungen und die Gewalt seiner Peiniger zu spüren bekommt, denen er vergibt, bevor er stirbt. Wichtiger noch ist, dass Christus die Tugend nicht definierte, indem er die tugendhaften Handlungen anderer kopierte, die vor ihm kamen. Niemand vor ihm, so schreibt der Vikar, war so tugendhaft gewesen wie er. Er musste keinem Beispiel folgen, er *war* das Beispiel. »Aus dem Schoße des gewaltigen Fanatismus heraus ließ sich die höchste Weisheit vernehmen, und die Einfachheit der heldenmütigsten Tugenden ehrte das verächtlichste aller Völker.«[33] Interessanterweise sind es nicht Tugenden, die Ehre einbringen, sondern es ist die Einfachheit der Tugend, die Ehre selbst auf das »verächtlichste aller Völker« wirft. Die Einfachheit der Tugend ist nicht nur Tugend in ihrer reinsten Form. Eine Tugend ist einfach, wenn es vor ihr noch keine solche Tugend gab, wenn es kein tugendhaftes Modell gibt, das nachzuahmen, zu definieren oder über das zu philosophieren wäre. Ein tugendhafter Akt ist einfach, wenn er keine Nachbildung oder eine passiv erlernte und angewandte Lektion ist. Tugenden aus zweiter Hand und erlernte tugendhafte Handlungen sind notwendig, aber sie sind nicht einfach; sie sind Duplikate und Ergebnisse von Arbeit.

Wir wissen, dass die Idee des Ursprungs in Rousseau problematisch ist. Ursprung ist weder kausal noch historisch; er ist durch einen Zufall von der Geschichte getrennt:

> Nachdem ich gezeigt habe, dass die Perfektibilität, die sozialen Tugenden und die anderen Fähigkeiten, die der Naturmensch der Möglichkeit nach erhalten hatte, sich niemals von selbst hätten entwickeln können, sondern dass sie dafür das zufällige Zusammenwirken mehrerer äußerer Ursachen benötigten, die ebensowohl niemals hätten eintreten können und ohne die er ewig in seinem ursprünglichen Zustand geblieben wäre.[34]

Rousseau bleibt bei den »äußeren Ursachen«, die den Naturzustand besiegelt und die Denaturierung gestartet haben, recht vage. In der Gesellschaft wurde die Einfachheit nach dem Zufall, der die Geschichte gestartet und die Geburt der organisierten Gemeinschaften gesehen hatte, eine soziale Tugend. Wir wissen, dass der soziale Mensch sich die Einfachheit des natürlichen Menschen nicht bewahrt hatte. Was wir hier sehen, ist Einfachheit als Marker des Zufalls, der den *Mensch des Menschen* vom *Menschen der Natur* abgetrennt hat. Einfachheit ist kein Originalzustand, den man wiedererlangen muss, sondern Einfachheit als Tugend ist der Beweis, dass der Zufall (oder Unfall?)

eingetreten ist. Ein einfaches Leben zu leben, bedeutet, sich der Möglichkeit gewahr zu sein, dass die Dinge sich unerwartet ändern können, dass wahre Tugend keinem Vorsatz unterliegt, sondern heroisch, weil zufällig ist. Der soziale Mensch ist vorbereitet, angepasst, qualifiziert, empfänglich und eingespielt, konzentriert sich immer auf die Zukunft und bereitet sich auf sie vor. Der einfache Mensch ist für alles bereit, weil er für nichts Bestimmtes bereit ist.

Sokrates war bereit zu sterben, das hatte er aus der Philosophie gelernt. Christus war nicht bereit zu sterben: »Mein Gott, mein Gott, warum hast du mich verlassen?«, fragte der einfache Mensch, der Sohn Gottes, am Kreuz, bis er siegreich verkündete: »Es ist vollbracht!«

Während niemand die Geschichte von Sokrates bezweifelt, sollte niemand die Geschichte von Christus anzweifeln, sagt der Vikar, selbst wenn sie in einem Text voller Mysterien und Widersprüche erzählt wird, der sich über die feinste Fähigkeit zur Vernunft hinwegzusetzen scheint. Und was soll man mit solchen Widersprüchen machen? Sie akzeptieren. »Das ist der unfreiwillige Skeptizismus, auf welchem ich stehengeblieben bin«,[35] bekennt der Vikar, und fährt fort:

> Indes berührt mich dieser Skeptizismus keineswegs peinlich, weil er sich nicht auf solche Punkte erstreckt, die auf das Handeln bestimmend einwirken, und weil ich über die Prinzipien aller meiner Pflichten durchaus entschieden bin. Ich diene Gott in der Einfalt meines Herzens. Ich suche nur das zu erfahren, was mir in Bezug auf meinen Wandel von Wichtigkeit ist.[36]

Unfreiwilliger Skeptizismus ist die Vereinigung der Einfachheit des Herzens mit den Komplikationen der Vernunft, das unfreiwillige Eingeständnis der Wahrheit, dass die Vernunft unfähig ist, abzuwägen und stillzustehen. Die Einfachheit des Herzens beschneidet den Flug der Vernunft und richtet das Wissen an der Notwendigkeit aus.

Rousseau zog Einfachheit aus Diskursen über das Einssein als den Ursprung oder den Ursprung als das Einssein und aus Debatten über Ontologie und Primitivismus. Bürgerliche Einfachheit ist nicht atavistisch und auch das plötzliche Wiederaufleben von Ureigenschaften, die für Generationen verloren schienen, ist es nicht. Einfaches Leben bedeutet für perfektionierbare Wesen, die sich der Geschichte stellen, die Tatsache zu akzeptieren, dass Zufälle die Chance bieten, dass Tugenden in ihrer reinsten Form auftauchen. Einfach zu sein bedeutet, die Möglichkeit von Zufällen und Veränderungen willkommen zu heißen. Einfachheit ist nicht die Manifestation der Idee der Einfachheit; es ist eine Offenheit gegenüber der Möglichkeit, der Möglichkeit von Möglichkeiten.

Ein Großteil des philosophischen Ansatzes von Rousseau zielte auf die Empfindung ab, das Leben durch ein Bewusstsein für das Sein im Augenblick zu erleben und offen dafür zu sein, was in diesem Zustand passiert. Seine Auffassung von Einfachheit als ungehinderter Zugang zum Leben, wie es geschieht, und zum Leben im Allgemeinen, veranlasste ihn, dieses autobiografische Werk zu schreiben. Henry David Thoreau verfolgte eine ähnliche Philosophie, als er sich entschloss, ein einfaches Leben zu dokumentieren und zu leben: »Ich für meinen Teil verlange überhaupt von jedem Schriftsteller, dass er einfach und aufrichtig von seinem eigenen Leben erzähle.«[37] Erfahrungen und Berichte aus erster Hand bilden die Grundlage für den Genfer ebenso wie für den amerikanischen Philosophen. Beide haben Generationen dazu inspiriert, ihre Ansichten über die Menschheit und die Verbindungen zwischen den Menschen zu ändern. Und was vielleicht noch wichtiger ist, beide hatten Einwände gegen die Mechanisierung des Menschen: »Es fehlt ihm an Zeit, etwas anderes zu sein als eine Maschine«, schrieb Thoreau über seine Mitmenschen.[38] Der moderne Mensch ist damit beschäftigt, jemand zu sein, der er nicht ist, um den Ansprüchen anderer zu genügen. Für Rousseau und Thoreau kann Einfachheit die Spaltungen innerhalb des Selbst heilen und einem gespaltenen Selbst sogar helfen, wieder zusammenzuwachsen. Die Reform, auf die beide hinstrebten, war eine der Authentizität und Integrität, ungehindert aller Exzesse, aller Pracht und aller Trennungen. »Fast jeder Luxus und viele der sogenannten Bequemlichkeiten des Lebens sind nicht nur entbehrlich, sondern ein ausgesprochenes Hindernis für die Höherentwicklung der Menschheit«, schrieb Thoreau.[39] Um sich selbst und andere zu erhöhen, muss man sich selbst und andere beobachten und besser verstehen. Das erreicht man nur, indem man sich freiwillig der Armut verschreibt: Materiellen Reichtümern abzuschwören, um spirituell reicher zu werden, ist die Verantwortung des einfachen Philosophen, der in den Wäldern lebt. Er glaubte:

> Philosoph sein, heißt nicht nur, tiefsinnige Gedanken zu haben, nicht einmal eine eigene Schule zu gründen; es heißt vor allem, die Weisheit so sehr zu lieben, dass man ihren Erkenntnissen gemäß ein Leben der Einfachheit, Unabhängigkeit, Großmut und Zuversicht führt, und

> es heißt, einige Probleme des Lebens nicht nur in der Theorie, sondern auch in der Praxis zu lösen.[40]

Hier steht das einfache Leben im Dienste der Weisheit und die größte Weisheit besteht darin, anders zu leben, unabhängig und wohltätig, aber vor allem »bedacht« zu leben, ein Wort, das Adepten der Einfachheit wie Thoreau und Rousseau ausgesprochen lieb ist. Der Philosoph, der in Einfachheit lebt, strebt danach, »seine Lebenswärme auf bessere Art zu erhalten als die anderen«.[41] Sein Streben gilt dem Leben selbst:

> Ich bin in den Wald gezogen, weil mir daran lag, bewusst zu leben, es nur mit den wesentlichen Tatsachen des Daseins zu tun zu haben. Ich wollte sehen, ob ich nicht lernen könne, was es zu lernen gibt, um nicht, wenn es ans Sterben ging, die Entdeckung machen zu müssen, nicht gelebt zu haben. Ich wollte kein Leben führen, das eigentlich kein Leben ist, dazu war es mir zu kostbar. Ich wollte intensiv leben, dem Leben alles Mark aussaugen, so hart und spartanisch leben, dass alles die Flucht ergreifen würde, was nicht Leben war … das Leben in die Ecke zu treiben und es auf die einfachste Formel zurückzubringen.[42]

Während Rousseau und Diogenes vor ihm den Menschen hinter dem Schild aus Konvention und Denaturierung finden wollten, suchte Thoreau nach etwas noch Größerem: dem Leben selbst. Er ging auf eine Jagd nach dem Leben und wollte es fangen, um zu entdecken, was es war: gut oder schlecht, »erbärmlich« oder »herrlich«, um seine Worte zu benutzen. Um aber das Leben einzufangen, muss man weise und entsprechend den Geboten der etablierten Weisheit leben: »Einfachheit, Einfachheit, Einfachheit! Befasse dich mit zwei oder drei Angelegenheiten, aber nicht mit hundert oder tausend.«[43] Seine Methode: »Darum vereinfache, vereinfache! Nimm, wenn nötig, am Tag statt dreier Mahlzeiten nur eine.«[44] Vereinfachen heißt, die eigenen Bedürfnisse auf das zu reduzieren, was für das Dasein absolut notwendig ist, während man gleichzeitig ein Leben in Unabhängigkeit, Großmut und Vertrauen führt, den anderen drei Geboten der Weisheit.

Ab dem 4. Juli 1845 lebte Thoreau für mehr als zwei Jahre in einer Hütte, die er sich nahe dem Walden Pond in Massachusetts gebaut hatte. Die Hütte war nur einen 20-minütigen Fußweg von Concord, dem Heimatort seiner Familie entfernt, wohin er regelmäßig zurückkehrte. Walden Pond zog im Sommer Badende und im Winter Eisläufer an und die Besucher störten die Einsamkeit des Pseudo-Einsiedlers. Mindert die Nähe zu anderen den Wert seiner Erfahrung und seines Berichtes darüber, für dessen Niederschrift er neun Jahre und sieben Manuskriptversionen benötigte? Nein. Doch der offensichtliche Widerspruch ist eine Einladung, alles mit Vorbehalt zu betrachten, quasi einem Körnchen Salz, ein Gewürz, das er übrigens als das »gewöhnlichste aller Gewürze« bezeichnete, das zum Leben unnötig sei.[45]

Eine Beobachtung der Ess- und Kaufgewohnheiten motivierte Thoreau, seine eigene Nahrung anzubauen, statt vorgefertigte oder importierte Produkte zu kaufen. Der folgende Auszug aus *Walden* könnte auch heute geschrieben worden sein:

> In diesem Land des Roggens und des Maises könnte jeder Neuengländer leicht selbst anbauen, was er zum Brotbacken braucht, und wäre nicht auf entlegene, unsichere Märkte angewiesen. Aber wir sind so weit von jeder Einfachheit und Unabhängigkeit entfernt, dass in Concord frisches Maismehl nur selten erhältlich ist … Der Farmer verfüttert das eigene Getreide gewöhnlich an Rinder und Schweine und kauft sein Mehl für teures Geld im Laden, wo es bestimmt nicht bekömmlicher ist. Ich sah, dass ich bequem ein oder zwei Scheffel Roggen und Mais anbauen konnte … Brauchte ich konzentrierte Süße, so konnte ich aus Kürbissen oder aus roten Rüben einen sehr guten Sirup herstellen, wie ich durch einige Experimente entdeckte. Übrigens gestaltete sich die Sache noch einfacher, als ich einige Ahornbäume pflanzte; in der Zeit ihres Heranwachsens konnte ich mir mit weiteren als den oben erwähnten Ersatzmitteln helfen. »Denn«, wie unsere Vorfahren sangen,
>
> »glauben wir, Süßes kosten zu müssen,
> ziehn wir‘s aus Kürbis, aus Rüben und Nüssen.«[46]

Einfachheit und Unabhängigkeit ergeben sich aus der Kultivierung der eigenen Ernten, aus der Sparsamkeit bei Entscheidungen und Verbrauch, aus der Beobachtung der unmittelbaren Umgebung um festzulegen, was angebaut werden sollte, und auf das Erkennen der Weisheit, die in den alten Trinkliedern steckt. Ein Wort fasst die Volksweisheit zusammen: Substitut. Kein einfaches Leben ohne Substitution oder Profanierung, um Giorgio Agambens Idee zu borgen. Profanierung ist das

Rückfordern eines Objekts aus einer geheiligten oder verehrten Sphäre, in die es per politischem, religiösem oder wirtschaftlichem Dekret verbannt wurde. Das Objekt wird aus der geheiligten Sphäre zurückgefordert und wieder in den allgemeinen Gebrauch überführt, zeigt Agamben. »Die kapitalistische Religion«, schreibt er, »zielt in ihrer extremen Phase darauf ab, etwas absolut unprofanierbares zu schaffen«, dessen alternative Anwendungen niemals enthüllt werden.[47] Sirup oder Süßes aus Kürbissen herzustellen, läuft auf die Art der Profanierung hinaus, die aus dem einfachen Leben einen politischen Akt der Unabhängigkeit und des Widerstands gegen die »kapitalistische Religion« macht, einen zivilen Ungehorsam gegen das Nur-ein-Zweck-Gesetz, das die Hohepriester des Konsumdenkens uns aufzwingen wollen. Ziel des einfachen Lebens ist es nicht, Dinge ihrem ursprünglichen und einzigen Zweck zurückzuführen – falls sie jemals nur einen hatten. Stattdessen nutzt man die vielen verschiedenen Anwendungsmöglichkeiten von Dingen, um sich weitere Chancen zu eröffnen. Erfindergeist und der Geist der Profanierung ergänzen einander. Mit Substituten entkoppelte sich Thoreau von Geld und Warenaustausch – »So konnte ich nun alles Handeln und Tauschen vermeiden, was meine Ernährung betraf.«[48] Neuengländer fütterten weiterhin ihre Schweine mit dem angebauten Korn, während sie teures Mehl im Laden kauften.

Thoreaus Entscheidung, in den Wäldern von Walden auf dem Grundstück seines Mentors Ralph Waldo Emerson zu leben, wurde von einem Wunsch, möglicherweise sogar einem tiefgreifenden Bedürfnis hervorgerufen, über den Tod seines Bruders zu schreiben. Einfach zu leben war eine in gewisser Weise anstrengende, aber heilsame Erfahrung – über den

Tod nachzudenken, gleichzeitig aber mit wenig das Leben voll zu leben. Diese Erfahrung allein unterschied ihn von seinen Mitmenschen. Es sollte nicht überraschen, dass Thoreau wie schon Rousseau vor ihm mit dem Philosophen verglichen wurde, der in einem *pithos* gelebt hatte. »A Yankee Diogenes« lautet der Titel einer Kritik des Romanciers und Journalisten Charles Briggs, die im Oktober 1854 veröffentlicht wurde. Was ihn zum Diogenes machte, war keine Billigung des Kynismus als Philosophie; Briggs gibt sogar zu, dass Thoreau kein Kyniker war. Doch seine Entscheidung, am Rande der Gesellschaft zu leben, machte ihn zu einem in den Augen der Neuengländer, deren »Charakter ganz entschieden anti-diogenisch ist«.[49] Neuengländer schätzten die Einsamkeit nicht besonders, weil sich in der Abgeschiedenheit kein Geld verdienen ließ. Briggs merkte an, dass Thoreaus Ziel »das ganz bemerkenswerte war, zu versuchen etwas zu sein, während er von nichts lebte; ganz im Gegensatz zu der allgemeinen Regel, danach zu streben, von etwas zu leben, während man nichts tut.«[50]

Im Dezember 1854, einige Monate nach der Erstveröffentlichung von *Walden – Ein Leben mit der Natur* hielt Thoreau einen Vortrag mit dem Titel »Leben ohne Grundsätze«.

> Es ist bemerkenswert, dass wenig oder nichts Denkwürdiges darüber geschrieben wurde, wie man seinen Lebensunterhalt bestreitet; wie man das Bestreiten des Lebensunterhalts nicht nur ehrlich und ehrenwert, sondern ganz und gar verlockend und ruhmvoll macht, denn wenn es der Lebensunterhalt nicht ist, dann ist es das Leben nicht.[51]

Seiner Ansicht nach ist Ehre eine verlockendere Belohnung als reine Tugend. Die Blickrichtung spielt eine Rolle beim Erreichen eines ruhmreichen, aber dennoch einfachen Lebens. Thoreau unterstreicht diesen Punkt mit einem Zitat: »Größe kommt nicht zu dem, der stets nach unten blickt; und alle, die hinaufblicken, werden arm.«[52] Im selben Vortrag drückte er seine Verachtung für Aktivitäten aus, die nur Einzelpersonen nützen und auf Kosten des Gemeinwohls gehen. Schlimmer noch, Gesellschaften, die von der Marktwirtschaft regiert werden und deren Antrieb das Wettrennen um Innovationen ist, entfernen den Menschen von der Natur: »Kälte und Hunger erscheinen meiner Natur freundlicher als die Methoden, die Menschen sich zu eigen gemacht haben und anraten, um jene abzuwehren.«[53] Besser kalt und hungrig sein, als sein Gewissen den Kräften des Marktes und ihrem Arsenal an überflüssigen Waren zu opfern. Unternehmen und Fortschritt sind in manchen Fällen zu den Feinden des menschlichen Wesens geworden, das mit natürlichen Übergriffen umgehen kann, aber nicht darauf ausgelegt ist, Kriege zu gewinnen, die Menschen selbst führen. Er sagte: »Die Art und Weise, wie die meisten Menschen ihren Lebensunterhalt bestreiten, das heißt, wie sie leben, ist bloßer Notbehelf, ein Ausweichen vor dem wirklichen Geschäft des Lebens – hauptsächlich, weil sie es nicht besser wissen, aber zum Teil auch, weil sie es nicht besser wollen.«[54]

Ignoranz und Vermeidung sind Plagen; Wissen, Lernen und Erfahrung sind das wahre Geschäft des Lebens. Das Geschäft des Lebens wird von ihm »Weisheit« genannt. »Das Schwein, das sich ernährt, indem es die Erde aufwühlt, würde sich solcher Gesellschaft schämen«, der Gesellschaft solch unweiser Männer.[55] Doch wenn nichts getan wird, wenn die Menschen weiterhin die Ignoranz dem Wissen vorziehen und den Müßiggang der Tat, wenn sie weiterhin nach unten schauen, weil sie sich vor der Armut fürchten, die sich beim Hochschauen einstellt, dann sieht die Zukunft trübe aus: »Der Schluss wird sein, dass sich die Menschheit an einem Baum aufhängt.«[56] Falls noch ein Baum da ist; zu Thoreaus Zeiten gab es noch Wälder, in denen man leben konnte.

Nach einem erst einmal recht unauffälligen Debüt konnte Thoreau nicht ahnen, dass sein Bericht über das Leben in den Wäldern, Generation um Generation inspirieren würde. *Walden* wurde kürzlich in ein hochgelobtes Videospiel umgesetzt. Vermutlich ist es eine tragische Ironie, dass die Lobpreisung des Lernens und einfachen Lebens zu einem virtuellen Spiel gemacht wurde, das auf einer Maschine läuft, während der Spieler auf den Bildschirm starrt. Ist dies die ultimative Einfachheit, wenn physische Hindernisse entfernt wurden, wenn der Fantasie der Zugang zu allen Möglichkeiten gewährt wird? Nein, denn um zu vereinfachen, muss man in unmittelbarem Kontakt mit der Materialität der Dinge sein und sich das Bewusstsein bewahren, im Moment zu sein, während man auf die Welt – und nach oben – schaut. Emerson, der *maître à penser* von Thoreau, wusste das. »Die Einfachheit des Universums ist ganz anders als die Einfachheit einer Maschine«, schrieb er in seinen »Spiritual Laws«.[57] Die Einfachheit des Universums kann nicht leicht verstanden werden und ist unerschöpflich; die Einfachheit der Maschine ist endlich und verständlich. In einer oft zitierten Passage aus »Literary Ethics«, einer Vorlesung, die er im Juli 1838 gehalten hat, setzt Emerson die Einfachheit mit Grandiosität gleich, einer Eigenschaft, die zum Zeitpunkt der Niederschrift des Vortrags nicht für Maschinen benutzt wurde, was man möglicherweise auch heute nicht tun sollte. »Nichts ist einfacher als Grandiosität; tatsächlich bedeutet einfach sein, grandios zu sein.«[58] Der grandiose Mann oder die grandiose Frau ist niemand, der bzw. die sich privaten Wünschen und Impulsen überlässt und sich leicht der »Aktivität des Verstehens« hingibt, sondern jemand, der es dem Universellen erlaubt, durch ihn oder sie zu sprechen, jemand, der »das spontane Gefühl hinauslässt und ihm die großzügigsten Privilegien einräumt«, jemand, der bereit ist, »die Tradition für einen spontanen Gedanken im Stich zu lassen«.[59] Emerson entschuldigte sich nicht dafür, wenn er über die Grandiosität des Menschen schrieb, die in einfachen Gedanken und planlosem Blick zu finden ist. »Die Überlegenheit des Menschen liegt in der Einfachheit seines Gedankens, dass er kein Hindernis hat, sondern direkt auf den reinen Fakt schaut, ohne die Farbe der Alternative.«[60] Für den einfachen Geist ist der Augenblick das Leben, »Zukunft und Vergangenheit schließt die gegenwärtige Stunde ein«.[61] Die Vorstellung, dass der einfache oder einfältige Geist die Fülle der Gegenwart erfährt, zieht sich von Fénelon bis Rousseau und findet in der englischen Sprache vielleicht ihren deutlichsten Ausdruck bei Emerson. Für diesen ist Einfachheit achromatisch, das »ohne Farbe« des vorherigen Zitats:

**Für den einfachen Geist ist der Augenblick das Leben.**

> Raum und Zeit sind nur physiologische Farben, die das Auge schafft; der Geist ist Licht; wo er ist, ist Tag; wo er war, ist Nacht … Die Rosen unter meinem Fenster berufen sich nicht auf frühere Rosen oder bessere; sie geben sich als das, was sie sind; sie leben heute mit

> Gott. Sie kennen keine Zeit, sie sind Rosen, vollkommen in jedem Augenblick ihres Daseins … Und er kann nicht eher stark und glücklich sein, als bis auch er im Bunde mit der Natur im Augenblick ein zeitloses Dasein führt.[62]

Der einfache Geist kann wie die einfache Rose sein, wenn er sich der Gegenwart ergibt und die Tatsache akzeptiert, dass »nur das Leben Wert hat, nicht das Gelebthaben«.[63] Kraft, schreibt Emerson, ist weder in der Vergangenheit noch in der Zukunft, sondern in der Gegenwart, im Übergang; sie ist Energie, sie ist »im Wirbel der Strömung«.[64] In der Natur überlebt Änderungen nur, was Kraft hat, denn »sie duldet nichts in ihren Reichen, was sich nicht selbst erhalten kann«.[65] Das Akzeptieren dieser einfachen Tatsache der Selbstständigkeit der Natur bildet die Grundlage für die transzendentalistische Ethik. Während die Welt aus dem Bewusstsein hervorgeht, wird ersichtlich, dass es »einfacher ist, unabhängig zu sein«.[66]

Rousseau, Thoreau und Emerson beschäftigten sich damit, was das Leben einfach macht, und kümmerten sich weniger darum, wie man seinen Lebensunterhalt bestreitet. Schließlich schätzt ihre Ethik das Leben über alles; und die größten Manifestationen des Lebens lassen sich nun einmal in der Natur finden. Was die Einfachheit aufdeckt und was Versuche eines einfachen Lebens durch Überlegung und gezielte Handlungen bewahren wollen, ist »der Wirbel der Strömung«, die Energie des Lebens. Alle drei Philosophen waren sich der gesellschaftlichen, politischen, industriellen und kulturellen Änderungen überaus bewusst, die während ihrer aktiven Zeit eintraten. Es ist ausgesprochen wahrscheinlich, dass ihr Interesse an der

Einfachheit durch die Revolutionen ausgelöst wurde, deren Zeuge sie wurden. Ihrer Ansicht nach honorierten die neuen Lebensformen die Komplexität des Lebens in keiner Weise; sie reduzierten das Leben auf konsumerische Ambitionen, automatische Aktivitäten, trennende Praktiken und selbstzerstörerische Erfahrungen.

Das einfache Leben, wie es die Transzendentalisten schilderten, inspirierte Gemeinschaften wie die Fruitlands-Farm, die im Juni 1843 in Harvard, Massachusetts, gegründet und im Dezember desselben Jahres abrupt wieder aufgelöst wurde. Philosophische Konflikte und Missmanagement der bäuerlichen Ressourcen führten zum Untergang der Gemeinschaft.[67] Für die Fruitlander war ein Leben abseits des Trubels der Gesellschaft undenkbar ohne eine Ernährungsweise, die alle tierischen Produkte ausschloss. Dieses Experiment schlug zwar fehl, doch das Credo, das auf Nahrungsmittelbeschränkungen und körperlicher Gesundheit beruhte, war der Grundgedanke für eine Vielzahl von Bewegungen des 19. Jahrhunderts, speziell in Deutschland. Die »Lebensreform«-Bewegungen, die sich Ende des 19. Jahrhunderts in Deutschland und der Schweiz ausbreiteten, waren zwar nicht alle direkt von den Transzendentalisten oder Rousseau beeinflusst, doch ihre Ernährungs- und Gesundheitsprioritäten spiegelten durchaus jene von Rousseau und Thoreau wider.

Die Lebensreform-Bewegung entstand aus einer Ernüchterung heraus; der Verlust an Vertrauen in das politische System, soziale Reformen durchzuführen, schob die Verantwortung auf das Individuum, das als Antrieb der Veränderung schlechthin angesehen wurde. Für Gustav Struve (1805–1870), einen deutschen Radikaldemokraten mit revolutionären Ansichten, der anerkannte, dass Rousseaus Einfluss auf seinen Lebensweg, »Selbstkontrolle, Mäßigung, Einfachheit in allem, was man tut, kurz gesagt, innere Freiheit«, den langen Weg zur sozialen Gerechtigkeit ebnete.[68] Diese Werte erzeugten ein Gefühl von Klassenidentität unter denen, die sie übernahmen. Obwohl die Gemeinschaften sich in ihren politischen und gesellschaftlichen Ansichten beträchtlich unterschieden, von anarcho-sozialistischen bis xenophoben Gruppen, besaßen sie doch alle gewisse gemeinsame Grundwerte:

> Trotz ihrer philosophischen Unterschiede hatten diese Unternehmungen alle viel gemeinsam. Sie alle versuchten, in einer Zeit rasanter gesellschaftlicher Atomisierung kommunitäre Werte in ländlichen Standorten neu zu etablieren, und das auf der Grundlage einer natürlicheren und autarken Lebensführung, die biologische Landwirtschaft, Vegetarismus, Nacktkultur und Homöopathie einschloss. Alle waren antikapitalistisch und antimaterialistisch in ihrer Rhetorik, betonten die Jugend als einen Wert an sich und entwickelten einen Kalender an feierlichen Ritualen. Zudem war das Problem »zu viele Philosophen, nicht ausreichend Kartoffelbauern« in all diesen Gemeinschaften verbreitet, egal ob links oder rechts.[69]

Das Missverhältnis zwischen Philosophen und Kartoffelbauern bezieht sich auf die 1900 in Schlachtensee bei Berlin gegründete *Neue Gemeinschaft*, die angeblich scheiterte, weil es nicht genügend Macher gab, um die vielen Denker angemessen zu ernähren.[70] Die kopflastige Gemeinschaft brach zusammen. Allerdings überlebte diese Bewegung in den Reformhaus-Geschäften, die Anfang des 20. Jahrhunderts eröffneten. Solche Läden, die auf die Bedürfnisse der gesundheitsbewussten Kunden zugeschnitten sind, haben in Deutschland und vielen anderen Teilen der Welt ungemein an Beliebtheit gewonnen. Sie sind quasi das Aushängeschild des einfachen Lebens »light«, die Verkäufer einer guten Gesundheit für den Einzelnen, die Gesellschaft als Ganzes und für den Planeten. Sie scheinen sich an die gebildeten, weißen Sozialreformer der Mittelklasse zu wenden, die individuelle Freiheit und persönliche Gesundheit schätzen.[71] In seiner am wenigsten anspruchsvollen Form ist das einfache Leben mit seinem Schlachtruf »Weniger ist mehr« zu einer Hoffnung für den klassenbewussten und ethischen Kunden geworden. Zu unserer Bequemlichkeit wird das einfache Leben nun in Läden verkauft; man muss sich keine Hütte mehr bauen oder über Einfachheit philosophieren.

## KAPITEL 5

# EINFACHHEIT LEICHT GEMACHT

Eine ganz neue Armseligkeit ist mit dieser ungeheuren Entfaltung der Technik über die Menschen gekommen. Und von dieser Armseligkeit ist der beklemmende Ideenreichtum ... die Kehrseite.«[1] 1933 erklärte Walter Benjamin, dass ungehinderte technische Fortschritte zu einer gewissen Erfahrungsarmut führen. Selbst die Verbreitung von Ideen, wie »beklemmend« sie auch sein mögen, kann das empirische Vakuum nicht füllen. Und »diese Erfahrungsarmut ist Armut nicht nur an privaten sondern an Menschheitserfahrungen überhaupt«.[2] Die Menschen sind arm an Erfahrungen, versuchen aber dennoch nicht, diese Art von Armut durch neue Erfahrungen zu lindern. Sie kompensieren dies, indem sie Kultur und Nachrichten, die sich als Kultur tarnen, konsumieren. Konsum bis zum Überdruss führt zu Übersättigung und Müdigkeit. »Ihr seid alle so müde – und zwar nur deshalb, weil Ihr nicht alle Eure Gedanken um einen ganz einfachen aber ganz großartigen Plan konzentriert.«[3] In ihrer Müdigkeit übertragen die Menschen das »einfache aber ganz großartige Dasein« mithilfe erlösender Mittel auf traumartige Figuren; damit säubern sie ihre eigene Existenz von Einfachheit und Großartigkeit.[4] Am Ende führt die Erfahrungsarmut zu einer existenziellen Armut.

Benjamin glaubte, ein neues und positives »Barbarentum« könne die Antwort sein: »Denn wohin bringt die Armut an Erfahrung den Barbaren? Sie bringt ihn dahin, von vorn zu beginnen; von Neuem anzufangen; mit Wenigem auszukommen; aus Wenigem heraus zu konstruieren und dabei weder rechts noch links zu blicken.«[5] Benjamin definiert vielleicht das einfache Leben: Ein Leben, das in Erfahrungen wurzelt, ein Leben, das aus der reichen Substanz unmittelbarer Erlebnisse heraus wächst, ein Leben, in dem die Ökonomie der Mittel und die Klarheit der Ziele einen vorantreibt – das einfache Leben eines Barbaren, immer ein Fremder im Lande, der stets die Gebräuche dem Test der Erfahrung unterwirft. Benjamins Barbaren teilen alle eine »gänzliche Illusionslosigkeit über das Zeitalter und dennoch ein rückhaltloses Bekenntnis zu ihm«.[6] Genau wie sie zeigen Verfechter eines einfachen Lebens häufig Misstrauen gegenüber ihrer Zeit, während sie sich lokalen Aktionen mit langfristigen Auswirkungen verschreiben.

Laut Walter Benjamin war es zunehmend schwieriger geworden, die Welt voll und aus erster Hand zu erleben. Die Mauern und Zäune, die das Land in Parzellen und Einheiten aus Privateigentum zerteilen, behindern das komplette Erleben. Entsprechend sind die physischen Spuren, die Menschen auf der Welt hinterlassen, Erinnerungen an ihre Omnipräsenz. Benjamin hat recht; der moderne Mensch und seine Nachkommenschaft sind eifrig dabei, überall Spuren ihrer selbst zu hinterlassen – egal, ob Graffiti, Müll oder ihre Initialen. Das Gepräge der einzelnen Existenzen findet sich nahezu überall. Die Schrift ist in der Welt, sozusagen. »Ich war hier« – ein

Zeichen, das an mich und meinen Auftritt auf der Welt erinnert. Die barbarische Aufgabe ist es sodann, diese Spuren zu löschen, die Koordinaten zu entfernen, die alles Sein abgrenzen, und reinen Tisch mit der Welt zu machen, um einen Neuanfang zu wagen. Descartes, Newton und Einstein waren solche Barbaren, schreibt Benjamin. Sie waren große Denker. Ein Barbar, der reinen Tisch machen, quasi die Tafel abwischen kann, um neu zu beginnen, zeigt alle Eigenschaften dieser Größe. Und was ist mit denen, die das nicht können? Können wir teilweise die Spuren auslöschen, die amateurhafte Feldmesser mit dem Drang nach Nachruhm auf der Welt hinterlassen haben? Können wir, wenn wir es müssen, Zeichen unserer Identität hinterlassen, ohne die Welt zu beschädigen?

Der Wunsch, keine Spur auf der Tafel zu hinterlassen, ist nicht sehr verbreitet und noch weniger ein verbreitetes Lebensziel. Es braucht einen Dichter wie Alexander Pope, um die simple Fülle eines Lebens zu zeigen, das in der rohen Masse der Erfahrung gelebt wird, ohne die unauslöschlichen Zeichen des Daseins zu hinterlassen:

Happy the man, whose wish and care
A few paternal acres bound,
Content to breathe his native air,
In his own ground.

Whose herds with milk, whose fields with bread,
Whose flocks supply him with attire,
Whose trees in summer yield him shade,
In winter fire.

Blest! who can unconcern'dly find
Hours, days, and years slide soft away,
In health of body, peace of mind,
Quiet by day,

Sound sleep by night; study and ease
Together mix'd; sweet recreation,
And innocence, which most does please,
With meditation.

Thus let me live, unseen, unknown;
Thus unlamented let me die;
Steal from the world, and not a stone
Tell where I lie.[7]

Pope war zwölf, als er diese Ode schrieb. Er und seine Familie waren gerade gezwungen gewesen, aus religiösen Gründen auf das Land umzuziehen. Die Ode erinnert an Horaz' *Epode 2*, »beatus ille«, die die Freuden des Landlebens besingt. Popes »Ode on Solitude« (Ode an die Einsamkeit) erweitert das lateinische Gedicht um die Idee des Sich-aus-der-Welt-Davonstehlens oder still und ungesehen Gehens, ohne dass eine Inschrift auf einem Grabstein an einen erinnert. Der einfache Mensch stiehlt sich aus der Welt davon, ohne etwas aus ihr zu stehlen. Das einfache Leben des glücklichen Mannes in der Ode endet wortlos. Er lebte und ließ ein Leben hinter sich, ohne eine Geschichte zu erzählen oder Worte an der Wand der Geschichte zu hinterlassen, die seinen Nachkommen sagen: »Ich war hier.« Ein einfaches Leben wird nicht durch eine Kette von Wörtern verlängert, sondern einfach nur im Augenblick gelebt.

Im Zeitalter der unmittelbaren und sofortigen Kommunikation über praktisch alles und jedes, einem Zeitalter, in der das Wort für immer in der Cloud Bestand haben wird, ist die Vorstellung des Davonstehlens aus der Welt – unbeweint, ungesehen, unbekannt – ziemlich beängstigend. Wir alle hinterlassen ökologische und digitale Fußabdrücke. Die neuen Technologien, die uns daran hindern, diese Welt unausgesprochen und unbesungen zu verlassen, repräsentieren so viele Möglichkeiten, das Nichtssein und den Tod – selbst in einer scheinbar nichtigen Weise – zu besiegen. Jedermann schreibt mit virtueller, aber unauslöschlicher Tinte über Erfahrungen, die nicht völlig sein eigen sind. Neue Technologien verwandeln Maschinen in Objekte der Freude. Wenn wir uns nicht vor dem Tod fürchten würden, schreibt Henri Bergson, würden sich solche Freuden einfach in Luft auflösen und die Heißluftmaschinen einfach mitnehmen, die sie erzeugt haben; sie würden durch Freude oder die Einfachheit des Lebens ersetzt werden, die ihren Ursprung in einer »weitverbreiteten mystischen Intuition« hat.[8] In *Die beiden Quellen der Moral und der Religion* (1932) schrieb Bergson über die Möglichkeit der Rückkehr zu einem einfacheren, wenn nicht einfachen Leben. Er fragte, ob künstliche Bedürfnisse durch wissenschaftlichen Fortschritt wie neue Technologien generiert würden, oder ob neue Technologien neue Bedürfnisse generierten. Für ihn stand die Wissenschaft im Dienst des Erfindergeistes, der seit Jahrhunderten Männer und Frauen befeuerte.[9] Der Erfindergeist, auf dem die Wissenschaft beruht, hat die Welt und das Denken der Menschen verändert. Beim Erschaffen neuer Bedürfnisse ist es Wissenschaftlern, Erfindern und ihren vielen Anhängern egal, ob ihre Erfindungen dem Gemeinwohl dienen oder lediglich künstliche Wünsche und Freuden befriedigen. Menschen tragen die Verantwortung dafür, Maschinen und Technologien auf einer moralischen Grundlage zu benutzen, und zu vereinfachen statt ihr Dasein unnötig zu verkomplizieren.[10]

Die Revolution in der Art und Weise, wie wir Maschinen benutzen, beginnt mit dem Körper. Mit jeder neuen technischen und mechanischen Erfindung, selbst mit der Einführung einfacher Werkzeuge, schuf der Mensch Erweiterungen seines eigenen Körpers. Allerdings wuchsen seine Stärke und Größe unermesslich mehr als seine Seele.[11] Die geschrumpfte Seele bewohnt einen erweiterten Körper, den sie nicht länger beherrscht. Das Missverhältnis zwischen Seele und Körper erklärt den Vorrang, den künstliche Bedürfnisse und die Suche nach unmittelbarem körperlichem Vergnügen vor der langfristigen Fürsorge genießen. Hier liegt die Quelle der moralischen Abtrift. Bergson meint, Maschinen und Technologien sollten helfen, uns über das Körperliche zu erheben, um über die Welt hinaus zu reichen und in die Himmel zu schauen. Maschinen sollten der Seele assistieren. Nur die vollständigste und aktivste Mystik, so schreibt er, unterstützt von menschlichen Erfindungen, sollte den Betrieb von Maschinen regulieren. Diese »vollständige Mystik« wird als die Einfachheit einer totalen Erfahrung definiert, ideal und mehr als menschlich, bei der das Subjektive und das Objektive als eine totale Präsenz eins werden.[12]

Im philosophischen Werk von Vladimir Jankélévitch erwirbt das einfache Leben niemals diese supramenschliche Qualität, die man bei Bergson, seinem Lehrer, vorfindet. Jankélévitch bringt zwei Einfachheiten vor, eine, die er Einfachheit *a qua* nennt, die Einfachheit der Ursprünge, und außerdem die

Einfachheit *ad quam*, zu der man durch die Vereinfachungen des Lebens zurückkehrt. Zwei Ideen ragen in seinem Essay über die Einfachheit heraus: Erstens, Einfachheit ist eine Entscheidung oder eine Handlung, die durch die Absicht geleitet wird, nicht zu spezifizieren, zu zerbrechen, zu zerlegen oder zu trennen. Der einfache Geist ist nicht voller Nischen, Schlupfwinkel und Verstecke, die von einem Bewusstsein geformt werden, das sich vor seinem eigenen Schatten fürchtet. Er ist eben und eins. Überdies kann nur das einfache innere Selbst, das ungeteilt und ganz ist, ein anderes zum Lieben finden. Jankélévitch drückte es so aus, dass das Selbst darauf wartete, im Inneren eins zu sein, um draußen ein wahres »anderes« zu finden, das es lieben könne, nicht nur ein anderes Bild von sich selbst. Das geteilte Selbst ist im Gegensatz dazu in einem permanenten und beharrlichen Dialog mit Teilen von sich selbst, innerhalb und außerhalb von sich selbst – fiktiven Dialogen innen und Projektionen von sich selbst auf andere. Das einfache Selbst dagegen hat ein wahres und echtes anderes im anderen gefunden.[13] Einfachheit wird zur Bedingung für wahre und gesunde Beziehungen und Liebe. Die andere Idee, die Jankélévitch in seinem Essay entwickelt, ist Einfachheit als Improvisation. Wenn das Bewusstsein stumm und eins ist, wird es für den Augenblick und die Möglichkeiten der Gegenwart geöffnet. Der einfache Mensch ist kein *Homo economicus*: Er arbeitet nicht für die Zukunft, hat kein Geld auf der Bank und spart auch nicht für seinen Ruhestand. Er improvisiert: Er ergibt sich der Fruchtbarkeit der Gegenwart, um Jankélévitchs Worte zu verwenden.[14] Die Fülle der Gegenwart kann nicht beziffert und sicher auch nicht zu Geld gemacht werden; was sich zeigt, wird ohne

**Der einfache Mensch ist kein Homo economicus.**

Vorbereitung oder Pomp willkommen geheißen oder mit einer »unmittelbaren Vorbereitung« in Empfang genommen, wenn es sich ergibt.[15] Einfachheit ist Improvisation, Einfachheit ist Liebe. Jankélévitchs Einfachheit dreht sich um das Leben mit anderen im Überschwang des Augenblicks. Sie ist außerdem Einfachheit in Aktion, keine Seligpreisung und auch keine Mystik, und sicher kein Heroismus, wie bescheiden sie auch in Bergsons Philosophie daherkommt.

Heutzutage sind die Auffassungen vom einfachen Leben und die Technik ineinander verwoben: Einfache mobile Anwendungen treten zur Rettung eines Lebens an, das zu kompliziert geworden ist. Es bleiben jedoch Bereiche unseres Erlebens und unserer Existenz, in denen das Eindringen der Technik weniger erkennbar und damit umso heimtückischer ist. Unternehmen wie Apple beliefern Kunden in dem dubiosen Versuch, zu Selbstbeherrschung anzuregen, mit wöchentlichen Berichten über die Benutzung mobiler Geräte. Der Widerstand gegen die technologische Herrschsucht wächst jedoch. Selbst in technophilen Kulturen stehen neoludditische Bollwerke. »Wird 2018 das Jahr der Neo-Ludditen?«, fragte Jamie Bartlett in *The Guardian*.[16] Immer mehr Indizien sprechen gegen die Technik: Anschuldigungen gegen die Russen, sich in die amerikanischen Wahlen eingemischt zu haben, zahllose Verletzungen der Privatsphäre im Online-Bereich und die zunehmende Ausbreitung des Darknets. Auch die Demokratie wird durch die Technologie bedroht: »In den kommenden Jahren wird entweder die Technik die Demokratie und die gesellschaftliche Ordnung, wie wir sie kennen, zerstören oder die Politik wird der digitalen Welt ihre Autorität aufdrücken. Es wird immer deutlicher, dass die Technologie momentan diese Schlacht gewinnt und einen geschrumpften und schwächlichen Gegner zermalmt.«[17]

Der Kampf tobt. In den letzten Jahren fanden technikarme und selbstgenügsame Lebensformen immer mehr Anhänger. Neue Bewegungen wie das »Slow Living«, auch »Slow-Tech« genannt, feiern die Geduld als eine Tugend. Der reformierte oder gemäßigte Luddismus, den Jamie Bartlett predigt, spricht jene an, denen die apokalyptischen Ansichten der Hardcore-Technikfeinde zu heftig sind. Doch die Bewegung radikalisiert sich unter alten Bannern.

Theodore Kaczynski, der sogenannte Unabomber, trat für einen neuen Luddismus ein. Er veröffentlichte 1995 nach fast zwei Jahrzehnten Antitechnik-Aktivismus und Gewaltaktionen, darunter dem Versand von Briefbomben, der drei Todesfälle und zahlreiche schwere Verletzungen zur Folge hatte, sein Manifest *Industrial Society and Its Future* (Die industrielle Gesellschaft und ihre Zukunft). Die Abhandlung zeigt viele Missstände auf – wie etwa den Verlust von Freiheit und psychologische Gewalt –, die durch den ungezügelten technischen Fortschritt verursacht werden. Kaczynski formulierte in *Technological Slavery,* einer Sammlung von Essays aus dem Jahre 2008 vier Hauptideen:

> (1) Technischer Fortschritt führt uns unausweichlich in eine Katastrophe; (2) Nur der Zusammenbruch der modernen technologischen Zivilisation kann die Katastrophe abwenden; (3) Die politische Linke ist die erste Verteidigungslinie der technologischen Gesellschaft gegen die Revolution; (4) Es wird eine neue revolutionäre Bewegung benötigt, die sich der Auslöschung der technologische Gesellschaft verschreibt.[18]

In seinem Vorwort zu dem Buch ging David Skrbina auf eines der *Topoi* des Luddismus ein: Die Menschen sind nicht dafür geschaffen, mit technischen Fortschritten, wie wir sie heute sehen, zurechtzukommen. Unsere physische und psychologische Unfähigkeit, die aktuellen Auswirkungen der Technik zu bewältigen und unser intellektuelles Unvermögen vorherzusagen, wohin solche Fortschritte uns führen werden, sollten die Alarmglocken schrillen lassen. Das tun sie auch. Doch Skrbina hofft, dass die Technik auf dem Weg zu ihrer eigenen Zerstörung ist.[19] *Technological Slavery* enthält ein Kapitel, das den anarcho-primitivistischen Mythos von Jäger-Sammler-Gruppen als Vorbild für heutige Gesellschaften entlarvt. Ted Kaczynski lehnte jene ab, die er als »weichköpfige Träumer, Faulpelze und Scharlatane« bezeichnete, räumte allerdings ein, dass primitive Menschen nicht wie wir von dem chronischen Stress betroffen waren, den die Technik verursachte, dass primitive Praktiken nicht wie unsere die Umwelt zerstörten und vor allem, dass Mitglieder primitiver Gesellschaften viel freiere Leben lebten als wir.[20] Freiheit von technologischer Tyrannei ist der wichtigste Antrieb der Ideologien von Ted Kaczynski und seinen Nachahmern.

Anti-Technik-Gruppen machen auf einige der Gefahren einer zügellosen technischen Expansion aufmerksam. Die radikaleren unter ihnen propagieren eine Befreiung von der Technik durch Aktionen, selbst wenn diese Aktionen tief verwurzelte demokratische Werte wie Gleichheit und Frieden gefährden. »Wildism« (»Wildismus«), eine Antizivilisationsbewegung, ist ein typisches Beispiel. Verhaltensforschung und Soziobiologie liefern das ideologische Rüstzeug. Die Anhänger dieser Bewegung verteidigen eine Rückkehr zu bodenständigen Lebensformen, selbst wenn diese mit Gewalt einhergehen. Ihre Strategie ist zweigleisig. Erstens: »Auswildern« oder »Zurückwildern«, was unrechtmäßig der Natur entnommen wurde, und zweitens: Aufmerksamkeit für den Ruf der Wildnis in uns allen. Progressivismus, vor allem gesellschaftlicher Progressivismus, ist den Wildisten ein Gräuel. Schließlich glauben sie, dass jeder Fortschritt – im Sinne einer unnatürlichen Veränderung der Natur – zur Denaturierung führt. Humanismus als führende Ideologie und einige seiner modernen Abkömmlinge wie Demokratie und Befreiungsbewegungen werden als unnatürlich betrachtet. Der abgrundtiefe Riss zwischen wildistischen Ansichten und dem politischen Anarchismus scheint irreparabel, wohingegen der Dialog zwischen einigen Ökoanarchisten und Ökosozialisten wiederaufleben könnte.

Samuel Alexander vom *Simplicity Institute* hat das Konzept der »Wild Democracy« vorgestellt. Für Alexander steht der staatenlose Ökoanarchismus mit seinem Fokus auf Bildung, Widerstand und Erneuerung nicht im Widerspruch zu den auf eine rechtliche Grundlage gesetzten Zielen der Ökosozialisten.[21] Er spricht sich nicht für einen plötzlichen Sturz der Regierung aus, sondern befürwortet eine kontinuierliche Revolution, die Umweltwerte und soziale Gerechtigkeit vertritt. Eine solche Revolution würde die rasante Ausbreitung des unregulierten Kapitalismus eindämmen.[22] Wilde Demokratie spielt sich in einem politischen und kulturellen Umfeld ab, in dem die Fantasie wieder »ausgewildert« wurde:

> Diese Öffnung oder Wiederauswilderung der Fantasie ist eine wichtige Vorbedingung der transformativen Veränderungen. Es wird erst dann zu einer bewussten Abwendung vom Kapitalismus – ob nun zur

> ökosozialistischen, ökoanarchistischen oder einer anderen Lebensweise – kommen, wenn mehr Menschen erkennen, dass andere Welten möglich sind. In diesem Licht betrachtet, sollten alle Visionen von alternativen Lebensformen ermutigt werden, um die revolutionäre Fantasie der Menschen zu entzünden … Ich gebe zu, das wahre Problem liegt darin herauszufinden, wie man die Fantasien der Leute überhaupt erst für die Möglichkeit alternativer Formen der Existenz öffnet.[23]

Alexander hat recht. Das Öffnen der Fantasie für die Möglichkeit eines einfacheren Lebens, das im Augenblick lebt, während man sich auf die Zukunft vorbereitet, ist unwahrscheinlich wichtig, aber schwer zu erreichen. Sein Argument ist richtig und zeitgemäß. Seine Idee des Wiederauswilderns der Fantasie greift auf eine frühere Quelle mit beträchtlichem kulturellem Einfluss zurück. Er schließt seinen »Wild Democracy«-Bericht mit einem Zitat aus Thoreaus *A Week on the Concord and Merrimack Rivers*: »Diese Welt ist nur eine Leinwand für die Fantasie.«[24] Der genaue Wortlaut bei Thoreau ist: »Diese Welt ist nur eine Leinwand für unsere Fantasien.«[25] Alexanders Änderung des Possessivpronomens und der Pluralform aus dem Originaltext ist entscheidend. Falls Thoreau mit »unsere Fantasien« unsere kreative Vorstellungskraft meinte, dann breitet sich die Welt vor uns wie eine leere Tafel aus, auf die wir Bilder projizieren. Die romantische Idee einer aktiven und kreativen Fantasie gilt immer noch; sie malt die Welt mit kühnen Pinselstrichen, während sie sie in Besitz nimmt. Könnten unsere Vorstellungskräfte uns stattdessen der Welt berauben?

Laut Martin Heidegger ist »Technik [...] eine Weise des Entbergens«.[26] Was in der Technik entborgen wird, ist die Welt als »Bestand«. »Das in der modernen Technik waltende Entbergen ist ein Herausfordern, das an die Natur das Ansinnen stellt, Energie zu liefern, die als solche herausgefördert und gespeichert werden kann«, schreibt Heidegger in seinem Essay »Die Frage nach der Technik«.[27] In einer technischen Welt werden die großen Tiefen der Erde, ein Feld, ein Fluss »herausgefordert«, Energien zu liefern, die wiederum »herausgefordert« werden, Hitze zu produzieren. Hitze wird »herausgefordert«, Dampf herzustellen, Dampf wird »herausgefordert«, eine Maschine zu aktivieren, die Kohle transportiert und so weiter. Weder endet das Herausfordern noch ist es unbestimmt. Das Entbergen entbirgt sich selbst an sich selbst, während es sein komplexes Netzwerk aus Wegen reguliert und sichert. »Überall ist es bestellt, auf der Stelle zur Stelle zu stehen, und zwar zu stehen, um selbst bestellbar zu sein für ein weiteres Bestellen. Das so Bestellte hat seinen eigenen Stand. Wir nennen ihn den Bestand.«[28]

Alles wird in diesem »Bestand«, den wir *wirklich* nennen, herausgefordert, bestellt und ausgetauscht.[29] Der Mensch wird in diesen »Bestand« einbezogen, oft unter der Kategorie »Menschenmaterial«, auch wenn er sich eine gewisse Macht bewahrt, die Richtung des Bestellens vorzugeben.[30] Ebenso hat sich die Natur eine gewisse Macht in ihrer Fähigkeit bewahrt, Rohmaterial zu produzieren; sie kann sich immer noch unabhängig vom Menschen oder von der Technik entbergen.

Alles, was herausgefordert oder hervorgerufen wird, wird im aktiven Prozess des »Ge-stells« bestellt und zusammengesetzt. Das Gestell kann jede andere Form des Entbergens überwinden. Es verbirgt den Menschen vor dem Menschen: *»Indessen begegnet der Mensch heute in Wahrheit gerade nirgends mehr sich selber, d. h. seinem Wesen.«*[31] Das Gestell kann verbergen, wie die Welt sich selbst entbirgt, und sogar das Entbergen von sich selbst verbergen:

> Die Bedrohung des Menschen kommt nicht erst von den möglicherweise tödlich wirkenden Maschinen und Apparaturen der Technik. Die eigentliche Bedrohung hat den Menschen bereits in seinem Wesen angegangen. Die Herrschaft des Ge-stells droht mit der Möglichkeit, daß dem Menschen versagt sein könnte, in ein ursprünglicheres Entbergen einzukehren und so den Zuspruch einer anfänglicheren Wahrheit zu erfahren.[32]

Das Gestell und der Prozess, der die Welt als »Bestand« betrachtet, bestimmen die Beziehung der Menschheit zur Welt. Gestell verbirgt andere Formen des Entbergens, wie der Auszug oben uns verrät, und beschränkt damit unsere Fähigkeit, eine wildere oder »anfänglichere« Wahrheit zu hören. Doch im Gestell, so erklärt Heidegger, liegt die Möglichkeit, sich um die Welt zu kümmern, nicht, sie zu zerstören. Das griechische Wort *technē* vermittelt die Ideen des Instrumentalen und der Künste oder *poiesis*. *Poiesis* bedeutet, dass etwas von einem Dichter oder Kunsthandwerker hervorgebracht wird. Heideggers Essay lädt den Leser ein, die Welt nicht nur als »Bestand« zu sehen, sondern als *poiesis*, als eine Teilhabe am Prozess des Ins-Sein-Kommens, des Entbergens. Für den Dichter entbirgt sich die Welt so, wie sie ist: »Das Dichterische bringt das Wahre in den Glanz dessen … das am reinsten Hervorscheinende. Das

Dichterische durchwest jede Kunst, jede Entbergung des Wesenden ins Schöne.«[33]

Heideggers Ideen eröffnen neue Wege des Denkens über ein einfaches Leben. Kunst und Gestelle sind unterschiedliche Arten des Entbergens, doch jedes Entbergen wird von seinem Gegenteil begleitet: dem Verbergen. Die Spannung zwischen beiden tritt in Kunstwerken und in der Handwerkskunst zutage. Das Beispiel vom Schreinerlehrling verdeutlicht dies:

**Heideggers Ideen eröffnen neue Wege des Denkens über ein einfaches Leben.**

> [Er] übt beim Lernen nicht nur die Fertigkeit in der Verwendung der Werkzeuge. Er macht sich auch nicht nur mit den gebräuchlichen Formen der Dinge, die er zu bauen hat, bekannt. Er bringt sich, wenn er ein echter Schreiner wird, vor allem zu den verschiedenen Arten des Holzes und zu den darin schlafenden Gestalten in die Entsprechung, zum Holz, wie es mit der verborgenen Fülle seines Wesens in das Wohnen des Menschen hineinragt. Dieser Bezug zum Holz trägt sogar das ganze Handwerk. Ohne diesen Bezug zum Holz bleibt es in der leeren Betriebsamkeit hängen. Die Beschäftigung in ihr wird dann lediglich durch das Geschäft bestimmt. Jedes Handwerk, alles menschliche Handeln steht immer in dieser Gefahr.[34]

Das Wesen des Bezugs unseres Schreiners zum Rohmaterial zeichnet den Unterschied zwischen Handwerk und Industrie aus. Er »bringt sich in die Entsprechung« zum Holz, er arbeitet also an sich, um auf die Eigenart des Holzes reagieren zu können. Wenn er diese Einstiegsarbeit an sich selbst abgeschlossen hat, kann er auf das antworten, was beim Arbeiten enthüllt, also entborgen wird. Dabei lernt er, dass es kein Entbergen ohne Verbergen gibt. Der Bezug zum Rohmaterial äußert sich in Beschäftigung sowohl mit dem, was die Dinge sind, als auch mit der Art und Weise, wie wir auf sie reagieren. Der Bezug bewahrt außerdem die Geheimnisse oder »verborgene Fülle« des Rohmaterials anstatt es zu ordnen. Daraus folgt schließlich, dass der Bezug als das gleichzeitige Vorhandensein des Handwerkers, des Holzes und des Objektes, das entborgen wird, verstanden werden kann. Doch das Akzeptieren der einst verborgenen, nun entborgenen Fülle der Welt, ohne zu versuchen, sie zu ordnen, verlangt Mühe und Demut, zwei Tugenden, die man in einem einfachen Leben findet.

Die Idee von der Welt, die nichts anderes als sich selbst, aber sich selbst als eins, entbirgt und verbirgt, liegt dem einfachen Leben in vielerlei Hinsicht zugrunde. Clément Rosset widmete einen Großteil seiner philosophischen Laufbahn dem Prüfen geistiger Haltungen in Bezug auf das Reale. Er definiert das Reale als »die Summe der Ereignisse, die ins Dasein gerufen werden«.[35] Und Rosset sieht in der Einfachheit »das Zusammenfallen des Realen mit sich selbst«, was, wie er zugibt, selten passiert.[36] Das Zusammenfallen des Realen mit dem Realen zu erkennen, erfordert Mut oder Idiotie, wahrscheinlich sogar beides. Er führt aus:

> Es gibt nichts Fragileres als die menschliche Fähigkeit, die Wirklichkeit zu billigen, vorbehaltlos das herrische Vorrecht des Realen zu akzeptieren. Diese Fähigkeit fehlt so oft, dass es vernünftig scheint, sich vorzustellen,

> sie beinhalte die Anerkennung eines unveräußerlichen Rechts – das Recht des Realen, erkannt zu werden –, repräsentiere aber eine Art vorbehaltlicher, einstweiliger *Toleranz*. Eine Toleranz, die jeder bei Bedarf aussetzen kann, sobald die Umstände es verlangen …[37]

Unsere Toleranzschwelle für das Reale wird ständig von nichts anderem als dem Realen selbst auf die Probe gestellt. Und zunehmend provoziert das Reale in uns ablehnende Reaktionen wie Frust, Ekel und Zorn, sodass unsere Toleranz dafür klar bröckelt. Wir scheinen im Gegenteil mit größerer Leichtigkeit eine Vielzahl von Hilfsmitteln zu tolerieren und sogar willkommen zu heißen – wie Virtual Reality –, die die Realität von uns fernhalten. Nun sind Anwendungen der Virtual Reality zwar eine relativ neue Entwicklung, dagegen sind Komplikationen, Ablenkungen und Eskapismus keine neuen Phänomene. Das Komplizieren – etymologisch gesehen das Zusammenfalten oder Schichten statt des Entfaltens oder Vereinfachens – ist eine sichere Methode, dem Realen zu widersprechen. Rosset stellt den, wie er es nennt, »Widerwillen gegen das Einfache« der Vorliebe für die Komplikation gegenüber:

> Auf der ersten Ebene drückt der Widerwille gegen das Einfache lediglich eine Vorliebe für die Komplikation aus: das komplizierte Manöver wird der einfachen Einstellung vorgezogen, selbst wenn in beiden Fällen das gleiche Ziel angestrebt wird – und selbst wenn dieses Übermaß an Kompliziertheit bedeutet, dass dieses Ziel verfehlt wird. Auf einer zweiten Ebene jedoch, die die erste nicht eliminiert, sondern vertieft und erhellt,

> kennzeichnet Widerwille gegen das Einfache Angst im Angesicht des Einzigartigen, Distanz von *dem Ding selbst,* die Vorliebe für die *Komplikation,* die sich im ersten Fall ausdrückt, ein Bedürfnis nach *Duplikation,* das für die ausweichende Akzeptanz eines Realen erforderlich ist, dessen rohe Einzigartigkeit instinktiv als unverdaulich erkannt wird. Wenn man es auf diese Art versteht, erlaubt uns die Ablehnung des Einfachen zu verstehen, weshalb die Betroffenen sich so verhalten – nicht so sehr, um anderen gegenüber als klug zu erscheinen, sondern eher, um den Glanz des Realen zu dämpfen, dessen Lebhaftigkeit sie mit seiner unerträglichen Einzigartigkeit verletzt. Dinge sind nur erträglich, wenn sie vermittelt, verdoppelt werden: Es gibt nichts in dieser Welt, was »so wie es ist« hingenommen werden kann.[38]

Das Ziel zu erreichen, mag klar sein, und die Schritte dorthin einfach, aber ich stimme für den komplizierten Kurs. Ich sehe den einfacheren Weg zu meinem Ziel und entscheide mich, ihm nicht zu folgen. Die Um- und Irrwege negieren nicht das Vorhandensein der geraden Route, doch es ist meine Entscheidung, den geraden Weg zu sehen und dennoch umherbummelnd an mein Ziel zu wandern, selbst wenn es mich erschöpft. Der längere Weg scheint oft freier zu sein: Es ist der Weg, den ich gewählt habe. Doch während ich auf der langen und gewundenen Straße wandere, verliere ich nie den kurzen Weg aus den Augen: Lästigerweise bleibt er in Sichtweite und taucht immer wieder unerwartet auf. In *The Real and Its Double* sagt Rosset, dass diese Akzeptanz-Ablehnung des Realen häufiger vorkommt als die Freudsche *Verdrängung* oder die Lacansche *Verwerfung* (frz. forclusion).

> Diese andere Methode, sich des Realen zu entledigen, ähnelt einer korrekten Argumentationskette, die in einer abweichenden Schlussfolgerung endet. Es ist eine akkurate Wahrnehmung, die sich dann als unfähig erweist, ein Verhalten auszulösen, das an diese Wahrnehmung angepasst ist. In diesem Fall lehne ich es nicht ab zu sehen und leugne auch in keiner Weise das Reale, das mir gezeigt wird. Doch meine Billigung endet hier. Ich habe etwas gesehen und akzeptiert, mehr als das darf man von mir nicht verlangen. In allen anderen Belangen behalte ich meinen vorherigen Standpunkt, beharre auf meinem früheren Verhalten, so als hätte ich nichts gesehen. Paradoxerweise existieren meine aktuelle Wahrnehmung und mein früherer Standpunkt gleichzeitig. Was wir hier haben, ist eine Wahrnehmung, die nicht so sehr fehlerhaft als vielmehr völlig *nutzlos* ist.[39]

Die nutzlose Wahrnehmung des Realen wird nicht ignoriert, sondern verdrängt. Es ist kein Fall von Blindheit, sondern ein ernster Fall von *Doppeltsehen*.[40] Wie Rosset erklärt, ist das Doppelte sowohl es selbst als auch das andere gleichzeitig, weder Akzeptanz noch Ablehnung des anderen. Das Reale oder »die Summe der Ereignisse, die ins Dasein gerufen werden« wird als unvermeidlich und unveränderlich, aber mit der Fähigkeit zur Verdopplung, wahrgenommen. Es ist unvermeidlich, weil das Ereignis, das ins Dasein gerufen wird, dies auf einzigartige Weise tut und damit alle anderen Methoden ausschließt, ins Dasein zu kommen. Was in der Vorstellung des Ins-Dasein-Kommens eines Ereignisses wahrgenommen wird, ist die Einzigartigkeit seiner Realisierung.[41] Wir betrachten das Reale als einzigartig oder einfach. Wir sehen es außerdem als unveränderlich. Weil es sich ständig ändert, ist es formlos; was formlos ist, kann nicht neugeformt oder verändert werden.[42] Naturgemäß wandelt sich das Reale immerzu, ist unveränderlich und einfach. Allerdings ist es nicht jedem gegeben, eine solche Definition des Realen zu akzeptieren.

Das Reale ist nur dann erträglich, wenn es vermittelt oder kompliziert wird. Wir komplizieren das Reale, angetrieben von einer intellektuellen Neugier und dem Wunsch, die Geheimnisse des Realen zu durchdringen. Wenn wir es komplizieren, laden wir es mit Bedeutungen auf, die es vorher nicht besaß. Wir finden darin Geheimnisse, die es, so glauben wir, eifersüchtig gehütet hat. Doch das Reale hat keine Geheimnisse, da es nichts zu verbergen hat.[43] Wir glauben lieber, dass das Reale etwas vor uns verbirgt, als seine Einfachheit zu tolerieren. Doch wenn man offen bleibt für die Einfachheit des Realen, muss man das doppelte Risiko aus Triumph und Demütigung akzeptieren – Triumph, einzigartig zu sein, der einzige zu sein, der Dinge als das wahrnimmt, was sie sind; Demütigung dafür, allein zu sein, nur einer, fast niemand, und am Ende niemand mit dieser Erfahrung.[44] Spüren wir nicht den Triumph für das Erlebnis und die Demütigung für die Leichtigkeit, mit der sie erfahren wurde, wenn wir auch nur flüchtig die Einfachheit des Realen erleben? Meine Erfahrung des Realen ist triumphierend und demütigend einfach. Ein Leben, das einfach gelebt wird, ist ein Leben, das

**Naturgemäß wandelt sich das Reale immerzu.**

bereit ist, die Demütigung, die Demut und den Triumph des Realen als »so wie es ist«, der Welt als »so wie sie ist« anzunehmen.

Es ist eine Herausforderung, die Welt als real zu erleben. Die Suche nach der Einfachheit und Realität des Selbst erfordert Zugeständnisse und weitere Demut aufseiten des Suchenden. Das persönliche Selbst – dasjenige, an das wir die Vorstellung von der Identität klammern – lässt sich am besten in einer Anekdote beschreiben, die Clément Rosset erzählt. Nach dem Tod seines Vaters, eines Druckers, beschloss dessen Sohn, die Druckerei zu übernehmen. Als er das Druckmaterial durchsah, entdeckte er einen dicken Umschlag, auf dem »nicht öffnen« stand. Sechs Jahre lang widerstand er der Versuchung, ihn aufzumachen; schließlich gab er nach. Was fand er in dem Umschlag mit der Aufschrift »nicht öffnen«? Mehr als einhundert »nicht öffnen«-Aufkleber.[45] Persönliche Identität ist wie dieser Umschlag, voller Botschaften mit Belanglosigkeiten.[46] Diese Geschichte demonstriert Rossets Definitionen der persönlichen und sozialen Identität. Persönliche Identität ist eigentlich eine geborgte Identität, die durch kontinuierliche Imitationen anderer erworben wird. Das imitierte Selbst wiederum besteht aus Imitationen anderer Ichs. Rosset bezeichnet die Kette aus geborgten oder kopierten Identitäten als soziale Identitäten.[47] Das Selbst bzw. Ich wird von anderen gebildet, die selbst aus anderen gebildet werden.

In einem anderen Beispiel greift Rosset auf Lacan zurück, der zeigte, dass zum Beispiel die Identität eines verheirateten Mannes nicht auf der verifizierbaren Tatsache basiert, dass er ein Ehemann ist, sondern darauf, dass jemand anderes seine Ehefrau ist.[48] Aus der Gesellschaft des anderen, hier der

Ehefrau, entfernt, erlebt das einzelne Selbst einen Verlust an Identität. Was sich wie ein akuter Verlust an Identität anfühlt, ist der Verlust des sozialen Selbst, das laut Rosset imitiert, aber weder besessen wird noch endlich ist. Um sich selbst zu verstehen, muss man also entsprechend nur die Manifestationen unserer sozialen Ichs untersuchen. Introspektion oder die Idee, eine illusionäre persönliche Kernidentität zu finden, führt nur zur Offenlegung der sozialen Identitäten, die über Myriaden an Imitationen von anderen erworben wurden. Zusammen erzeugen diese Imitationen ein Gefühl eines verschmolzenen und kontinuierlichen Selbst – auch wenn dieses illusionär sein könnte.[49] Rosset meint, die Idee, das eigene Selbst als eins und einfach zu finden, stehe unter keinem guten Stern. Doch die Vorstellung, aus anderen und mit anderen gebildet zu werden, könnte ein verletztes Gefühl von Gemeinwohl und Gerechtigkeit wiederbeleben.

Anders als das Reale, einzigartig, unveränderlich, unvorhersehbar und einfach, ist das Selbst zusammengesetzt, konstruiert, veränderlich und gewöhnlich. Diese Eigenschaften des Selbst mögen für uns so unerträglich sein wie die Einzigartigkeit und Einfachheit des Realen, das wir durch endlose Komplikationen zu verändern suchen. Wir versuchen, das Selbst zu vereinfachen, um ihm die Einheit zu geben, die wir dem Realen verweigern. Wir komplizieren das Einfache und vereinfachen das Komplexe. Das Leben eines einfachen Lebens mag die schmerzhafte Umkehr von Werten notwendig machen, die vielen lieb und teuer sind; es mag das Hinterfragen von Prinzipien notwendig machen, die uns von klein auf eingeprägt wurden. Das Selbst ist nicht einfach und eins, sondern komplex und niemals einmalig; die Welt ist nicht komplex, sondern einfach. Das könnte die Grundlage einer Ethik bilden, die sich um das kümmert, was einfach ist – einzigartig, unveränderlich, unersetzlich. In diesem Gedankenexperiment braucht die einfache und unersetzliche Welt unsere Sorge, weil sie einfach ist.

Die meisten Leser dieses Buches werden mit der Bewegung der *Freiwilligen Einfachheit* (Voluntary Simplicity) vertraut sein. Der Begriff wird im Allgemeinen Richard Gregg zugeschrieben, einem Quäker und Verfechter von Gandhis Ideen. Er prägte ihn in einem Essay mit dem Titel *The Value of Voluntary Simplicity* (veröffentlicht 1936). Freiwillige Einfachheit ist der Ausdruck von »Einmaligkeit des Zwecks, Aufrichtigkeit und Ehrlichkeit im Inneren sowie Vermeidung von äußerer Unordnung und von vielen Besitztümern, die irrelevant für den Hauptzweck des Lebens sind«.[50] Die Einmaligkeit des Zwecks und der Hauptzweck des Lebens ist das Leben selbst: meins, das anderer Menschen und das der Welt. Im Laufe der Jahre ist die Freiwillige Einfachheit gewachsen und hat sich mit anderen Bewegungen ähnlicher Art vermischt und mit zusätzlichen Ambitionen aufgeladen. Duane Elgins *Voluntary Simplicity: Toward a Way of Life That Is Outwardly Simple, Inwardly Rich,* erstmals veröffentlicht 1981, fasste viele der Leitprinzipien einer gesellschaftlichen und kulturellen Bewegung zusammen, die Werte der Gegenkulturen der 1960er und 1970er vertraten. Eingang in die Voluntary-Simplicity-Bewegung fanden die Bürgerrechtler, Frauenrechtlerinnen, die Schwulen- und Lesbenbewegung, Umweltschützer und Konsumkritiker. Auf Elgins Buch folgten weitere Werke, die die Tugenden des einfachen Lebens priesen, wie etwa Sarah Ban Breathnachs *Simple Abundance* (1995; 1997 als *Einfachheit und Fülle* auf Deutsch

**Die Einmaligkeit des Zwecks und der Hauptzweck des Lebens ist das Leben selbst.**

erschienen), das sich millionenfach verkaufte und zu einem der Bestseller der 1990er wurde, und Cecile Andrews *The Circle of Simplicity: Return to the Good Life* (1997), das der Bewegung neuen Schwung verlieh. Freiwillige Einfachheit, bestehend aus einer großen Vielfalt an Werten, die von Umweltschutz über Konsumkritik bis zur Suche nach dem guten Leben reichen, ist eine Bewegung, die so vielfältig ist, dass keine Definition alle Motive erfassen kann, die Teilnehmer und Gruppen auf der ganzen Welt inspirieren. Gemeinsam ist ihnen allen jedoch das Gefühl von Dringlichkeit, den Planeten zu retten.

Wer sind die Vereinfacher? Samuel Alexander und Simon Ussher, Leiter des in Australien beheimateten Simplicity Institute, führten 2012 eine internationale Befragung von mehr als 2.000 Menschen durch, um die Motive und Gewohnheiten von Vereinfachern besser zu verstehen.[51] Einige ihrer Erkenntnisse will ich gern hier wiedergeben. Die erste wichtige Tatsache dreht sich um die Demografie: Nur 21 Prozent der Teilnehmer lebten in ländlichen Gebieten.[52] Dies bestätigt, dass die Bewegung nicht irgendein Aufflackern primitivistischer Impulse widerspiegelt, aufgrund derer die Menschen in Massen auf das Land drängen. Die Zahl bedeutet aber auch eine größere Wahrscheinlichkeit als erwartet, dass die Bewegung sich auf einen größeren Anteil der globalen urbanen Bevölkerung ausbreiten wird. Hätte sie nur Menschen in ländlichen Gebieten angesprochen, dann wäre ihre Ausbreitung begrenzt. Aus den Ergebnissen der Umfrage lässt sich eine andere bemerkenswerte Tatsache entnehmen: 67 Prozent der Teilnehmer haben freiwillig ihr Einkommen reduziert. Diese Zahl bestätigt, dass die Entscheidung für die Einfachheit eine Änderung der Lebensweise nach sich zieht, die mit einer Verringerung des Einkommens und des Konsums einhergeht.[53] 38 Prozent der Leute wechselten ihre Jobs oder Karrieren und 48 Prozent beschlossen, weniger zu arbeiten. In vielen Fällen führte die Entscheidung für ein einfacheres Leben zu einem Wohnortwechsel.[54] Während für viele ein einfaches Leben bedeutet, die Ausgaben zu senken, ermutigt es außerdem auch zu klügeren Kaufentscheidungen und -strategien, bei denen lokale und umweltfreundliche Produkte bevorzugt werden. Vereinfacher erkennen an, dass Entrümpeln ein wesentlicher Bestandteil einer einfacheren Lebensführung ist. Wie jemand jedoch seine Besitztümer betrachtet, bedeutet mehr als nur eine Aufrechnung der Dinge, die man sein Eigen nennt. Sie erwähnen die Freude, die man beim Recycling oder Upcycling verspürt. Nahrungsmittelproduktion ist Teil des einfachen Lebens: 83 Prozent der Teilnehmer bauen eigenes Essen an und 36 Prozent berichten über Tauschhandel oder andere Arten von nicht-monetärem Austausch. Nur 13 Prozent waren Vegetarier und lediglich 4 Prozent Veganer, was einen weiteren Mythos über die Ernährungsgewohnheiten von Vereinfachern entkräftet.[55] Die Umfrage enthüllte außerdem, dass 67 Prozent der Vereinfacher sich an der Organisation ihrer Gemeinschaft beteiligten, während 52 Prozent aussagten, dass Spiritualität Teil ihres Lebens sei. 80 Prozent waren der Meinung, dass fortschrittliche Technik dem einfachen Leben nicht abträglich sei, obwohl zumindest das Fernsehen nicht zu den Hauptunterhaltungsquellen der Vereinfacher zu gehören scheint.[56]

Die Motive, ein einfacheres Leben zu leben, sind so vielfältig wie die Vereinfacher selbst. Umwelt, Gesundheit, Autarkie, Zeit für einen selbst oder die Familie, Spiritualität und soziale Gerechtigkeit gehören zu den häufigsten Gründen für die Aufnahme eines einfacheren Lebens.[57] Die große Mehrheit der

Befragten berichtete, dass sie glücklicher lebten, seit sie ein einfacheres Leben führten.[58] Die Entscheidung, sich langfristig der Einfachheit zu verschreiben, führte zu Veränderungen in der Ausgestaltung von Arbeit und Wohnen. Damit waren auch einige der Schwierigkeiten verbunden, die mit dem einfacheren Leben einhergingen. Um einfach zu leben, musste Zeit von anderen Aktivitäten und der Arbeit abgezweigt werden. Das Pendeln zur Arbeit erfordert einen beträchtlichen Zeitaufwand. Eine Zunahme der Fahrtzeit aufgrund des Umzugs in eine preiswertere, aber auch weiter entfernte Gegend hielt Leute von einer einfacheren Lebensweise ab.[59] Alexander und Ussher machen Vorschläge für gesellschaftliche und politische Reformen, die neue Vereinfacher ermutigen würden, der Bewegung beizutreten: zum Beispiel eine kürzere Arbeitswoche und entspannte Arbeitszeitregeln. Sie hoffen, dass ihre Erkenntnisse Entscheidungsträgern helfen, die bereit sind, für ein einfaches Leben einzutreten. Langfristig gesehen könnten Regierungen sogar eine »Politik des einfachen Lebens« formulieren.[60]

**Die Motive, ein einfacheres Leben zu leben, sind so vielfältig wie die Vereinfacher selbst.**

Die Umfrage enthüllt noch eine weitere entscheidende Hürde für ein einfaches Leben: die Fähigkeit, den Versuchungen des Konsums zu widerstehen. Viele scheuen ein einfaches Leben, weil sie nicht die Zeit dafür finden. Der eigentliche Grund, mehr zu arbeiten, ist in vielen Fällen durch den Wunsch motiviert, mehr oder besser einzukaufen. Dass Versuchungen den Weg zur Einfachheit blockieren, ist eine Tatsache so alt wie die Welt, und dieses Buch hat schon von einigen Versuchen berichtet, weltliche Begehren durch asketische Übungen zu zügeln oder auszulöschen. Heute werden solche Übungen als überholt, ethisch und politisch fragwürdig oder einfach nur radikal angesehen. Ihr Reiz für die große Masse der Menschen ist gleich Null.

Den Versuchungen des Konsums zu widerstehen ist heute eine viel größere Herausforderung als jemals zuvor. Die Verfügbarkeit preiswerter Waren lässt den Widerstand gegen Spontankäufe bröckeln. Substanzen wie Zucker und Fett, die in leicht erhältlichen, billigen Lebensmitteln zu finden sind, erzeugen Abhängigkeiten. Der Gruppendruck, immer mehr und mehr haben zu wollen, ist einer der großen Antriebe des kapitalistischen Wirtschaftssystems. Die Vorstellung, dass der eigene moralische Wert durch das Eigentum bestimmt wird – »Ich bin nur so gut wie das, was ich besitze« –, ist weit verbreitet. Diese Herausforderungen sind nicht unbedingt neu und bilden in vielerlei Hinsicht die Gründe, weshalb manche sich in vergangenen Jahrhunderten dafür entschieden haben, ihr Leben zu vereinfachen. Heute jedoch werden Waren, Nahrung, äußere Zeichen von Reichtum und alle möglichen überflüssigen Produkte beworben, abgepackt und auf eine Weise angeboten, die den Wunsch der Kunden nach Einfachheit zu erfüllen scheint, wie uns Marketingleute erzählen. »To Keep Your Customers, Keep It Simple« ist der Titel eines Artikels in der *Harvard Business Review* von 2012.[61] Seit die Kundentreue nicht mehr garantiert ist, setzt man gezielte Werbebotschaften ein, um die Kunden zu halten. Ziel ist nicht, sie glücklich zu machen, sondern sie zum Verweilen zu bringen (»Stickiness«). Die Stickiness wird als der Erfolg definiert, die Kunden vom Kauf, vom wiederholten Kauf und von der Mundpropaganda über dieses Produkt zu überzeugen. Was bringt Kunden zum Verweilen? Einfachheit.[62] Kunden wollen der Information vertrauen, die sie über das Produkt haben, und in der Lage sein, eine schnelle, aber dennoch fundierte Kaufentscheidung zu treffen. »Was Kunden von Händlern wollen, ist einfach Einfachheit«, lautet eines der Mantras von Marketingprofis.[63] Kunden sollten in der Lage sein, die Produktinformationen mit Leichtigkeit zu navigieren und zu verstehen. Klare und deutliche Informationen sollten Kunden zu einfachen Kaufentscheidungen bringen. Marketinguntersuchungen zeigten Folgendes: Je mehr Informationen, umso verworrener die Botschaft, umso komplexer der Entscheidungsprozess, umso unwahrscheinlicher, dass jemand ein Produkt kauft.

Der Marschbefehl für Verkäufer sieht also so aus: Lasst Kunden in Rekordzeit navigieren, vertrauen, entscheiden, kaufen und das Ganze wiederholen. Je komplexer die Produkte sind, umso einfacher sollten die Schritte zur »Stickiness« sein. Je höher der »Entscheidungseinfachheitsindex« ist, umso besser ist es für das Produkt.[64] Einfachheit kurbelt die Marktwirtschaften an. Die Kaufentscheidung soll so einfach wie möglich werden – wie viele Produkte tragen das Wort »einfach« im Namen? Tesco, einer der größten Einzelhändler der Welt, verkauft eine Linie von Pflegeprodukten namens »Simple«. Produkte in dieser Linie sind parfümfrei, enthalten keine scharfen Chemikalien und sind sanft. Mit anderen Worten, sie sind einfach. Marks & Spencer betreibt Geschäfte unter dem Namen »Simply Food«. Diese verkaufen Lebensmittel, nicht unbedingt einfache und auch nicht ausschließlich Lebensmittel. Die amerikanische Zeitschrift *Real Simple* hat fast acht Millionen Leser. *Real Simple,* das keins von beiden ist, protzt mit verlockenden Darstellungen von Lebensmitteln, Gesundheitsprodukten, Haushaltswaren und Wellnessprodukten. Es ist Einkaufen leicht gemacht. Einfachheit verkauft sich.

Zahllose Produkte enthalten das Wort »simple« oder behaupten, »simple« zu sein. Eines verdient unsere besondere Aufmerksamkeit: Apple. Ken Segall, der Autor von *Insanely Simple* und *Think Simple*, war das Mastermind hinter der »Think different«-Kampagne, die Apple an die Spitze katapultierte. Er ist auch derjenige, der das »i« vor den Mac setzte und damit diesen Kleinbuchstaben in der Marketinggeschichte verewigte. Das Epigraph von *Insanely Simple* ist ein Geniestreich:

> »Simplify, simplify.«
> – Henry David Thoreau
> »Simplify.«
> – Apple

Segall hat die Ikone der amerikanischen Einfachheit bei ihrem eigenen Spiel geschlagen. Könnte es irgendetwas einfacheres in der kulturellen Landschaft Amerikas geben als eine Hütte an einem See? Ja, einen Computer, für Laien der Inbegriff der technologischen Komplexität. Er vereinfachte Thoreaus Formel, indem er das überflüssige »simplify« aus dem Motto entfernte. Selbst der Name des berühmten Autors scheint übermäßig lang zu sein im Vergleich mit dem hübsch knappen »Apple«, der Frucht der Erde.

»Jede von Apples Revolutionen war das Ergebnis der Hingabe des Unternehmens an die Einfachheit«, schreibt Segall.[65] Einfachheit, die – wenn man Segalls Wortwahl bedenkt – im Unternehmen quasireligiösen Status genießt, hat die Art und Weise, wie wir unser Leben leben, revolutioniert. Apples größtes Plus: Anpassungsfähigkeit: »Während die Welt sich ändert, während die Technik sich ändert, während das Unternehmen selbst sich an Veränderungen anpasst, bleibt die Religion der Einfachheit die eine Konstante. Sie bildet die Werte, die es Apple erlauben, Technologie in Geräte zu verwandeln, denen man nicht widerstehen kann.«[66]

Es ist diese Art von Einfachheit, die es uns schwer macht, einen einfacheren Lebensstil anzunehmen, wenn wir der Liste der Herausforderungen glauben, denen Vereinfacher sich gegenübersehen. Apples Einfachheit ist überall, von den Slogans – der alte iMac war »simply amazing, and amazingly simple« (einfach aufregend und aufregend einfach) – bis zum Produktdesign, der Unternehmensstruktur und den Kundenbeziehungen. Segall betont, dass Einfachheit schwere Arbeit ist, zum Glück lohnen die Ergebnisse den Aufwand: »Wenn Sie die Werte der Einfachheit vertreten, werden Sie derjenige sein, der für Veränderungen eintritt, die Kollegen auf Kurs hält und Tag für Tag seinen Wert für das Unternehmen beweist.«[67] Dies ist ein Beispiel für Unternehmenseinfachheit in Bestform: Konstruieren technologischer und gesellschaftlicher Veränderungen außerhalb des Unternehmens im Namen der Einfachheit sowie Zügeln der Kollegen und Umwerben der Unternehmensmanager, ebenfalls im Namen der Einfachheit. Die »Religion der Einfachheit« führt zu Aussagen wie »Simplicity is power, whether it's used by individuals or organizations« (Einfachheit ist Macht, ob nun von Einzelpersonen oder Organisationen benutzt).[68] Der Gott Einfachheit, wichtigste Triebkraft der Apple-Revolution, ist am Ende nur schwer fassbar. Das Wesen der Einfachheit wird uns nie wirklich verraten und seine Eigenschaften bleiben ungenannt. Dennoch regiert ihre göttliche Omnipräsenz wie ein *deus absconditus*, dem man nicht ausweichen kann. Als Schöpferin aller Dinge ist die Einfachheit in allen Dingen präsent, die sie erschafft:

> Menschen aller Altersgruppen, Religionen, Kulturen und politischen Einstellungen bevorzugen Einfachheit. Eigentlich gilt das nicht einmal nur für menschliche Wesen. Diese Vorliebe ist fest in allen lebenden Zellen verdrahtet. Bei ganz normalen, alltäglichen Entscheidungen sind sich die meisten Lebensformen einig: Der einfachere Weg ist der deutlich attraktivere. Ganz egal ob als Mensch, Hund, Fisch oder Amöbe: Sie reagieren viel positiver auf die einfachere Lösung – selbst wenn es keine bewusste Reaktion ist. Geschäftsleute, die diese Tatsache verstehen, annehmen und ausnutzen, werden größere Erfolge erzielen als jene, die dies nicht tun.[69]

Diese Auffassung von Einfachheit findet man nicht nur bei Segall und dem Apple-Abenteuer. Doch seine verschiedenen Metaphern geben uns einen Einblick auf die größeren, geschäftsorientierten Perspektiven, die unser Leben und in vielen Fällen auch unsere Gedanken und Ideen formen. Erstens, zu den Metaphern: Einfachheit ist in die »Verdrahtung« der Zellen »eingebrannt«, so wie man eine CD brennen würde. Man kann sich schwerlich eine mechanistischere Darstellung des Lebens vorstellen. Gleichzeitig sind alle Lebensformen, von Ihnen bis zur letzten Amöbe, mit der Macht zum Treffen von Entscheidungen ausgestattet sowie der Fähigkeit, den einfacheren Lösungen, die Apple für komplexe Probleme bietet, zuzustimmen oder zu widersprechen. Das ist das Geheimnis von Erfolg und gutem Leben. Solche

Aussagen führen zu einer Reihe von Vergröberungen, mit denen absolutistische Aussagen solcher Art gerechtfertigt werden: »Die unbestreitbare Wahrheit [ist, dass] ... die Menschen Einfachheit bevorzugen.«[70] Diese »eingebaute Vorliebe« führt zu einer Auffassung von der Welt, speziell der Geschäftswelt, die binär ist – gute Einfachheit gegen schlechte Einfachheit: »Es gibt zwar diese wunderbare Idee namens Einfachheit, doch daneben existiert auch diese dunkle Wolke namens Komplexität. Komplexität kann mächtig und verführerisch sein und sollte deshalb niemals unterschätzt werden.«[71]

Man sollte meinen, dass Segall diesen Punkt aus rhetorischen Zwecken übertreibt und seine religiösen Metaphern aus den gleichen Gründen sorgfältig wählt, aber die Welt, die er erschafft, seine Welt, wird nicht von Einfachheit regiert, wie er zu denken scheint, sondern von Simplismus – Vergröberungen, übertriebenen Vereinfachungen und falschen Äquivalenzen.

In der Welt von Apple wird Einfachheit bevorzugt, weil wir sie alle haben, so glaubt Segall, selbst wenn wir das nicht wissen. Es ist eine Welt, in der das Einfache und Rechtschaffene sich durchsetzen wird, wo man den mächtigen Feind namens Komplex »entschärfen« wird, wie er sich ausdrückt.[72] Es ist eine Welt, in der Einfachheit sich in Simplismus verwandelt, getarnt als »Wunschkind« von »Hirn und Gesundem Menschenverstand«, die im (englischen) Text extra großgeschrieben sind: »Brains and Common Sense«.[73] Simplismus mag sich als rationales Denken gerieren, bleibt aber trotzdem eine bewusst falsche Beurteilung mit der Absicht, Entscheidungen zugunsten der Person zu verbiegen, die sich zu den sogenannten einfachen Wahrheiten bekennt. Wir entscheiden uns für die Einfachheit, sagt Segall, weil wir so verdrahtet sind, wir können einfach nicht widerstehen. Das ist sicher eine interessante philosophische Frage in Bezug auf den freien Willen, aber kaum eine, deren Ergebnis das gute Leben ist. Für Segall ist Apple da, um unser Leben zu vereinfachen, weil wir wirklich wünschen, dass unser Leben einfach ist. Mit anderen Worten, Apple-Produkte, die alle Produkte mit einem hohen Simplicity Index sind, erleichtern uns unsere Entscheidungen bis zu dem Punkt, an dem sie Entscheidungen für uns treffen, ohne dass wir es überhaupt merken.

Was haben wir bei einer allzu starken Vereinfachung unseres Lebens zu verlieren? Eine ganze Menge. Ausgenommen sind einige wenige, die viel, und zwar wirklich viel, aus der Einfachheit herausholen. Dies sind die Architekten des simplistischen Denkens:

> Meine Art des Geschäftemachens ist ziemlich einfach und direkt. Ich ziele hoch und dann dränge und dränge und dränge ich immer weiter, um das zu kriegen, was ich will … Für mich ist das ganz einfach: Wenn du sowieso denkst, dann kannst du auch gleich groß denken … Einer der Schlüssel zum Großdenken ist absoluter Fokus. Ich stelle mir das fast wie eine kontrollierte Neurose vor, eine Eigenschaft, die ich bei vielen wirklich erfolgreichen Unternehmern wahrgenommen habe. Sie sind besessen, sie sind getrieben, sie sind zielstrebig und manchmal sind sie fast schon wahnsinnig, aber das fließt alles in ihre Arbeit … Ich sage nicht, dass diese Eigenart zu einem glücklichen Leben oder einem besseren Leben führt, aber sie ist großartig, wenn es darum geht, zu kriegen, was man will.[74]

In Donald Trumps *The Art of the Deal* steht einfaches Denken – definiert als übertriebenes Denken und neurotische Zielstrebigkeit – ganz und gar im Dienst von Gier, Selbstverherrlichung und dem Gefühl von persönlicher Außergewöhnlichkeit und Wichtigkeit. Es werden unbestätigt Dinge behauptet, wie etwa, dass die Einfachheit des großen Denkens die natürliche Gabe einiger weniger sei. Manche werden schon großartig geboren … halt! Die Ratschläge in diesem größtenteils autobiografischen Buch, wie man Millionär wird, sind nicht besonders originell. Dennoch lässt es einen Blick auf den aktuellen und gefährlichen Simplismus zu, der sich in der Politik breitmacht. Simplismus ist ein zweistufiger Prozess: Zuerst stiftet man Verwirrung und Chaos, dann bietet man simplistische Lösungen an, die zum eigenen Vorteil gereichen.

Der Nobelpreisträger Daniel Kahneman zeigte, dass wir eine komplexe Frage, mit der wir konfrontiert werden, oft durch eine leichtere ersetzen. In den meisten Fällen sind wir uns dieser Ersetzung gar nicht bewusst.[75] Die Antwort auf die vereinfachte Frage hat ihren Ursprung in verankertem Wissen. Verankertes Wissen, unreflektiert und im Umfang begrenzt, ist eine Art Reservoir von etablierten persönlichen Wahrheiten. Wenn wir diese Quelle anzapfen, vermeiden wir möglicherweise anstrengende kognitive Prozesse, allerdings führt uns das im Allgemeinen auch zu einer kognitiven Verzerrung. Als Reaktion auf die einfachere Frage werden einfache, wenn nicht gar simplistische Antworten bevorzugt. Kahnemans Forschungen zeigen, dass in einer spaltenden politischen Rhetorik besonders häufig auf kognitive Abkürzungen zurückgegriffen wird. Experimente, die auf Syllogismen, also logischen Schlüssen basieren, haben offenbart, dass Menschen, die an eine vorgefertigte Schlussfolgerung glauben, alle Argumente akzeptieren, die zu diesem Schluss führen, selbst wenn sich diese Argumente als unlogisch und fehlerhaft erweisen.[76] Gründet das Argument auf einer Teilinformation, werden keine weiteren Informationen gesucht; stattdessen werden die Schlussfolgerungen schneller erreicht.[77] Simplismus wächst und gedeiht vor allem in der fruchtbaren Umgebung von kognitiven Verzerrungen und Trugschlüssen. In seinem extremistischen Ausdruck und seinen streitsüchtigen Manifestationen ist der Simplismus der Feind der Einfachheit als Lebensform, die er als unrealistisch, rückschrittlich und eine Verletzung der persönlichen Freiheit erachtet. Oft werden fertige Argumente der Rhetorik der *Roten Angst* entliehen.

Forschungen des Psychologen Jacob Feldman haben erwiesen, dass ein Argument bzw. eine Geschichte umso seltener als zufällig angesehen werden, je einfacher es bzw. sie ist; stattdessen wirkt das Argument oder die Geschichte ausgedacht oder konstruiert.[78] Zu einfach, um wahr zu sein. Dennoch erregen Strukturen, die einfacher sind als erwartet, eher Interesse.[79] Die Simplicity Theory, entwickelt von Jean-Louis Dessalles, postuliert, dass Menschen »auf *Komplexitätsabnahmen* reagieren: das heißt, auf Situationen, die *einfacher zu beschreiben als zu erklären* sind«.[80] Ein Beispiel für die Abnahme der Komplexität und die damit einhergehende Unvorhersehbarkeit wäre das folgende Ergebnis einer Lottoziehung: 1-2-3-4-5-6. Diese aufeinanderfolgende Ziehung ist einfacher, weil wenige Informationen ausreichen, um sie zu beschreiben. Eine erwartungsgemäßere Ziehung mit sechs zufälligen Zahlen würde nicht dasselbe Interesse auslösen und eine komplexere Erklärung erfordern.[81] Am Ende wäre eine einfachere Ziehung zwar unerwarteter, aber interessanter. Vermutlich müssten Ziehungen, die sowohl einfach als auch interessant sind, den Verdacht auf Manipulationen und Betrug aufkommen lassen. Wenn sich also für etwas eine einfache Beschreibung anbietet, ist es nicht unbedingt vertrauenswürdig, wie ansprechend und kognitiv befriedigend diese Beschreibung oder Erklärung auch sein mag. Diejenigen, die sich für ein einfaches Leben entscheiden, treten 1-2-3-4-5-6-Situationen meist mit einer gewissen Vorsicht entgegen. Die Versuchung, einer Sache zu widerstehen, die zu einfach erscheint, ist einer der ersten Schritte auf dem Weg zum einfachen Leben.

Das Vermeiden von Ersetzungen und übermäßigen Vereinfachungen macht einen großen Teil des einfachen Lebens aus. Es ist nicht leicht, dem Simplismus zu widerstehen. Schließlich werden wir ständig mit reduktionistischen Ideen bombardiert, die sich als einfache und stichhaltige Gedankengänge tarnen und uns in einen blinden Konsumerismus und verängstigten Protektionismus locken. Leute, die eine Freiwillige Einfachheit leben, sind keine individualistischen, primitivistischen Eskapisten, wie sie manchmal dargestellt werden; sie sind auch keine Idealisten, die sich von den Realitäten des westlichen Wirtschaftslebens gelöst haben. Im Gegenteil, viele von ihnen sind Städter, die eine Lebensform angenommen haben, die von den ethischen Prinzipien der Güte und Sorge für andere und den Planeten bestimmt wird. Trotz seiner Ausbreitung als Bewegung hinkt das einfache Leben hinter den »grüneren« Lebensformen hinterher, die von den Mainstream-Medien verkündet werden. Als Lebensstil bietet es eine Vielzahl von Lösungen für die Umweltprobleme unserer Zeiten, das ungezügelte Wirtschaftswachstum, die steigende Armut und das wachsende Unbehagen mit der aktuellen politischen Situation. Es ist nicht roter als grün und es ist auch nicht der »Dritte Weg«.

Die Simplicity Movement, die Bewegung der Einfachheit, ist immer noch eine »nicht aktivierte Wählerschaft«, wie sich in den Antworten auf die Umfrage von Alexander und Ussher zeigt.[82] Ihre mangelnde Sichtbarkeit auf dem politischen Parkett des Westens mag an der wenig ausgeprägten Radikalisierung der Teilnehmer liegen. Das Annehmen eines einfacheren Lebensstils ist nicht so schwierig. Vielleicht unterminiert die Leichtigkeit, mit der man ein Vereinfacher wird, den Entscheidungsprozess, der zur einfachen Aktion führt. Es gibt verschiedene Grade der Hingabe, die ausführlich beschrieben worden sind; doch um ehrlich zu sein, beginnt ein einfaches Leben mit der einfachen Entscheidung zu handeln. Möglicherweise muss diese Entscheidung radikaler ausfallen, damit die Bewegung bemerkt wird und wachsen kann. »Downshifter« (also Leute, die einfach einen Gang herunterschalten), wie sie Amitai Etzioni in seiner Typologie der Vereinfacher beschreibt, sind sich vielleicht gar nicht bewusst, dass sie politisch aktiv sind.[83] Sie mögen nicht die Standhaftigkeit der Aktivisten aus der 68er-Generation haben, doch die Gesamtheit ihrer Entscheidungen und Aktionen beweist eine globale Anstrengung, den Planeten zu retten. Der Verzicht auf den Kauf überflüssiger Waren ist kein Zeichen einer schlechten Sozialisierung, sondern ein Akt des politischen Widerstands, des wirtschaftlichen Ungehorsams, der begangen wird, während man durch den Supermarkt läuft. Einfaches Leben bedeutet auch den Beitritt zu einer bewussten Gemeinschaft gemeinsamer und schlüssiger Werte, aber nicht nur das. Die Typologie

**Das Annehmen eines einfacheren Lebensstils ist nicht so schwierig.**

hilft nicht beim Verstehen der Motive der Menschen: Sind sie »gewissenhafte Vereinfacher« oder »vorsichtige Sparer«?[84] Solche Typen dienen vor allem zum Feintuning von Marketingkampagnen:

> In Deutschland stellt die freiwillige Einfachheit ein bemerkenswertes Segment (14,4%) dar und ist gleichzeitig eine interessante Zielgruppe sowohl für grüne Produkte als auch für Produkte, die das Bedürfnis nach geringerem Verbrauch erfüllen (z. B. langlebige Produkte, Teilen von Produkten). Daher entfernen sich gemäßigte Vereinfacher vom konsumorientierten Mainstream hin zu einem nachhaltigen Verbrauchermodell. Aus geschäftlicher Sicht sind gemäßigte Vereinfacher eine interessante Gruppe für Unternehmen, die in der Lage sind, die Philosophie des einfachen Lebens durch ihre Produkte und Dienstleistungen zu vermitteln.[85]

Die Anzahl der Studien, die sich mit den freiwilligen Vereinfachern befassen, dürfte jeden erstaunen, der mit diesem wachsenden Forschungsfeld und Markt nicht vertraut ist. Unternehmen und Marketingleute bemühen sich, die Vereinfacher zu gewinnen. Sie bemühen sich sogar, »die Philosophie des einfachen Lebens« in ihren Produkten, Produktlinien und Werbemaßnahmen zu vermitteln. Tatsache ist, dass es so etwas wie eine monolithische, einheitliche und verbindliche Philosophie des einfachen Lebens nicht gibt. Es könnte sich aber eine Philosophie des einfachen Lebens entwickeln, die dem Versprechen misstraut, das Einfachheit leicht machen will.

FAZIT

# EINE EINFACHE STIMME

Als jemand, der es hasst, Dinge wegzuwerfen, ohne einen anderen Zweck für sie zu finden oder sie zu reparieren, bin ich unglaublich erfreut darüber, dass es ein wachsendes Bewusstsein dafür gibt, wie dringend wir uns von der Wegwerfgesellschaft entfernen und zu einer Kreislaufwirtschaft finden müssen.

Prinz Charles[1]

Vermutlich ändern sich die Zeiten tatsächlich, wenn ein Multimillionär und Thronerbe des Vereinigten Königreichs von Großbritannien und Nordirland sich zum Vorkämpfer der Genügsamkeit erklärt. Natürlich dürfte es Reichen leichter fallen, genügsam zu sein, doch Prinz Charles' Handlungen bezeugen seine ehrliche Sorge um die Zukunft des Planeten. Seine offizielle Website rühmt sich der vielen Umweltschutzbelange, die Seine Königliche Hoheit in Großbritannien und im Ausland unterstützt.[2] Seit 40 Jahren fördert er wirtschaftlich machbare Projekte, die einen Nutzen für Gesellschaft und Umwelt haben. Doch genau wie Menschen mit geringerem finanziellem Spielraum, die seine Sorgen um die Umwelt teilen, bewegt sich Prinz Charles immer noch auf dem Boden der klassischen Ökonomie. In vielerlei Hinsicht erhalten die von ihm gepriesenen Lösungen das Modell am Leben, das die Wirtschaftskrise überhaupt erst verursacht hat. So vorteilhaft nachhaltige Aktionen und Regelungen auch sein mögen, die meisten von ihnen operieren immer noch unter den Prinzipien des Wachstums und der wirtschaftlichen Weiterentwicklung. Selbst die vom Prinzen als »Kreislaufwirtschaft« bezeichnete Spielart der Genügsamkeit wird von derselben Idee des einseitigen Wachstums regiert. Nachhaltigkeit und bewusste, aber selektive Genügsamkeit versuchen, die globale und heimische Wirtschaft in die richtige ethische Richtung zu lenken. Die meisten Menschen hätten ein Problem mit der Vorstellung, das Wirtschaftswachstum anzuhalten oder umzukehren, und Prinz Charles' Umweltpositionen unterscheiden sich nicht völlig von denen vieler grüner Wirtschaftswissenschaftler. Umwidmen, Müllvermeidung und die effiziente Nutzung natürlicher Ressourcen werden durch einen Glauben an den Neoliberalismus gestützt sowie die Überzeugung, dass Marktwirtschaften sich – wie das Leben – selbst erhalten, heilen und verbreiten. Es herrscht die Hoffnung, dass das aktuelle System sich selbst repariert, wenn neue, umweltfreundliche Wirtschaftsanreize geboten werden und Nachhaltigkeit größere Priorität erhält. Genügsamkeit und Nachhaltigkeit als beliebte Schlagworte unserer Zeit beschreiben das vielfach vertretene Narrativ, dass ungezügelter Konsum schlecht für Mensch und Umwelt sei, während intelligenter und gut gelenkter Kapitalismus uns allen nütze.

Der Begriff der *Nachhaltigkeit*, dessen Ursprünge sich bis ins frühe 16. Jahrhundert zurückverfolgen lassen, wurde genau wie die Einfachheit von Marketingleuten aufgegriffen, um den Verkaufswert von Waren zu erhöhen. Volkswirtschaftlern diente er als Vorwand für neue kapitalistische Unternehmungen.[3] Sicher, Nachhaltigkeit hat in den meisten westlichen Ländern zu erheblichen Veränderungen im Kaufverhalten und zu einer umweltbewussteren Lebensweise geführt. Nur ein Beispiel: Immer mehr Menschen kaufen lokale Produkte, um ihren ökologischen Fußabdruck zu verkleinern. Als Ergebnis eines größeren Bewusstseins für die Umweltrisiken, die ein rücksichtsloser Konsum mit sich bringt, sind in den letzten zehn Jahren in den USA und Großbritannien immer mehr Wochenmärkte entstanden. Solche lokalen Märkte sind nicht nur umweltfreundlich, sondern gelten oft auch als Lösung für den Mangel an gesunder Nahrung und Produkten in unterprivilegierten Gebieten. Allerdings haben Studien gezeigt, dass Wochenmärkte es nicht schaffen, die sozioökonomischen Unterschiede bei gesunden Lebensmitteln aufzulösen.[4] Sie bleiben ein weißes Mittelklassephänomen mit nur geringem Einfluss auf die Lebensmittelgerechtigkeit.

Darüber hinaus lenken lokal produzierte Erzeugnisse, selbst wenn sie im Allgemeinen umweltfreundlich sind, von einer einfachen Realität ab: Es ist leicht, sein eigenes Essen herzustellen, selbst mit wenig Platz. Glücklicherweise ist die urbane Landwirtschaft auf dem Vormarsch. Stadtplaner erwärmen sich für die Idee, urbane Bauernhöfe in ihre Planungsstrategien aufzunehmen. Es dürfte sich positiv auf die Versorgung mit gesunden Lebensmitteln auswirken, wenn die urbane Landwirtschaft zunehmen und Teil der neuen Stadtbilder werden würde.[5] Vorstädte, die in Umweltfragen lange als Hort der Ignoranz galten, werden als mögliche Standorte für ethisch vertretbare landwirtschaftliche Unternehmungen, kluge Umweltentscheidungen und geplante »Wachstumsrücknahme« beleuchtet.[6] Die Transition-Town-Bewegung, eine Initiative, die es sich zum Ziel gesetzt hat, den Klimawandel einzudämmen, das Konsumverhalten der Menschen zu ändern und lokale Wirtschaften zu stabilisieren, gewinnt immer mehr Boden. Es ist schon viel getan worden, aber natürlich lässt sich noch viel mehr erreichen. Der Sonderbericht des IPCC (Intergovernmental Panel on Climate Change; »Weltklimarat«) von 2018 schlug Alarm und forderte dringende Sofortmaßnahmen.

Während einige der Hauptideen, die unter dem Banner der Nachhaltigkeit und Genügsamkeit zusammengefasst werden, sich im alltäglichen einfachen Leben widerspiegeln, kritisieren viele überzeugte Vereinfacher die Umsetzung sogenannter nachhaltiger Wirtschaftsmodelle, die weiterhin auf Wachstum als Kernprinzip setzen. Wachstumsrücknahme als Wirtschaftsmodell bietet viele gangbare Richtungen. Einer ihrer Grundlagentexte, *The Entropy Law and the Economic Process* (1971) von Nicholas Georgescu-Roegen, ebnete den Weg für eine neue Wachstumstheorie. Serge Latouche war einer der größten Verfechter der Wachstumsrücknahme. Ihre Befürworter sprechen sich gegen ein Wirtschaftswachstum um seiner selbst willen aus. Das angestrebte Ergebnis einer Wachstumsrücknahme ist nicht die unendliche Zurückbildung von Wirtschaft und Konsum, sondern eine alternative Gesellschaft, die ökologisch nachhaltig und gesellschaftlich gerecht ist. Laut Latouche hängt der Erfolg der Wachstumsrücknahme in großen

**Wachstumsrücknahme als Wirtschaftsmodell**

Teilen davon ab, sich von der Vorstellung eines wirtschaftlichen Imperialismus zu lösen. Würde sich das Denken von der Idee befreien, dass Wachstum natürlich und unausweichlich ist, könnten sich neue Gesellschaftsmodelle und neue Beziehungen zur natürlichen Welt entwickeln.[7] Latouche schlug den Begriff »Nichtwachstum« (*a-croissance*) vor – eigentlich also A-Wachstum, analog zum Begriff »Atheismus« für den Nicht-Glauben an Gott –, um die wichtigsten Ideen hinter der Bewegung zu vermitteln.[8] Wachstumsrücknahme erfordert, dass wir den Glauben an das Wachstum aufgeben. Auf gesellschaftlicher Ebene bedeutet das Programm zur Wachstumsrücknahme, dass alternative Austauschmodelle zunehmen, etwa der Tauschhandel oder das Schenken. Solche Abweichungen von den aktuellen Austauschmodellen würden zu mehr sozialer Gerechtigkeit, Geselligkeit und Glück führen. Darüber hinaus legt Wachstumsrücknahme als globales Phänomen stärkeres Gewicht auf lokale Gegebenheiten, seien sie nun ökologisch, gesellschaftlich oder wirtschaftlich. Entscheidungen über das Tempo und die Ergebnisse der Wachstumsrücknahme müssen für den jeweiligen Ort relevant sein. Ziel der Wachstumsrücknahme ist Wohlstand für alle.

Wachstumsrücknahme als Lebensform und wirtschaftliches Konzept wurde von vielen Vereinfachern befürwortet, die bereits ein einfaches Leben führen. In vielen Aspekten entsprechen die unterstützten Ideen denen der Freiwilligen Einfachheit und vergleichbarer Bewegungen. Ist »Wachstumsrücknahme« nur ein anderes Wort für das jahrtausendealte Konzept, das das Leben der Kyniker in der Antike, der Mönche im frühen Christentum, der Quäker und Shaker im Europa und Amerika der frühen Neuzeit, von Philosophen wie Rousseau und

Thoreau und der vielen Menschen, die bewusst in genügsamen, nachhaltigen und einfachen Gemeinschaften leben, geleitet hat? Die Idee der Wachstumsrücknahme hat möglicherweise bereits existierende Kräfte von neuem mobilisiert und einer alten Praxis einen neuen Namen gegeben, schafft es aber nicht, neue Leute zu rekrutieren, weil es als zu radikal missverstanden wird. Wachstumsrücknahme hat den Vorteil, dass sie die Fixierung des *Homo economicus* auf das Wachstum ausnutzt, allerdings verhindert vermutlich der Begriff selbst die Verbreitung der Botschaft. Jene, die vom Wachstum besessen sind, lehnen das Konzept seiner Rücknahme ab. Lieber hält man sich an Botschaften wie »Slow Living«. Der zunehmende Erfolg der Slow-Bewegung, die Carl Honoré in seinem Buch *In Praise of Slow* (2004) diskutiert, bestätigt die Hypothese, dass leichtverpackte Lebensformen eher akzeptiert werden als Theorien, die verdächtig akademisch klingen:

> Schnell und Langsam beschreiben mehr als nur eine Änderungsrate. Sie stehen für Lebensformen oder -philosophien. Schnell ist geschäftig, kontrollierend, aggressiv, eilig, analytisch, gestresst, oberflächlich, ungeduldig, aktiv, Quantität-über-Qualität. Langsam ist das Gegenteil: ruhig, sorgfältig, empfänglich, still, intuitiv, gemächlich, geduldig, besinnlich, Qualität-über-Quantität. Es geht darum, echte und sinnvolle Beziehungen aufzubauen – zu Menschen, Kultur, Arbeit, Nahrung, zu allem … die Slow-Philosophie lässt sich in einem Wort zusammenfassen: Ausgewogenheit.[9]

Dieser Auszug aus *In Praise of Slow* verrät das Rezept für den kommerziellen Erfolg einer Idee: Es bietet an, »mehr zu machen« und zaubert eine ganze Lebensphilosophie, komplett mit Zweideutigkeiten – richtig und falsch, gut und schlecht – sowie schnelle Lösungen für große Probleme her. Im Großen und Ganzen kann es auf ein im Allgemeinen positives Wort reduziert werden – hier: »Ausgewogenheit«. Die Botschaft: Durch »langsamer werden«, entschleunigen, macht man mehr, sieht man mehr, fühlt man mehr, lebt man besser. Im Prinzip spinnt Slow Living den Mythos von Wachstum und Effizienz weiter und macht ihn schmackhafter. Wachstumsrücknahme ist ein einfaches Heilmittel mit Biss, hier wird nichts schöngefärbt wie bei den vielen wiedergekäuten Varianten der Slow-Bewegung.

Als Wirtschaftstheorie und Lebensweise hat die Wachstumsrücknahme die Vorstellung vom Wachstum noch nicht aus den dominierenden politischen, akademischen oder öffentlichen Diskursen verdrängt, auch nicht aus jenen, die behaupten, sich der Umwelt und dem einfachen Leben verschrieben zu haben. In Wirklichkeit ist es schwierig, in einer Kultur, die es seit Jahrzehnten aufrechterhalten hat, das Wachstum zu bekämpfen. Vereinfacher interessieren sich schon lange für Ideen, die von unseren eigenen Mythen unbefleckt sind und suchen sie entsprechend anderswo. Die weitreichenden Ansichten von Thoreau und Merton, die beide von östlichen Philosophien beeinflusst waren, sind nur zwei Beispiele dafür. Neue Paradigmen für Wachstumsrücknahme und einfaches Leben erwachsen auch aus den indigenen Kosmologien der Andenvölker und fanden bereits Aufnahme in die Verfassungen von Ecuador und Bolivien. *Sumak Kawsay* in Quechua, *ñandereko* in Guaraní, *Suma Qamaña* in Aymara, *Shiir waras* in Ashuar und *Küme Mongen* in Mapuche vermitteln alle – wenn auch mit regionalen Unterschieden – die Vorstellung, mit anderen und der Natur in Harmonie zu leben. Auf Spanisch wird diese Idee *Buen Vivir* oder *Vivir Bien* genannt, also »gute Lebensweise« oder »gutes Leben«. Auch »gemeinschaftlich gut leben« wurde vorgeschlagen.[10] Genau wie das einfache Leben deckt *Buen Vivir* einen großen semantischen Bereich ab, dem ein einziger Begriff kaum gerecht werden kann. Dennoch gibt es den Versuch einer Definition: »in Wohlstand leben und wissen, wie man im Einklang mit den Kreisläufen von Mutter Erde, Kosmos, Leben und Geschichte sowie voller Respekt mit allen Formen des Daseins leben kann«.[11] Verfechter des *Buen Vivir* stellen sich der Ausnutzung von *Pachamama*, Mutter Erde, durch unzulässige Vermenschlichung oder die tatsächliche Aneignung und Ausbeutung des Landes durch unersättliche internationale Unternehmen entgegen. *Buen Vivir* dient als Gegenkraft gegen Formen des wirtschaftlichen und kulturellen Kolonialismus, egal ob bereits etabliert oder neu. Das harmonische Miteinander aller Lebewesen, belebt oder unbelebt, im Kern des *Buen Vivir*, fand zuerst seinen Weg in die antikolonialistischen und politischen Diskurse und später in die Verfassungen. Die Auswirkungen der wirtschaftlichen Entwicklung auf die indigenen Bevölkerungen und die Umwelt ließen eine soziopolitische Bewegung entstehen, deren Stimme in den 2000er-Jahren immer lauter wurde. Die neue ecuadorianische Verfassung von 2008, die von den Prinzipien des *Buen Vivir* inspiriert ist, gewährt der Natur selbst Rechte und legt besonderes Augenmerk auf soziale Gerechtigkeit und Gleichberechtigung. Kritiker weisen darauf hin, dass die Verfassung von sozialistischen Regierungen durchgesetzt wurde, um deren Agenda zu befriedigen. Dabei liegt die Stärke des *Buen Vivir* im Umfang seiner Ziele. Als Weltsicht, die sich auf die gegenseitige Vernetzung von allem gründet, widersetzt es sich einer starren intellektuellen Kategorisierung. Für Eduardo Gudynas ist es »kein statisches Konzept, sondern eine Idee, die kontinuierlich neu erschaffen wird«.[12] *Buen Vivir* ist eine heterogene Sammlung aus politischen und gesellschaftlichen Prinzipien, die im Gegensatz zur westlichen Moderne stehen, und sollte daher nicht auf der Grundlage einiger weniger Umsetzungen beurteilt werden, sondern anhand der Herausforderungen, die es der auf eine eurozentrische Politik ausgerichteten Vorstellungskraft bietet.

Untersuchungen in die Geschichte des einfachen Lebens zeigen, dass seine ideologischen Umrisse fließend, seine Interpretationen vielfältig und seine Manifestationen breitgefächert sind. Genau wie das *Buen Vivir* vereint das einfache Leben ein ganzes Spektrum an Positionen, Ideen und Lebensweisen unter seiner Fahne. Als übergreifendes Konzept mit weitreichender Resonanz darf das einfache Leben nicht auf eine Reihe fester Prinzipien, hochfliegender Ambitionen oder technischer Hilfsmittel reduziert werden. Einfaches Leben kann jedoch die schlummernde Fantasie wecken und die Macht der Gewohnheit erschüttern. Das einfache Leben richtet sich an alle, die bereit sind, auf die leise Stimme des Lebens zu lauschen, die jedes Ding hat und die in uns allen widerhallt.

# QUELLENANGABEN

## EINFÜHRUNG


1 Friedrich Nietzsche, *Der Wanderer und sein Schatten*, 1880, https://www.projekt-gutenberg.org/nietzsch/wanderer/wanderer.html

2 Mark C. Taylor, *The Moment of Complexity: Emerging Network Culture* (Chicago, IL, 2003), S. 3, Übersetzung des Zitats von Kathrin Lichtenberg.

3 Roland Barthes, *Das Neutrum, Vorlesung am Collège de France 1977-78*, Hrsg. Eric Marty, Übersetzung von Horst Brühmann (Suhrkamp, Frankfurt/Main, 2005), S. 35.

4 André Comte-Sponville, *Ermutigung zum unzeitgemäßen Leben – Ein kleines Brevier der Tugenden & Werte* (Rowohlt-Verlag, Hamburg, 1996), Übersetzung von Josef Winiger, Nicola Volland und Una Pfau, S. 192.

5 Jack Cohen und Ian Stewart, *Chaos und Antichaos: Ein Ausblick auf die Wissenschaft des 21. Jahrhunderts* (Byblos-Verlag, Berlin, 1999).

6 Isaac Newton, *Mathematische Prinzipien der Naturlehre*, Hrsg. Prof. Dr. J. Ph. Wolfers, (Berlin, 1872), S. 394.

7 Georg-Christoph Lichtenberg, *Schriften und Bücher, 2. Band: Sudelbücher 2* (Zweitausendeins, Frankfurt/Main, 1998), S. 177.

8 Gaston Bachelard, *Der neue wissenschaftliche Geist*, Übersetzung von Michael Bischoff (Suhrkamp, Frankfurt/Main, 1988).

9 »Einfachheit ist kein Zustand von Dingen, sondern eine Geisteshaltung« Gaston Bachelard, Essai sur la connaissance rapprochée (Paris, 1969), S. 98.

10 Lawrence B. Slobodkin, *Simplicity and Complexity in the Games of the Intellect* (Cambridge, MA, 1992), S. 17, Übersetzung des Zitats von Kathrin Lichtenberg.

11 Siehe z. B. Peter A. van der Helm, *Simplicity in Vision: A Multidisciplinary Account of Perceptual Organization* (Cambridge, 2014).

12 Aristoteles, *Politik*, Übersetzt und mit erklärenden Anmerkungen versehen von Eugen Rolfes (Felix Meiner Verlag, Hamburg, 1981).

13 Ebenda.

14 Giorgio Agamben, *Homo Sacer: Die souveräne Macht und das nackte Leben*, (Suhrkamp, Frankfurt/Main, 2002).

15 François Jullien, *Philosophie des Lebens*, Übersetzung von Erwin Steinbach (Passagen, Wien, 2013).

16 Ebenda, S. 130.

17 Google-Suche, Stichwort »simpel«; de.wiktionary.org, Stichwort »simpel«.

18 Ein modernes Beispiel wäre die Bach-Blütentherapie, die Anfang des 20. Jahrhunderts entwickelt wurde und auf dem Prinzip der Einfachheit basiert.

19 Johann Wolfgang Goethe, *Briefe, http://www.zeno.org/Literatur/M/Goethe,+Johann+Wolfgang/Briefe/1827*

## KAPITEL 1: EINFACHE ANFÄNGE

1 Platon, *Phaidros*, aus: Platons Werke, Übersetzung von Friedrich Daniel Ernst Schleiermacher, https://www.projekt-gutenberg.org/platon/platowr1/phaidro1.html

2 Ebenda.

3 Ebenda.

4 »Dodona« Oxford Classical Dictionary… der Verweis auf das Füßewaschen findet sich auch in der deutschen Wikipedia, Stichwort »Dodona«.

5 Zitiert nach Rosenberger, Veit: *Griechische Orakel, eine Kulturgeschichte*, Theiss, Stuttgart, 2001. Übersetzung des Zitats von Franz Dorotheus Gerlach.

6 Platon, *Phaidros*, aus: Platons Werke, Übersetzung von Friedrich Daniel Ernst Schleiermacher, https://www.projekt-gutenberg.org/platon/platowr1/phaidro1.html

7 Ebenda.

8 Ebenda.

9 Ebenda.

10 Ebenda.

11 Jacques Derrida, *Dissemination* (London, 1981), S. 127, Übersetzung des Zitats von Kathrin Lichtenberg.

12 Ebenda.

13 Ebenda.

14 Ebenda.

15 Ben Jonson, *Cynthia's Revels* (Dumfries and Galloway, 2017), S. 127.

16 Koen De Temmerman, *Crafting Characters: Heroes and Heroines in the Ancient Greek Novel* (Oxford, 2014), S. 119.
17 Aristoteles, *Metaphysik*, Übersetzung von Adolf Lasson (Sammlung Hofenberg, 2016), S. 18.
18 Ebenda, S. 18.
19 Ebenda, S. 18.
20 Parmenides aus Elea: *Über die Natur*. Aus: Die Fragmente der Vorsokratiker. Griechisch und Deutsch von Hermann Diels. 1. Band, Berlin 1922, http://www.zeno.org/Philosophie/M/Parmenides+aus+Elea/Fragmente/Aus%3A+%C3%9Cber+die+Natur
21 Platon, *Theiaitetos*, aus: Platons Werke, Übersetzung von Friedrich Daniel Ernst Schleiermacher, https://www.projekt-gutenberg.org/platon/platowr2/theaite1.html
22 Ebenda.
23 Platon, *Phaidon*, aus: Platons Werke, Übersetzung von Friedrich Daniel Ernst Schleiermacher, https://www.projekt-gutenberg.org/platon/platowr2/phaidon1.html
24 Platon, *Timaios* und *Phaidros*.
25 Siehe *Phaidon*, über die Unsterblichkeit der Seelen vs. die Unsterblichkeit der Körper: »Sieh nun zu, sprach er, o Kebes, ob aus allem gesagten uns dieses hervorgeht, daß dem göttlichen, unsterblichen, vernünftigen, eingestaltigen, unauflöslichen, und immer einerlei und sich selbst gleich sich verhaltenden am ähnlichsten ist die Seele, dem menschlichen und sterblichen und unvernünftigen und vielgestaltigen und auflöslichen und nie einerlei und sich selbst gleich bleibenden diesem wiederum der Leib am ähnlichsten ist?«
26 Plotin, *Enneaden*. Übersetzung von Hermann Friedrich Müller, 1878, *http://www.zeno.org/Philosophie/M/Plotin/Enneaden*. V, 2, 1.
27 Ebenda, II, 9, 1.
28 Ebenda.
29 Ebenda, VI, 9, 4.
30 Ebenda, VI, 9, 7.
31 Ebenda, VI, 9, 11.
32 Ebenda.
33 Ebenda.
34 Ebenda, II, 9, 14.
35 Ebenda.
36 Blaise Pascal, *Gedanken – Pensées*: Vollständige Ausgabe in Neuübersetzung, Übersetzung von Bruno Kern (marixverlag 2017).

37 Siehe zum Beispiel Pierre Hadot, *Philosophie als Lebensform: Geistige Übungen in der Antike* (Gatza, Berlin 1991).
38 Friedrich Nietzsche, *Der Wanderer und sein Schatten*, 1880, https://www.projekt-gutenberg.org/nietzsch/wanderer/wanderer.html
39 Ebenda.
40 Xenophon, *Xenophons Erinnerungen an Sokrates*, Übersetzung von Otto Güthling, 1883, https://www.projekt-gutenberg.org/xenophon/erinneru/erinneru.html
41 Ebenda.
42 Ebenda.
43 Ebenda.
44 Platon, *Der Staat*, Buch VI, Übersetzung von Friedrich Daniel Ernst Schleiermacher, https://www.projekt-gutenberg.org/platon/platowr3/staat06.html
45 Ebenda, Buch III.
46 Ebenda, Buch II.
47 Ebenda.
48 Ebenda, Buch IV.
49 Ebenda.
50 Aristoteles, *Nikomachische Ethik*, Buch XI, Übersetzung von Eugen Rolfes, https://www.projekt-gutenberg.org/aristote/nikomach/nikomach.html
51 Ebenda.
52 Aristoteles, *Politik*, Buch I, Kapitel 10, Übersetzung von J. H. v. Kirchmann, 1880, https://www.projekt-gutenberg.org/aristote/politik/titlepage.html
53 Ebenda, Buch II, Kapitel 3.
54 Karen Margrethe Nielsen, »Economy and Private Property« in *The Cambridge Companion to Aristotle's Politics*, Hrsg. M. Deslauriers und P. Destrée (Cambridge 2013), S. 84.
55 Mark Aurel, *Des Kaisers Marcus Aurelius Antonius Selbstbetrachtungen*, Buch I, https://www.projekt-gutenberg.org/antonius/selbstbe/selbstbe.html
56 Marcus Aurelius, *Meditations*, Übersetzung von Gregory Hays (New York, 2003), Buch XI, 15, Übersetzung der Passage aus dem Englischen von Kathrin Lichtenberg.
57 Mark Aurel, *Des Kaisers Marcus Aurelius Antonius Selbstbetrachtungen*, Buch VI, 13, https://www.projekt-gutenberg.org/antonius/selbstbe/selbstbe.html
58 Dion Chrysostomos, *Sämtliche Reden* (Artemis-Verlag, Zürich & Stuttgart, 1967).

59 Diogenes Laertius, *Leben und Meinungen berühmter Philosophen*, Übersetzung von Otto Apelt (Verlag von Felix Meiner, Leipzig, 1921).
60 William Desmond, *Cynics* (Stocksfield, 2008), S. 156f.
61 Julian, *Oration* 6.187c-d. Zitiert in Desmond, *Cynics*, S. 15. Übersetzung des Zitats von Kathrin Lichtenberg.
62 *Ausgewählte Schriften des heiligen Hieronymus*, 2. Band, Übersetzung von Peter Leipelt (Verlag der Köselschen Buchhandlung, Kempten, 1874), S. 415.
63 Ebenda, S. 416.
64 André-François Boureau-Deslandes, *Histoire critique de la philosophie* (Amsterdam, 1737), Band II, S. 188.
65 Ebenda.
66 Ebenda, S. 192f.

## KAPITEL 2: WANDELN IN EINFACHHEIT

1 Lutherbibel, 1984.
2 Ceslas Spicq, »La Vertu de simplicité dans l'Ancien et le Nouveau Testament«, *Revue des sciences philosophiques et théologiques*, XXII/1 (1933), S. 7.
3 Lutherbibel 1912 – mit Apokryphen, 1. Makkabäer 2, 37, https://www.bibel-online.net/buch/luther_1912_apokr/1_makkabaeer/2/
4 »Scio, Deus meus, quod probes corda, et simplicitatem diligas, unde et ego in simplicitate cordis mei laetus obtuli universa haec: et populum tuum qui hic repertus est, vidi cum ingenti gaudio tibi offere donaria.«, 1. Chronik 29, 17
5 Lutherbibel, 1984, Römer 12, 6-8.
6 Lutherbibel, 1984, Weisheit 1, 1-2
7 Testament der zwölf Patriarchen, Das Testament des Issachar 3, 2, in: *Altjüdisches Schrifttum außerhalb der Bibel*, Hrsg. Paul Rießler, 1928, https://de.wikisource.org/wiki/Testament_der_zw%C3%B6lf_Patriarchen (die Lutherbibel nennt ihn übrigens an der entsprechenden Stelle einen »gesitteten Mann«, die Einheitsübersetzung einen »Mann ohne Fehl« und die King-James-Bibel »a plain man«. A.d.Ü.).
8 Ebenda Issachar 3, 8.
9 Ebenda Issachar 4, 1-6.
10 Ebenda Issachar 5, 1-4.

11 Ebenda Issachar 6, 1.

12 *Ante-Nicene Fathers: The Writings of the Fathers down to AD 325* (New York, 1903), Band VIII, S. 23.

13 Testament der zwölf Patriarchen, Das Testament des Issachar 7, 7, in: *Altjüdisches Schrifttum außerhalb der Bibel*, Hrsg. Paul Rießler, 1928, https://de.wikisource.org/wiki/Testament_der_zw%C3%B6lf_Patriarchen

14 Der Hirte des Hermas, in: *Apostolische Väter*, Übersetzung aus dem Griechischen von Franz Zeller. (Bibliothek der Kirchenväter, 1. Reihe, Band 35) München 1918, S. 185, https://bkv.unifr.ch/works/102/versions/115/divisions/93665

15 Ebenda, S. 254

16 Ebenda, S. 275 f.

17 Oscar J. F. Seitz, »Afterthoughts on the Term ‚Dipsychos'«, *New Testament Studies*, IV/4 (1958), S. 327–34.

18 David A. Michelson, *The Practical Christology of Philoxenos of Mabbug* (Oxford, 2014), S. 2 f. Übersetzung des Zitats von Kathrin Lichtenberg.

19 *The Discourses of Philoxenos of Mabbug*, Übersetzung Robert A. Kitchen (Collegeville, MN, 2013), S. 64, Übersetzung aller Zitate von Kathrin Lichtenberg.

20 Ebenda, S. 56.

21 David A. Michelson, »Philoxenos of Mabbug and the Simplicity of Evagrian Gnosis: Competing Uses of Evagrius in the Early Sixth Century«, in *Evagrius and His Legacy*, Hrsg. Joel Kalvesmaki und Robin Darling Young (South Bend, IN, 2016), S. 175-205.

22 Michelson, *Practical Christology*, S. 196.

23 Philoxenos, *Discourses*, S. 96f.

24 Ebenda, S. 99.

25 Ebenda, S. 103.

26 Ebenda, S. 104.

27 Ebenda, S. 106.

28 Ebenda, S. 107f.

29 Ebenda, S. 110f. Hervorhebung von mir.

30 Ebenda, S. 111.

31 Ebenda, S. 112.

32 Ebenda, S. 116.

33 Ebenda, S. 117.

34 Ebenda, S. 116.

35 Ebenda, S. 119

36 Ebenda.
37 Michelson, *Practical Christology*, S. 21.
38 Philoxenos *Discourses*, S. 180.
39 Ebenda, S. 205f.
40 Ebenda, S. 344.
41 Ebenda, S. 359.
42 Ebenda, S. 360.
43 Ebenda, S. 366f.
44 Giorgio Agamben, *Höchste Armut: Ordensregeln und Lebensform*, Übersetzung aus dem Italienischen von Andreas Hiepko, (S. Fischer Verlag, Frankfurt am Main, 2012), S. 9.
45 Thomas Merton, *Zen and the Birds of Appetite* (New York, 1968), S. 61f., Übersetzung der Zitate von Kathrin Lichtenberg.
46 Ebenda, S. 62.
47 Thomas Keating, »The Seven Stages of Centering Prayer«, *Contemplative Outreach News*, XXVIII/2 (2012), S. 2, Übersetzung des Zitats von Kathrin Lichtenberg.
48 Thomas Keating, »Simplicity«, *Contemplative Outreach News*, XXVIII/1 (2011), S. 1, Übersetzung der Zitate von Kathrin Lichtenberg
49 Ebenda.
50 Ebenda.
51 Ebenda.
52 Jean-Baptiste Chautard, *The Spirit of Simplicity*, aus dem Französischen von Thomas Merton (Notre Dame, IN, 2017), S. 79f., Übersetzung der Zitate von Kathrin Lichtenberg.
53 Ebenda, S. 93f.
54 Ebenda, S. 94.
55 Ebenda, S. 98.
56 Ebenda.
57 Ebenda, S. 109.
58 Ebenda, S. 109f.
59 Ebenda, S. 110.
60 Ebenda, S. 105.
61 Gordon Oyer, »Thomas Merton and the ‚Pessimism' of Jacques Ellul«, *Merton Annual*, XXX (2017), S. 131–144.
62 Ebenda, S. 140f.
63 Thomas Merton, *Turning toward the World: The Pivotal Years, Journals, vol. IV*: 1960–63, Hrsg. Victor A. Kramer (San Francisco, CA, 1996), S. 11, Übersetzung der Zitate von Kathrin Lichtenberg.

64 Ebenda, S. 10.
65 Jacques Ellul, *The Technological Society* (New York, 1964), S. XXV, Übersetzung der Zitate von Kathrin Lichtenberg.
66 Ebenda, S. 325.
67 Jacques Ellul, »Technique and the Opening Chapter of Genesis«, in *Theology and Technology: Essays in Christian Analysis and Exegesis*, Hsrg. und Übersetzer Carl Mitcham und Jim Grote (Lanham, MD, 1984), S. 126f., Übersetzung der Zitate von Kathrin Lichtenberg.
68 Ebenda, S. 135.
69 Ebenda, S. 128.
70 Ebenda, S. 129.
71 Ebenda.

## KAPITEL 3: DIE »GABE, EINFACH ZU SEIN«

1 Zitiert in Edward Deming Andrews, *The Gift to Be Simple: Songs, Dances and Rituals of the American Shakers* (New York, 1962), S. 136.
2 Ebenda, S. 67. Das Lied wurde von »Henry B.« geschrieben und ist auf den 10. Oktober 1843 datiert.
3 Ebenda, S. 113.
4 Stephen J. Stein, *The Shaker Experience in America: A History of the United Society of Believers* (New Haven, CT, und London, 1992), S. 173. Übersetzung des Zitats von Kathrin Lichtenberg.
5 Ebenda, S. 185.
6 *Summary View of the Millennial Church* (Albany, NY, 1823), S. 248f., eigene Hervorhebungen, Übersetzung des Zitats von Kathrin Lichtenberg.
7 Ebenda, S. 253.
8 Ebenda, S. 268.
9 Ebenda, S. 266.
10 Laura Paine, »Hands to Work, Hearts to God: The Story of the Shaker Seed Industry«, *HortTechnology*, III/4 (1993), S. 375-82.
11 Zitiert in Flo Morse, *The Shakers and the World's People* (New York, 1980), S. 184, Übersetzung des Zitats von Kathrin Lichtenberg.
12 Zitiert ebenda, S. 266.
13 Zitiert in Christian Becksvoort, *The Shaker Legacy: Perspectives on an Enduring Furniture Style* (Newtown, CT, 2000), S. 2, Übersetzung des Zitats von Kathrin Lichtenberg.
14 Ebenda, S. 18f.

15 »Simple Gifts: Shaker at the Met«, *www.metmuseum.org*, abgerufen am 1. November 2017.
16 Siehe www.furnishing-utopia.com.
17 Zitiert in Becksvoort, *The Shaker Legacy*, S. 16.
18 Morse, *The Shakers*, S. 115.
19 Zitiert ebenda, S. 349.
20 Siehe Morse, *The Shakers*, S. 182.
21 Anne Midgette, »Music Review: John Williams's ‚Air and Simple Gifts' at the Obama Inauguration«, *www.washingtonpost.com*, 21. Januar 2009.
22 Frederick William Evans, *Shakers Compendium*, 4. Auflage (New Lebanon, NY, 1867), S. 18-20, Übersetzung des Zitats von Kathrin Lichtenberg.
23 Marie Huber, *The World Unmask'd; or, The Philosopher the Greatest Cheat* (London, 1736), S. 95, Übersetzung des Zitats von Kathrin Lichtenberg.
24 James Nayler, *A Collection of Sundry Books, Epistles and Papers* (London, 1716), S. IV, S. XXI, S. XXVI, Übersetzung des Zitats von Kathrin Lichtenberg.
25 Ebenda, S. 258f.
26 Ebenda, S. 259.
27 Ebenda, S. XXVI.
28 Ebenda, S. 261.
29 Ebenda, S. 385.
30 Ebenda, S. 271.
31 Ebenda, S. 397.
32 William Penn, *Ohne Kreuz keine Krone* (Pyrmont, 1826), Kap.7, Abschnitt 13, https://de.wikisource.org/wiki/Ohne_Kreuz_keine_Krone.
33 Ebenda, Kap. 14, Abschnitt 6.
34 Ebenda.
35 Ebenda, Kap. 14, Abschnitt 7.
36 Ebenda.
37 Robert Barclay, *An Apology for the True Christian Divinity* (London, 1780), S. 538, Übersetzung des Zitats von Kathrin Lichtenberg.
38 Ebenda, S. 540.
39 John Woolman, *The Journal of John Woolman* (Gloucester, MA, 1971), S. VII.
40 Ebenda, S. 8f., Übersetzung des Zitats von Kathrin Lichtenberg.
41 Ebenda, S. 205.

42 Ebenda, S. 163.
43 Anthony Benezet, *Observations on Plainness and Simplicity*, S. 6.
44 Ebenda, S. 7.
45 Ebenda, S. 8.
46 Elias Hicks, *Journal of the Life and Religious Labours of Elias Hicks* (New York, 1832), S. 62 und S. 91, Übersetzung des Zitats von Kathrin Lichtenberg.
47 Ebenda, S. 353.
48 Ebenda, S. 162.
49 Ebenda, S. 449.
50 Zitiert in Kenneth L. Carroll, »Early Quakers and ‚Going Naked as a Sign'«, *Quaker History*, LXVII/2 (1978), S. 76, Übersetzung Kathrin Lichtenberg.
51 William Craig Brownlee, *A Carefull and Free Inquiry into the True Nature and Tendency of the Religious Principles of the Society of Friends* (Philadelphia, PA, 1824), S. 96.
52 Marcus Rediker, *The Fearless Benjamin Lay* (Boston, MA, 2017), S. 2, Übersetzung des Zitats von Kathrin Lichtenberg.
53 Ebenda, S. 149.
54 Ebenda, S. 101.
55 Ebenda.

## KAPITEL 4: EINE EINFACHE REFORM

1 Jean-Jacques Rousseau, *Träumereien eines einsamen Spaziergängers*, Übersetzung von Ulrich Bossier (Reclam, Stuttgart, 2003).
2 Jean-Jacques Rousseau, »Rousseau Judge of Jean-Jacques: Dialogues« in *The Collected Writings of Rousseau*, Hrsg. Roger D. Masters und Christopher Kelly (Hanover, NH, und London, 1990), Bd. 1, S. 132f.
3 Jean-Jacques Rousseau, *Abhandlung über den Ursprung und die Grundlagen der Ungleichheit unter den Menschen*, Übersetzung von Philipp Rippel (Reclam, Stuttgart, 1998).
4 Jean-Jacques Rousseau, *Emile oder über die Erziehung*, http://www.zeno.org/Philosophie/M/Rousseau,+Jean-Jacques/Emil+oder+Ueber+die+Erziehung.
5 Ebenda.

6 *Jean-Jacques Rousseau et Henriette*, ed. Hippolyte Buffenoir (Paris, 1902), S. 17, Übersetzung aus dem Französischen ins Englische von Jérôme Brillaud, Übersetzung aus dem Englischen von Kathrin Lichtenberg.
7 Ebenda, S. 38.
8 Ebenda, S. 40.
9 Jean-Jacques Rousseau, *Abhandlung über den Ursprung…*, S. 46.
10 Entnommen aus Pierre Burgelin, *La Philosophie de l'existence de Jean-Jacques Rousseau* (Paris, 1973), S. 272.
11 Jean-Jacques Rousseau, *Abhandlung über den Ursprung…*, S. 35f.
12 Ebenda, S. 119.
13 Ebenda, S. 36.
14 Ebenda, S. 21.
15 Ebenda.
16 Ebenda, S. 74.
17 Jean-Jacques Rousseau, »Political Fragments«, in *The Collected Writings of Rousseau*, Hrsg. Roger D. Masters und Christopher Kelly (Hanover, NH, und London, 1994), Bd. IV, S. 18. In Fragment 1 schrieb Rousseau: »Anyone who, renouncing in good faith all the prejudices of human vanity, will reflect seriously on all these things will find in the end that all the noble words of society, justice, laws, mutual defense, assistance to the weak, philosophy, and progress of reason, are only lures invented by clever political thinkers or cowardly flatterers in order to deceive the simple-minded« [»Jeder der, wenn er in gutem Glauben allen Vorurteilen der menschlichen Eitelkeit abschwört, ernsthaft über all diese Dinge nachdenkt, wird feststellen, dass die noblen Wort von Gesellschaft, Gerechtigkeit, Gesetzen, gegenseitigem Schutz, Hilfe für die Schwachen, Philosophie und Fortschritt der Vernunft nur Köder sind, die von schlauen politischen Denkern oder feigen Schmeichlern erfunden wurden, um die Einfältigen zu täuschen.« Übersetzung hier: Kathrin Lichtenberg] Ebenda, S. 17. Rousseau verwendete das Substantiv »*les simples*«, das nicht so abwertend ist wie das englische »*the simple-minded*« (oder das deutsche »*die Einfältigen*«).
18 Jean-Jacques Rousseau, *Abhandlung über den Ursprung…*, S. 133.
19 Ebenda, S. 134.
20 Jean-Jacques Rousseau, *Vom Gesellschaftsvertrag* (Reclam, Stuttgart, 2011), S. 115.
21 Ebenda, S. 102f.

22 Ebenda, S. 86 (Rousseau schreibt von »le gouvernement simple«, was sich natürlich auch mit »die einfache Regierung« übersetzen ließe. A.d.Ü.).

23 Ebenda.

24 Jean-Jacques Rousseau, *Julie oder Die neue Héloïse*, Hrsg. Felix Braun (Lizenzausgabe für den Weltbild-Verlag, Augsburg, 2005), S. 170, »Ich suchte ihn so von seinen schlimmen Gedanken durch den Gedanken an einen vertraulichen Briefwechsel zwischen uns abzulenken, und diese schlichte Seele, die sich immer nur an alles, was Dich umgibt, sozusagen festzuhaken sucht, ließ sich leicht dadurch kirren.«

25 Jean-Jacques Rousseau, *Abhandlung über den Ursprung…*, S. 40.

26 Ebenda.

27 Jean-Jacques Rousseau, »Social Contract«, in *The Collected Writings of Rousseau*, Bd. IV, S. 198, Übersetzung des Zitats von Kathrin Lichtenberg.

28 Louis Althusser, *Cours sur Rousseau* (Paris, 2012).

29 Jean-Jacques Rousseau, *Emile…*

30 Ebenda.

31 Jean-Jacques Rousseau, *Julie…*, S. 19.

32 Jean-Jacques Rousseau, *Emile…*

33 Ebenda.

34 Jean-Jacques Rousseau, *Abhandlung über den Ursprung…*, S. 71f.

35 Jean-Jacques Rousseau, *Emile…*

36 Ebenda.

37 Henry David Thoreau, *Walden – Ein Leben mit der Natur*, Übersetzung von Erika Ziha (Deutscher Taschenbuch Verlag, München, 1999), S. 8.

38 Ebenda, S. 10.

39 Ebenda, S.19.

40 Ebenda, S. 20.

41 Ebenda.

42 Ebenda, S. 100f.

43 Ebenda, S. 101.

44 Ebenda, S. 102.

45 Ebenda, S. 72

46 Ebenda, S. 71f.

47 Giorgio Agamben, *Profanations* (New York, 2015), S. 82, Übersetzung des Zitats von Kathrin Lichtenberg.

48 Thoreau, *Walden*, S. 72.

49 Charles Frederick Briggs, »A Yankee Diogenes«, *Putnam's Monthly*, IV (1854), S. 443, Übersetzung des Zitats von Kathrin Lichtenberg.
50 Ebenda.
51 Henry David Thoreau, Leben ohne Grundsätze, Übersetzung von Peter Kleinhempel (Limbus, Innsbruck, ), S. 18f.
52 Ebenda.
53 Ebenda, S. 19.
54 Ebenda, S. 20.
55 Ebenda, S. 21.
56 Ebenda.
57 Ralph Waldo Emerson, »Spiritual Laws«, in *The Complete Works of Ralph Waldo Emerson*, Hrsg. Edward Waldo Emerson (Boston, MA, und New York, 1903-4), Bd. II, S. 137, Übersetzung des Zitats von Kathrin Lichtenberg.
58 Ralph Waldo Emerson, »Literary Ethics«, ebenda, Bd. 1, S. 165.
59 Ebenda, S. 165f.
60 Ralph Waldo Emerson, »Natural History of the Intellect«, ebenda, Bd. XII, S. 63.
61 Ralph Waldo Emerson, *Selbständigkeit*, Übersetzung von Karl Federn, https://www.projekt-gutenberg.org/emerson/essay1/chap002.html
62 Ebenda.
63 Ebenda.
64 Ebenda.
65 Ebenda.
66 Ralph Waldo Emerson, »The Transcendentalist«, in *The Complete Works of Ralph Waldo Emerson*, Hrsg. Edward Waldo Emerson (Boston, MA, und New York, 1903-4), Bd. I, S. 334, Übersetzung des Zitats von Kathrin Lichtenberg.
67 Siehe Richard Francis, *Fruitlands: The Alcott Family and Their Search for Utopia* (New Haven, CT, 2010).
68 Zitiert in Matthew Jefferies, »*Lebensreform*: A Middle-class Antidote to Wilhelminism?«, in *Wilhelminism and Its Legacies: German Modernities, Imperialism, and the Meanings of Reform, 1890–1930*, Hrsg. Geoff Eley und James Retallack (Oxford und New York, 2003), S. 91.
69 Ebenda, S. 98, Übersetzung des Zitats von Kathrin Lichtenberg.
70 Ebenda, S. 70.
71 Susan Okie, »Getting a Profile of Health Store Customers«, *Washington Post*, 5. August 1997, S. 5.

## KAPITEL 5: EINFACHHEIT LEICHT GEMACHT

1 Walter Benjamin, »Erfahrung und Armut«, in *Gesammelte Schriften*, Bd. 2 »Metaphysisch-geschichtsphilosophische Studien«, S. 213ff.
2 Ebenda.
3 Ebenda.
4 Ebenda.
5 Ebenda.
6 Ebenda.
7 Alexander Pope, »Ode on Solitude«, in *Complete Poetical Works of Alexander Pope*, Hrsg. W. C. Armstrong (New York, 1877), Bd. I, S. 329.
8 Henri Bergson, *Die beiden Quellen der Moral und der Religion*, Übersetzung von Eugen Lerch (Felix Meiner Verlag, Hamburg, 2019).
9 Ebenda.
10 Ebenda.
11 Ebenda.
12 Siehe Jean-Christophe Goddard, *Mysticisme et folie: Essai sur la simplicité* (Paris, 2002), S. 16.
13 Vladimir Jankélévitch, *L'Innocence et la méchanceté, Traité des vertus*, Bd. III (Paris, 1986), S. 411.
14 Ebenda, S. 420.
15 Ebenda, S. 421.
16 Jamie Bartlett, »Will 2018 Be the Year of the Neo-Luddite?«, www.guardian.co.uk, 4. März 2018.
17 Jamie Bartlett, *The People vs Tech* (London, 2018), S. 1.
18 Theodore Kaczynski, *Technological Slavery* (Port Townsend, WA, 2008), S. 13ff.
19 Ebenda, S. 32.
20 Ebenda, S. 170f.
21 Samuel Alexander, »Wild Democracy: A Biodiversity of Resistance and Renewal«, *Simplicity Institute Report 16a* (2016), www.simplicityinstitute.org, S. 16.
22 Ebenda.
23 Ebenda, S. 15, Übersetzung des Zitats von Kathrin Lichtenberg.
24 Ebenda, S. 18.

25 Henry David Thoreau, »A Week on the Concord and Merrimack Rivers«, in *Henry David Thoreau*, Hrsg. Robert F. Sayre (New York, 1985), S. 238, Übersetzung des Zitats von Kathrin Lichtenberg.
26 Martin Heidegger, *Die Frage nach der Technik* (1953), S. 17, https://monoskop.org/images/2/27/Heidegger_Martin_1953_2000_Die_Frage_nach_der_Technik.pdf
27 Ebenda, S. 18.
28 Ebenda, S. 20.
29 Ebenda.
30 Ebenda, S. 21.
31 Ebenda, S. 28.
32 Ebenda, S. 29.
33 Ebenda, S. 36.
34 Martin Heidegger, *Was heißt Denken?* (Max Niemeyer Verlag, Tübingen, 1954), S. 49f.
35 Clément Rosset, *The Real and Its Double*, Übersetzung ins Englische von Chris Turner (Kolkata, 2012), S. 3, Übersetzung des Zitats ins Deutsche von Kathrin Lichtenberg.
36 Ebenda, S. 24.
37 Ebenda, S. VII.
38 Ebenda, S. 43f.
39 Ebenda, S. IX-X.
40 Ebenda, S. XVI.
41 Ebenda, S. 19.
42 Clément Rosset, *Le Réel: Traité de l'idiotie* (Paris, 1997), S. 21.
43 Ebenda, S. 29.
44 Rosset, *The Real*, S. 45. Rosset verwendet den Begriff »humiliation«, Demütigung. Demütigung ist eine Herabsetzung des sozialen Selbst, was später erklärt wird.
45 Clément Rosset, *Loin de moi* (Paris, 1999), S. 35ff.
46 Ebenda. S. 39.
47 Ebenda, S. 43f.
48 Ebenda, S. 50f.
49 Ebenda, S. 89.
50 Richard B. Gregg, *The Value of Voluntary Simplicity* (Wallingford, PA, 1936), S. 4, Übersetzung des Zitats von Kathrin Lichtenberg.
51 Samuel Alexander and Simon Ussher, »The Voluntary Simplicity Movement: A Multi-national Survey Analysis in Theoretical Context«, *Journal of Consumer Culture*, XII/1 (2012), S. 66-86.
52 Ebenda, S. 73.

53 Ebenda.
54 Ebenda, S. 74.
55 Ebenda.
56 Ebenda, S. 78.
57 Ebenda, S. 76.
58 Ebenda, S. 77.
59 Ebenda, S. 79.
60 Ebenda.
61 Patrick Spenner und Karen Freeman, »To Keep Your Customers, Keep It Simple«, *Harvard Business Review* (Mai 2012), S. 109-14.
62 Ebenda, S. 110.
63 Ebenda.
64 Ebenda.
65 Ken Segall, *Insanely Simple: The Obsession That Drives Apple's Success* (New York, 2012), S. 3, Übersetzung des Zitats von Kathrin Lichtenberg.
66 Ebenda.
67 Ebenda, S. 4.
68 Ebenda, S. 5.
69 Ebenda.
70 Ebenda, S. 4.
71 Ebenda, S. 5.
72 Ebenda.
73 Ebenda, S. 7.
74 Donald Trump, *The Art of the Deal* (New York, 1987), S. 45ff., Übersetzung des Zitats von Kathrin Lichtenberg.
75 Daniel Kahneman, *Schnelles Denken, langsames Denken*, Übersetzung von Thorsten Schmidt (Siedler, München, 2012).
76 Ebenda.
77 Ebenda.
78 Jacob Feldman, »How Surprising Is a Simple Pattern? Quantifying ‚Eureka'«, *Cognition*, XCIII (2004), S. 218.
79 Adrian Dimulescu und Jean-Louis Dessalles, »Understanding Narrative Interest: Some Evidence on the Role of Unexpectedness«, *Proceedings of the 31st Annual Conference of the Cognitive Science Society* (Amsterdam, 2009), S. 1737f. Online verfügbar unter at www.csjarchive.cogsci.rpi.edu.
80 Giovanni Sileno, Antoine Saillenfest und Jean-Louis Dessalles, »A Computational Model of Moral and Legal Responsibility via

Simplicity Theory«, *Jurix 2017*, Hrsg. A. Wyner und G. Casini, S. 173. Online verfügbar unter https://jurix2017.gforge.uni.lu.

81 Antoine Saillenfest, Jean-Louis Dessalles und Olivier Auber, »Role of Simplicity in Creative Behaviour: The Case of the Poietic Generator«, *Proceedings of the Seventh International Conference on Computational Creativity*, Hrsg. F. Pachet, A. Cardoso, V. Corruble und F. Ghedini (2016), S. 34. Online verfügbar unter www.computationalcreativity.net.

82 Alexander und Ussher, »The Voluntary Simplicity Movement«, S. 82.

83 Amitai Etzioni, »Voluntary Simplicity: Characterization, Select Psychological Implications, and Societal Consequences«, *Journal of Economic Psychology*, XIX (1998), S. 619-43. In Etzionis Typologie werden Vereinfacher nach ihrem Grad der Hingabe eingeteilt. Zuerst kommen die Downshifter, dann die starken Vereinfacher und schließlich jene, die einer der Bewegungen beigetreten sind, die ein einfaches Leben propagieren.

84 Alexandra Hüttel et al., »To Purchase or Not? Why Consumers Make Economically (Non-) Sustainable Consumption Choices«, *Journal of Cleaner Production*, CLXXIV (2018), S. 833.

85 Mathias Peyer, Ingo Balderjahn, Barbara Seegebarth und Alexandra Klemm, »The Role of Sustainability in Profiling Voluntary Simplifiers«, *Journal of Business Research*, LXX (2017), S. 41f. Übersetzung des Zitats von Kathrin Lichtenberg.

## FAZIT: EINE EINFACHE STIMME

1 Zitiert in »Prince Charles at 70: Is This Multimillionaire Really a Role Model for Frugality?«, www.guardian.co.uk, abgerufen am 14. November 2018, Übersetzung des Zitats von Kathrin Lichtenberg.

2 Siehe www.princeofwales.gov.uk/sustainability, abgerufen am 19. November 2018.

3 Siehe Paul Warde, *The Invention of Sustainability: Nature and Destiny, c. 1500–1870* (Cambridge, 2018), Jeremy Caradonna, *Sustainability: A History* (Oxford, 2014) und Ulrich Grober, *Sustainability: A Cultural History* (Totnes, 2012).

4 Siehe zum Beispiel die folgende Studie zu Wochenmärkten (Farmer's Markets) in Los Angeles: Bryce Lowery et al., »Do Farmers' Markets Increase Access to Healthy Foods for All Communities? Comparing Markets in 24 Neighborhoods in Los Angeles«, *Journal of the American Planning Association*, LXXXII/3 (2016), S. 252-66.

5 Siehe zum Beispiel Megan Horst, Nathan McClintock und Lesli Hoey, »The Intersection of Planning, Urban Agriculture, and Food Justice: A Review of the Literature«, *Journal of the American Planning Association*, LXXXIII/3 (2017), S. 277-95.

6 Samuel Alexander and Brendan Gleeson, *Degrowth in the Suburbs: A Radical Urban Imaginary* (London, 2018).

7 Serge Latouche, *Les Précurseurs de la décroissance*: Une anthologie (Neuvy-en-Champagne, 2016), S. 19.

8 Ebenda, S. 10.

9 Carl Honoré, *In Praise of Slow: How a Worldwide Movement Is Challenging the Cult of Speed* (London, 2004), S. 13, Übersetzung des Zitats von Kathrin Lichtenberg.

10 Daniela Bressa Florentin, »Between Policies and Life: The Political Process of Buen Vivir in Ecuador«, in *The Politics of Wellbeing: Theory, Policy and Practice*, Hrsg. Ian Bache und Karen Scott (London, 2018), S. 121-42.

11 Zitiert in Julien Vanhulst und Adrian E. Beling, »Buen vivir: Emergent Discourse within or beyond Sustainable Development?«, *Ecological Economics*, CI (Mai 2014), S. 56, Übersetzung des Zitats von Kathrin Lichtenberg.

12 Eduardo Gudynas, »Buen Vivir: Today's Tomorrow«, *Development*, LIV/4 (2011), S. 443, Übersetzung des Zitats von Kathrin Lichtenberg.

# LITERATUR


Agamben, Giorgio, Höchste Armut: Ordensregeln und Lebensform (Fischer Verlag, Frankfurt/Main, 2019)

—, *Homo Sacer, Die souveräne Macht und das nackte Leben* (Suhrkamp, Frankfurt/Main, 2002)

—, *Profanierungen* (Suhrkamp Verlag, Frankfurt/Main, 2005)

Alexander, Samuel und Brendan Gleeson, *Degrowth in the Suburbs: A Radical Urban Imaginary* (London, 2018)

Alexander, Samuel und Amanda McLeod, *Simple Living in History: Pioneers of the Deep Future* (Melbourne, 2014)

Alexander, Samuel und Simon Ussher, »The Voluntary Simplicity Movement: A Multi-national Survey Analysis in Theoretical Context«, *Journal of Consumer Culture*, XII/1 (2012), S. 66-86

Althusser, Louis, *Cours sur Rousseau* (Paris, 2012) (2019 auf Englisch erschienen als *Lessons on Rousseau*)

Andrews, Edward Deming, *The Gift to Be Simple: Songs, Dances and Rituals of the American Shakers* (New York, 1962)

Aristoteles, *Metaphysik*, in *Gesammelte Werke* (e-artnow, 2016)

—, *Nikomachische Ethik*, www.projekt-gutenberg.org oder als E-Book in *Gesammelte Werke* (e-artnow, 2016)

—, *Politik*, Ebenda.

Bachelard, Gaston, *Der neue wissenschaftliche Geist*, (Suhrkamp Verlag, Berlin, 1988)

Barclay, Robert, *An Apology for the True Christian Divinity* (London, 1780)

Barthes, Roland, *Das Neutrum: Vorlesung am College de France 1977-78* (Suhrkamp, Frankfurt/Main, 2005)

Bartlett, Jamie, *The People vs Tech* (London, 2018)

Becksvoort, Christian, *The Shaker Legacy: Perspectives on an Enduring Furniture Style* (Newtown, CT, 2000)

Benezet, Anthony, *Observations on Plainness and Simplicity*

Benjamin, Walter, »Erfahrung und Armut«, in *Gesammelte Schriften*, Bd. 2 »Metaphysisch-geschichtsphilosophische Studien«

Bergson, Henri, *Die beiden Quellen der Moral und der Religion*, (Felix Meiner Verlag, Hamburg, 2019)

Brownlee, William Craig, *A Careful and Free Inquiry into the True Nature and Tendency of the Religious Principles of the Society of Friends* (Philadelphia, PA, 1824)

Buffenoir, Hippolyte, Hrsg., *Jean-Jacques Rousseau et Henriette* (Paris, 1902)

Caradonna, Jeremy L., *Sustainability: A History* (Oxford, 2014)

Chautard, Jean-Baptiste, *The Spirit of Simplicity*, aus dem Französischen von Thomas Merton (Notre Dame, IN, 2017)

Cohen, Jack und Ian Stewart, *Chaos und Antichaos: Ein Ausblick auf die Wissenschaft des 21. Jahrhunderts* (Byblos-Verlag, Berlin, 1999)

Comte-Sponville, André, *Ermutigung zum unzeitgemäßen Leben – Ein kleines Brevier der Tugenden & Werte* (Rowohl-Verlag, Hamburg, 1996)

de Halleux, André, *Philoxéne de Mabbog: sa vie, ses ecrits, sa theologie* (Leuven, 1963)

De Temmerman, Koen, *Crafting Characters: Heroes and Heroines in the Ancient Greek Novel* (Oxford, 2014)

Derrida, Jacques, *Dissemination* (London, 1981)

Desmond, William, *Cynics* (Stocksfield, 2008)

Dion Chrysostomos, *Sämtliche Reden* (Artemis-Verlag, Zürich & Stuttgart, 1967)

Diogenes Laertius, *Leben und Meinungen berühmter Philosophen* (Felix Meiner Verlag, Leipzig, 1921)

Elgin, Duane, *Voluntary Simplicity: Toward a Way of Life That is Outwardly Simple, Inwardly Rich* (New York, 1993)

Ellul, Jacques, »Technique and the Opening Chapter of Genesis«, in *Theology and Technology: Essays in Christian Analysis and Exegesis*, Hrsg. und übers. von Carl Mitcham und Jim Grote (Lanham, MD, 1984)

—, *The Technological Society* (New York, 1964)

Emerson, Ralph Waldo, »Literary Ethics«, in *The Complete Works of Ralph Waldo Emerson*, Hrsg. Edward Waldo Emerson (Boston, MA, und New York, 1903-4), vol. I, S. 153-87

—, »Natural History of the Intellect«, ebenda., Bd. XII, S. 1-110

—, *Selbständigkeit*, www.projekt-gutenberg.org

—, »Spiritual Laws«, in *The Complete Works of Ralph Waldo Emerson*, Hrsg. Edward Waldo Emerson (Boston, MA, und New York, 1903-4), Bd. II, S. 129-66

—, »The Transcendentalist«, ebenda, Bd. I, S. 327-59

Etzioni, Amitai, »Voluntary Simplicity: Characterization, Select Psychological Implications, and Societal Consequences«, *Journal of Economic Psychology*, XIX (1998), S. 619-43

Evans, Frederick William, *Shakers Compendium* (New Lebanon, NY, 1867)

Feldman, Jacob, »How Surprising Is a Simple Pattern? Quantifying ‚Eureka'«, *Cognition*, XCIII (2004), S. 199-224

Francis, Richard, *Fruitlands: The Alcott Family and Their Search for Utopia* (New Haven, CT, 2010)

Goddard, Jean-Christophe, *Mysticisme et folie: Essai sur la simplicité* (Paris, 2002)

Gregg, Richard B., *The Value of Voluntary Simplicity* (Wallingford, PA, 1936)

Grober, Ulrich, *Sustainability: A Cultural History* (Totnes, 2012)

Gudynas, Eduardo, »Buen Vivir: Today's Tomorrow«, *Development*, LIV/4 (2011), S. 441-7

Hadot, Pierre, *Philosophie als Lebensform: Geistige Übungen in der Antike* (Gatza, Berlin 1991)

Heidegger, Martin, *Die Frage nach der Technik* (1953), z. B. in: https://monoskop.org/images/2/27/Heidegger_Martin_1953_2000_Die_Frage_nach_der_Technik.pdf

—, *Was heißt Denken?* (Max Niemeyer Verlag, Tübingen, 1954)

Hicks, Elias, *Journal of the Life and Religious Labours of Elias Hicks* (New York, 1832)

Hieronymus, »Gegen Jovinian«, in *Ausgewählte Schriften des heiligen Hieronymus*, Bd. 2 (Verlag der Köselschen Buchhandlung, Kempten, 1874)

Honoré, Carl, *In Praise of Slow: How a Worldwide Movement Is Challenging the Cult of Speed* (London, 2004)

Huber, Marie, *The World Unmask'd; or, The Philosopher the Greatest Cheat* (London, 1736)

Jankélévitch, Vladimir, Henri Bergson (Durham, NC, 2015)

—, *L'Innocence et la méchanceté*, *Traité des vertus*, Bd. III (Paris, 1986)

Jonson, Ben, *Cynthia's Revels* (Dumfries and Galloway, 2017)

Jullien, François, Philosophie des Lebens, (Passagen, Wien, 2013)

Kaczynski, Theodore, *Technological Slavery* (Port Townsend, WA, 2008)

Kahneman, Daniel, *Schnelles Denken, langsames Denken* (Siedler, München, 2012)

Keating, Thomas, »The Seven Stages of Centering Prayer«, *Contemplative Outreach News*, XXVIII/2 (2012), S. 1-2

—, »Simplicity«, *Contemplative Outreach News*, XXVIII/1 (2011), S. 1

Latouche, Serge, *Les Précurseurs de la décroissance: Une anthologie* (Neuvy-en-Champagne, 2016)
Mark Aurel, *Des Kaisers Marcus Aurelius Antonius Selbstbetrachtungen,* Buch I, www.projekt-gutenberg.org
Merton, Thomas, *Turning toward the World: The Pivotal Years. Journals, Vol. IV,* 1960-1963, Hrsg. Victor A. Kramer (San Francisco, CA, 1996)
—, *Zen and the Birds of Appetite* (New York, 1968)
Michelson, David A., *The Practical Christology of Philoxenos of Mabbug* (Oxford, 2014)
Morse, Flo, *The Shakers and the World's People* (New York, 1980)
Nayler, James, *A Collection of Sundry Books, Epistles and Papers* (London, 1716)
Newton, Isaac, *Mathematische Prinzipien der Naturlehre,* Hrsg. Prof. Dr. J. Ph. Wolfers, (Berlin, 1872)
Nietzsche, Friedrich, »Der Wanderer und sein Schatten«, www.projekt-gutenberg.org
Pascal, Blaise, *Gedanken – Pensées*: Vollständige Ausgabe in Neuübersetzung, (marixverlag 2017).
Penn, William, *Ohne Kreuz keine Krone* (Pyrmont, 1826), de.wikisource.org/wiki/Ohne_Kreuz_keine_Krone
Philoxenos of Mabbug, *The Discourses of Philoxenos of Mabbug* (Collegeville, MN, 2013)
Plato, *Phaidon,* aus: *Platons Werke,* www.projekt-gutenberg.org
—, *Phaidros,* ebenda
—, *Der Staat,* ebenda
—, *Theiaitetos,* ebenda
Plotin, *Enneaden,* www.zeno.org
Pope, Alexander, »Ode on Solitude«, in *Complete Poetical Works of Alexander Pope,* Hrsg. W. C. Armstrong (New York, 1877), Bd. I
Rediker, Marcus, *The Fearless Benjamin Lay* (Boston, MA, 2017)
Rosset, Clément, *Loin de moi* (Paris, 1999)
—, *The Real and Its Double* (Kolkata, 2012)
—, *Le Réel: Traité de l'idiotie* (Paris, 1997)
Rousseau, Jean-Jacques, *Abhandlung über den Ursprung und die Grundlagen der Ungleichheit unter den Menschen* (Reclam, Stuttgart, 1998)
—, *Emile oder über die Erziehung* (Reclam, Stuttgart, 2019)
—, *Julie oder Die neue Héloïse,* Hrsg. Felix Braun (Lizenzausgabe für den Weltbild-Verlag, Augsburg, 2005)

—, »Political Fragments«, in *The Collected Writings of Rousseau*, Hrsg. Roger D. Masters und Christopher Kelly (Hanover, NH, und London, 1994), Bd. IV

—, *Träumereien eines einsamen Spaziergängers* (Reclam, Stuttgart, 2003).

—, »Rousseau Judge of Jean-Jacques: Dialogues«, in *The Collected Writings of Rousseau*, Hrsg. Roger D. Masters und Christopher Kelly (Hanover, NH, und London, 1990), Bd. I

—, *Vom Gesellschaftsvertrag* (Reclam, Stuttgart, 2011)

Schumacher, Ernst Friedrich, Small Is Beautiful: Die Rückkehr zum menschlichen Maß (oekom Verlag, München, 2019)

Segall, Ken, *Insanely Simple: The Obsession That Drives Apple's Success* (New York, 2012)

»Der Hirte des Hermas«, in *Apostolische Väter* (Bibliothek der Kirchenväter, 1. Reihe, Band 35, München, 1918)

Shi, David E., *The Simple Life: Plain Living and High Thinking in American Culture* (Athens, GA, 2007)

Slobodkin, Lawrence B., *Simplicity and Complexity in the Games of the Intellect* (Cambridge, MA, 1992)

Spenner, Patrick und Karen Freeman, »To Keep Your Customers, Keep It Simple«, *Harvard Business Review* (Mai 2012), S. 109-14

Stein, Stephen J., *The Shaker Experience in America: A History of the United Society of Believers* (New Haven, CT, und London, 1992)

*Summary View of the Millennial Church* (Albany, NY, 1823)

Testament der zwölf Patriarchen, Das Testament des Issachar 3, 2, in: *Altjüdisches Schrifttum außerhalb der Bibel*, Hrsg. Paul Rießler, 1928, https://de.wikisource.org/wiki/Testament_der_zw%C3%B6lf_Patriarchen

Thoreau, Henry David, *Walden – Ein Leben mit der Natur* (Deutscher Taschenbuch Verlag, München, 1999)

—, »A Week on the Concord and Merrimack Rivers«, in *Henry David Thoreau*, Hrsg. Robert F. Sayre (New York, 1985)

—, *Leben ohne Grundsätze* (Limbus, Innsbruck, 2019)

Trump, Donald, *The Art of the Deal* (New York, 1987)

Warde, Paul, *The Invention of Sustainability: Nature and Destiny, c. 1500-1870* (Cambridge, 2018)

Woolman, John, *The Journal of John Woolman* (Gloucester, MA, 1971)

Xenophon, *Xenophons Erinnerungen an Sokrates*, www.projekt-gutenberg.org

# DANK

Die Inspiration für die hier vorgestellten Ideen und Gedanken habe ich aus Büchern, Beispielen für ein einfaches Leben und vielen Gesprächen mit Freunden und Kollegen gezogen. Für ihre intellektuelle Großzügigkeit danke ich Christie McDonald, Virginie Greene, Gary Wihl, Philip Lewis, Eric Méchoulan, Barbara Lebrun, Matthew Jefferies, Ursula Tidd und Lisa Guenther. Dank geht auch an Susan P. Johnson, Lektorin extraordinaire, für ihre sorgfältige Durchsicht des Manuskripts. Ben Hayes von Reaktion Books ermutigte mich zu Beginn des Projekts, Michael Leaman und Amy Salter unterstützten mich in der Endphase. Ich danke Julia und Nigel, dass sie es mir und meinem kleinen Begleiter erlaubten, stundenlang unter der Eiche zu sitzen und die »Peaks« zu betrachten. In Augenblicken des Zweifels war Kirk Smith zur Stelle, half mir und sorgte für Klarheit. Danke schön. Und ohne dich wäre gar kein Dankeswort, ja, gar keine einzige Seite und kein Wort entstanden: Ich danke dir, Patty!

Marietheres Wagner

# Epikurs Bibliothek

Geschichten vom Glück

ISBN 978-3-03876-119-8

Worin besteht die Kunst, ein glückliches Leben zu führen? Um diese Frage dreht sich die Philosophie des Epikur. Aber was genau bedeutet »Philosophieren« nach Epikur? Die wenigen dazu noch erhaltenen Original-Texte sind mehr als 2000 Jahre alt und entsprechend sperrig zu lesen. Deshalb hat Marietheres Wagner nach Büchern gesucht, in denen sein Denken zum Ausdruck kommt. Romane, Sachbücher und auch Bilderbücher sind darunter: alte und neue, kurze und lange, dünne und dicke, einfache oder auch hochkomplexe. Dieses anregende Buch lädt ein zu einer Reise in Epikurs Garten und will zu dem ermuntern, was Epikur als den Weg zum Glück empfohlen hat: Fang an zu philosophieren – ja, du selbst! Denn nur auf dich und deine Taten kommt es in diesem Leben an. Und jeden Tag aufs Neue.

Frank Berzbach

## Die Ästhetik des Alltags

Betrachtungen zur Lebenskunst

ISBN 978-3-03876-128-0

Dieses Buch verrät, wie man mit Nervensägen umgeht, dem Blick von Schildkröten begegnet und sich Buddha mit dem Smartphone vorstellt. Frank Berzbach begleitet seine Leser offen, witzig, stilsicher und wohlwollend durch den Alltag. In seinen Kolumnen nimmt sich Frank Berzbach alle Themen wie Zutaten eines bunten großen Büffets und legt sie gleichberechtigt auf den Teller. Auf Augenhöhe und, wenn man so will, auch auf Herzhöhe zeigt er uns, wie man nicht den Kopf verliert, sondern seine Mitte behält. Inmitten von Neonationalismus, Intoleranz und Polarisierung beileibe keine leichte Aufgabe. Während viele in der Öffentlichkeit streiten und sich verbal fetzen, wagt Frank Berzbach dagegen die Mitte und das Maß. Religion und Spiritualität sind in seinen respektvollen, neugierigen Gedankenspaziergängen aber keine Bedingung, sondern Angebot und geistige Stütze.

Thilo Baum

# Das Buch der 1000 Gebote

So funktioniert das Leben – eine Gebrauchsanleitung

ISBN 978-3-907100-66-0

Wie lange ist Egoismus gut und wann wird er asozial? Wann dürfen und sollten Sie Nein sagen? Wie finden Sie zu sich selbst? Und wann dürfen Sie töten? »Das Buch der 1000 Gebote« gibt klare Antworten auf die wichtigen Fragen des Lebens. Es ist ein praktischer Leitfaden für das Dasein auf dieser Welt. Es hilft beim Bewerten von Weltbildern, dem Respekt gegenüber Andersdenkenden und der Natur. Vor welcher Entscheidung auch immer Sie stehen: Hier finden Sie einen Rat dazu – von persönlich bis beruflich. Jedes der zehn Hauptkapitel – vom Leben über das Denken und Handeln, den Erfolg und den Sinn bis zur Zukunft – besteht aus zehn Unterkapiteln, in denen sich wiederum jeweils zehn Gebote finden. Tausend entschiedene Ansagen, tausend inspirierende Denkanstöße, tausend neue Sichtweisen auf die Welt. Teils verblüffend und witzig, teils philosophisch und nachdenklich, aber immer konkret, praktisch und anwendbar. Ein Buch für alle Lebenslagen!

Charlotte Sleigh / Amanda Rees

# Die Natur des Menschen

Wie wir wurden, was wir sind

ISBN 978-3-03876-537-0

Was bedeutet es, Mensch zu sein? Und was hat das damit zu tun, sich als Homo sapiens bezeichnen zu können? Dieses atemberaubende Buch trifft mitten ins Herz unserer eher unwissenschaftlichen Motivationen und Vorurteile und zeigt, wie diese uns dabei helfen können, die größten Probleme der Welt zu lösen. Von wilden Tieren bis zu außerirdischem Leben werden weithin diskutierte und zum Teil auch problematische Verbindungen zu anderen Wesen untersucht. Das Buch geht tiefgreifenden Fragen auf den Grund, darunter dem Lebenszweck des Menschen, dem Sinn des Lebens und was es bedeutet, als Teil einer Gemeinschaft akzeptiert zu werden. Mit globaler Perspektive und überwältigenden Bildern ist »Die Natur des Menschen« ein sprachmächtiges, unterhaltsames und bilderstürmerisches Gegenstück zum Post-Humanismus.

Die englische Originalausgabe erschien 2020 unter dem Titel
›A Philosophy of Simple Living‹ bei Reaktion Books Ltd.


2. Auflage 2021

Übersetzung: Kathrin Lichtenberg
Lektorat: Carsten Schmidt
Cover: Gregory C. Zäch
Layout: Ulrich Borstelmann
Druck und Bindung: CPI, Leck
Gedruckt auf säurefreiem und chlorfrei gebleichtem Papier
Printed in Germany

ISBN 978-3-03876-173-0

www.midas.ch